90분 너머
축 구
이 야 기

90분 너머 축구 이야기

초판 2쇄 발행 2025년 9월 1일

지은이 Kei

펴낸이 김찬희
펴낸곳 끌리는책

출판등록 신고번호 제25100-2011-000073호
주소 서울시 구로구 연동로 11길 9, 202호
전화 영업부 (02)335-6936 편집부 (02)2060-5821
팩스 (02)335-0550
이메일 happybookpub@gmail.com
페이스북 www.facebook.com/happybookpub
블로그 blog.naver.com/happybookpub

ISBN 979-11-87059-98-1 03690
값 18,000원

- 잘못된 책은 구입하신 서점에서 교환해드립니다.
- 이 책 내용의 일부 또는 전부를 재사용하려면 반드시 사전에 저작권자와 출판권자에게 서면에 의한 동의를 얻어야 합니다.

90분 너머 축구 이야기

사람, 역사, 가족, 친구

Kei 지음

프롤로그
90분 안에 담을 수 없는 이야기

축구는 그저 공놀이에 불과합니다.
그런데 누군가에게 축구는 '인생'입니다.

프랑스에서 유학하며 만난 많은 사람의 일주일은
오직 '매치 데이'를 기준으로 움직입니다.
남은 6일은 그 하루를 기다리는 지루한 나날들입니다.
유럽 사람들은 축구를 통해 살아가고 있습니다.
그들 대부분은 어린 시절 부모님이나 조부모님 손을 잡고
경기장을 처음 방문한 추억을 간직하고 있습니다.

시간이 흘러 오늘은 그들 자신이 부모가 되어
아이 손을 잡고 경기장으로 걸어 들어갑니다.
지난 수십 년 동안 늘 그래왔던 것처럼
부모님의 클럽을 응원하기 위해서
그리고 내 아이에게 소중한 '유산'을 물려주기 위해서입니다.

관중석에서 모두가 부둥켜안고 환호했던 날,
쌓여가는 패배에 절망했던 순간,
1년의 간절함이 꿈에 닿아 흘린 눈물….
그 모든 감정의 굴곡 옆에는 언제나 축구가 있습니다.

그렇게 '축구'를 물려받은 아이들이 커서
축구 선수가 되거나 부모님처럼 자기 팀을 응원하며 살아갑니다.

90분 안에 다 담을 수 없는 뜨거운 이야기들은
오늘도 세상 어딘가에서 켜켜이 쌓여가고 있습니다.
그런 이야기들을 모아 영상으로, 책으로 함께 나누고 싶습니다.

축구의 중심에는 '사람'이 있습니다.
누군가 울고 웃는 '드라마'가 있습니다.
남기고 싶은 '스토리'가 있습니다.

차례

004　프롤로그 - 90분 안에 담을 수 없는 이야기

**1장
축구 &
Human**

010　세상에 이런 교감 - 라일리
016　시간 여행 - 레노
024　인생 멘토 - 판 니스텔로이
030　선배의 품격 - 얀 페르통언
038　스승의 은혜 - 이안 라이트
043　한 남자의 약속 - 루카렐리
050　어머니의 희망 - 캉테
057　절대 지지 말거라! - 퍼거슨 감독
062　그는 결코 혼자 걷지 않을 것 - 클롭 감독

**2장
축구 &
History**

070　우리들의 동화 - 루턴 타운
076　카리스마가 만든 신화 - 노팅엄 포레스트
081　피로 세운 경기장 - 우니온 베를린
085　베수비오 화산보다 뜨겁게 - 나폴리
091　꿈은 이루어진다 - 렉섬
098　동병상련 - 웨일즈 국가대표
103　아시아의 도전과 희망 - 동남아 축구

3장
축구 & Family

- 112 그동안 고생했다 - 손웅정
- 120 아버지의 유산 - 포스테코글루 감독
- 127 인종차별에 맞서다 - 디발라
- 134 왕의 탄생 - 킬리안 음바페
- 141 손목에 새긴 할아버지, 할머니 - 황희찬
- 149 생사를 넘어 - 라이언 메이슨
- 156 나는 당신을 믿습니다 - 포체티노 감독
- 162 스페셜 원 - 무리뉴 감독
- 170 추모 - 벤트로네 코치

4장
축구 & Story

- 178 손흥민에게 겸손은 힘들지 않다
- 183 베일의 자존감
- 188 케빈 비머라는 친구
- 193 모우라의 눈물
- 198 기부 천사 랑글레
- 204 오리에가 평생 안고 갈 사람
- 208 케빈 데 브라이너의 용기
- 214 손흥민과 후보 골키퍼들

5장
축구 & Present

- 222 캡틴 손흥민과 애착 인형
- 229 학구파 벤 데이비스
- 235 멋진 사나이 로메로
- 241 빛카리오, 비카리오
- 248 티모 베르너와 아버지
- 255 브라질 순둥이 히샬리송
- 262 네덜란드 특급 열차 판더펜
- 269 포로의 자신감은 할아버지의 선물
- 276 말리의 야수 비수마
- 283 루마니아 모범생 드라구신
- 290 리틀 쏘니 존슨

1장
축구 & Human

세상에 이런 교감 - 라일리

시간 여행 - 레노

인생 멘토 - 판 니스텔로이

선배의 품격 - 얀 페르통언

스승의 은혜 - 이안 라이트

한 남자의 약속 - 루카렐리

어머니의 희망 - 캉테

절대 지지 말거라! - 퍼거슨 감독

그는 결코 혼자 걷지 않을 것 - 클롭 감독

세상에
이런 교감 - 라일리

　손흥민은 2022년 5월 레스터전에서 멀티골을 기록하며 득점 선두 살라를 맹추격하기 시작합니다. 이날 득점 후 손흥민은 평소와 다른 세리머니를 펼쳤습니다. 5월의 손흥민은 그의 현역 생활을 통틀어 가장 빛나는 순간을 보내고 있었습니다. 엄청난 득점들이 터져 나왔고, 단일 시즌 최다 골에 성공했으며, 마침내 골든 부츠 수상을 확정했습니다. 하지만 토트넘 구단에서 팬 투표로 선정하는 5월의 득점상에 손흥민 골은 2위로 밀려났습니다. 1위의 영예는 바로 손흥민이 어설픈 세리머니를 보낸 주인공이자, 잉글랜드를 웃게 했던 소년, 라일리였습니다. 손흥민과 라일리는 어떤 인연이 있었을까요?

　EPL에 데뷔한 모든 선수는 어린 시절부터 세계 곳곳에서 뛰어난 아이들과 경쟁해 승리하고 성인 무대까지 살아남았다는 공통점이 있습니다.

축구는 생존 게임입니다. 우리 눈앞에 등장하기까지 한 선수가 얼마나 많은 아이를 후보로 밀어냈을지, 몇 번의 승리를 거뒀을지 수치로 표현하기 어려울 정도입니다. 전 세계 축구 클럽에서 엄청난 실력을 뽐낸 동네 스타들은 뛰어난 운동신경의 소유자들이었고, 어린 시절 부모의 자랑이었습니다. 지역에선 나름 천재들이었지만, 다른 직업을 선택하고 축구는 취미로만 즐기는 건 그들을 압도한 무수한 또래와 경쟁에서 밀려났기 때문입니다. 모든 싸움을 이겨내고 프로 무대에서 살아남은 선수들, 심지어 EPL이란 꿈의 무대에 도달한 슈퍼스타들은 자신들이 꺾은 모든 경쟁자의 조명까지 한몸에 받으며 전 세계 어린이들의 꿈과 희망이 되었습니다.

상파울루나 춘천에서 자란 아이가 마르세유나 노리치 아이의 꿈이 될 수도 있는 종목, 세계에서 가장 대중적인 스포츠인 축구의 힘입니다. 하지만 축구장 밖으로 시선을 돌리면 어떨까요? 공놀이는 사람보다 중요하지 않습니다. 온 세상 모든 일이 반드시 누군가와 경쟁해야 하는 것은 아닙니다. 목숨 걸고 전투처럼 승부해야 할 필요도 없습니다. 삶은 축구보다 더 강한 강도로 자기 자신과 싸우는 생존 게임이기 때문입니다. 축구라는 틀 안에서 건강하지 않은 아이들은 경쟁의 기회조차 주어지지 않습니다. 타고난 신체 장애는 '정상'이란 단어의 반대말로 사용되기도 합니다. 장애가 있는 아이의 성장 과정은 때로 축구보다 강한 용기가 필요합니다. 그들의 여정은 축구에서 골이 터지는 장면보다 웅장하고, 승리라는 결과보다 위대합니다.

손흥민과 라일리의 만남은 우연이었습니다. 2022년에 다섯 살이었던

Sonny's heart

라일리는 출산 예정일보다 3개월 일찍 태어난 조산아였고, 고향의 의료진은 그가 평생 걷지 못할 거라고 진단했습니다. 보통의 아이에게 걸음은 시간이 주는 당연한 선물이지만, 라일리에게는 매일매일 안간힘 쓰며 스스로 쟁취해야 하는 것이었습니다. 영국 의료진의 예상과 달리 미국에서 받은 수술은 라일리의 미래에 걸을 수 있다는 가능성을 주었고, 수술 후 라일리에게 남은 과제는 힘겨운 재활이었습니다. 라일리는 대부분의 잉글랜드 아이처럼 축구를 좋아하는 꼬마였습니다.

그의 집엔 토트넘 로고가 가득했고, 힘겨운 걸음으로 축구공을 차는 순간이 삶의 행복 그 자체였습니다. 재능을 타고난 아이의 공놀이와 라일리의 공놀이는 같은 의미입니다. '즐거움'은 축구라는 종목이 탄생한 유일한 이유입니다. 사연을 접한 토트넘은 아이를 격려하기 위해 벤 데이비스와 조 로든을 라일리 집으로 보냈습니다. 그곳에서 간 두 사람은 라일리

의 환한 웃음뿐 아니라 놀라운 몸짓을 함께 목격하게 됩니다. 벤과 로든은 라일리의 '찰칵' 흉내를 보자마자 손흥민에게 화상 전화를 걸었고, 평소 아이들을 좋아하는 손흥민은 밝은 얼굴로 라일리와 인사를 나누었습니다. 그 후 라일리에겐 일생일대의 거대한 도전 과제가 생겼습니다. 바로 토트넘 홈구장 데뷔입니다. 그것도 북런던 더비 하프 타임에 진행한 엄청난 규모의 이벤트였습니다. 한 번의 슈팅을 위해 필사적으로 훈련하는 라일리의 노력은 승부차기 훈련에 집중하는 선수들처럼 아름다웠습니다. 라일리와 부모님은 수만 명 앞에서 시축에 꼭 성공하고 싶었습니다. 운명의 날이 찾아왔습니다. 라일리는 전반전 내내 관중석에서 밝은 모습으로 공을 꼭 안고 있었습니다. 아스널을 상대로 터진 토트넘의 페널티킥은 하프 타임의 복선과도 같았고 라일리는 환호하고 있었습니다.

전반전이 끝나고 드디어 하프 타임이 찾아왔습니다. 다섯 살 꼬마의 얼굴에서 긴장감은 찾아볼 수 없었고 설렘과 웃음만 가득했습니다. 수만 명의 시선이 고정된 순간, 라일리는 가슴에 품고 있던 공을 조용히 땅에 내려놓았고, 아빠와 단둘이 수없이 연습한 그 슈팅을 선보이기 위해 달렸습니다. 아이의 발을 떠난 볼은 아름답게 골문으로 빨려 들어갔습니다. 라일리는 단 한 번의 기회를 놓치지 않았습니다. 토트넘 관중석에선 전반전 득점보다 더 큰 함성이 터져 나왔습니다.

이것이 축구입니다. 축구에서 득점 숫자, 순위, 트로피 등 눈에 보이고 만질 수 있는 것은 모두 소중합니다. 하지만 그보다 더 중요한 가치가 있습니다. 축구 이면에는 만질 수 없고 보이지 않는 인간의 위대한 도전과 웃음이 있습니다. 이는 마치 사람의 '영혼'과 같습니다. 북런던 더비에서 아스널과 토트넘 팬들은 이날의 하프 타임만큼은 다 함께 '축구' 그 자체를 즐겼습니다. 북런던 더비 100년 역사에서 양 팀이 득점에 함께 손뼉을 친 유일한 장면입니다. 라일리의 어설픈 찰칵 세리머니를 그대로 재연한 손흥민의 답례는 그래서 더욱 울림이 있었습니다. 노력하는 사람은 다른 사람의 노력도 존중합니다. 성공을 향한 여정이 얼마나 고된 하루하루인지 잘 알고 있기 때문입니다. 손흥민과 라일리는 축구 선수와 아픈 아이라는 존재 이전에 그저 하루하루를 치열하게 살아가는 똑같은 '사람'이었습니다. 그들은 축구를 통해 만났고, 교감했고, 서로를 응원했습니다.

시간이 흐르고 라일리의 근황이 전해졌습니다. 아빠의 도움 없이는 세 걸음 정도가 한계였던 다섯 살 소년은 어느덧 여섯 살이 되었고, 더 넓은 무대를 향해 나아가고 있었습니다. 그동안 라일리가 얼마나 치열하게 살아왔을지 상상이 가나요? 일곱 살, 여덟 살, 스무 살의 라일리가 어느 정도 걸음을 걷게 될지는 누구도 장담할 수 없습니다. 분명한 사실은 라일리의 슈팅은 해마다 빨라질 것이고, 손흥민 존에서 득점해도 기적이 아니라는 것입니다. 그의 등엔 어느덧 5번이 아닌 7번이 선명하게 빛나고 있었습니다.

우리 삶에서도 영국 의사 같은 사람을 만날 수 있습니다. 영원히 걸을 수 없을 거라고 단정할지 모릅니다. 그런데 미국 의사가 나타나 수술을 해주며 예고 없던 반전이 일어날 수도 있습니다. 이제 남은 건 우리의 재활 의지입니다. 몇 걸음을 걷게 될지는 미지수이고, 노력은 힘겨우며, 성장은 더디겠지만, 중요한 것은 우리의 한 걸음과 함께할 '웃음'과 '교감'입니다.

영상과 함께 보면
감동이 두 배입니다.

시간 여행
- 레노

 앳된 얼굴로 경기장을 함께 누볐던 소년들은 먼 길을 돌고 돌아 다시 한 번 그라운드에서 만났습니다. 10년이란 세월은 많은 것을 바꿨고, 두 사람은 어느덧 팀의 든든한 '형'이 되어있었습니다. 변하지 않은 한 가지는 코너킥 상황에서 레노의 움직임을 방해하는 손흥민의 자리 싸움(?)과 심판에게 항의하는 레노의 표정이었습니다. 잠시나마 런던 경기장은 그들이 청춘을 수놓았던 레버쿠젠 훈련장이 되었습니다. 두 사람은 여전히 스무 살 그때처럼 짓궂은 친구였습니다. 한국보다 유럽에 체류한 세월이 더 길어진 손흥민은 그곳에 많은 친구가 있습니다. 그의 축구 커리어에서 가장 소중한 친구 한 명을 꼽으라면 단연 레노입니다. 왜 손흥민에게 다른 어떤 친구보다 레노가 특별하며, 그들의 재회가 손흥민 팬들에게 아련한 장면이었을까요?

상대로 만나는 두 사람에게 항상 따라다니는 이슈는 바로 손흥민의 '감아차기'입니다. 유럽 진출 초기 손흥민과 추억을 함께 간직한 레노는 동료 이전에 훈련장에서 다투는 '경쟁자'였습니다. 손흥민의 슈팅을 누구보다 잘 막아냈던 레노의 실력은 EPL로 이어졌습니다. 아스널의 레노에게 철저히 막혔던 손흥민이 풀럼전에서는 레노의 손에도 닿지 않는 엄청난 감아차기를 골문 구석으로 보냈고, 이번 게임의 승자가 되었습니다. 손흥민은 대부분의 슈팅을 발 안쪽으로 감아찹니다. 손흥민이 처음부터 감아차는 슛만을 고집한 것은 아니었습니다. 최근에는 볼 수 없지만 예전에는 손흥민도 빨랫줄 같은 아웃프런트 킥을 날리곤 했습니다. '소년 손흥민'을 알리게 된 U17 월드컵에서의 슈팅에는 작은 비밀이 있습니다. 예전의 슈팅이라면 레노 수준의 골키퍼를 만나면 득점하기 쉽지 않았습니다. 손흥민은 레버쿠젠에서 레노를 만났습니다. 레노는 훈련장에서 손흥민의 슛을 가장 잘 막아내는 골키퍼였습니다. 그러다 보니 어느 순간 손흥민의 슈팅은 대부분의 상황에서 아웃프런트가 아닌 레노를 속이기 위한 감아차기의 비율이 높아졌습니다.

감아차기가 왜 유리한지는 한 장면으로 설명할 수 있습니다. 엄청난 슈퍼 세이브를 거듭하고 있는 비카리오의 순발력은 세계 최고 수준입니다. 훈련 중에 그가 몸도 날리지 못한 손흥민의 슈팅 궤적은 골대 바깥에서 안쪽으로 휘어들어옵니다. 비카리오가 훈련이라 몸을 사린 거라고 생각할 수도 있지만, 그 장면은 시즌이 시작되기 전입니다. 자신의 꿈이었던 EPL에 입성하고, 주전이 될지 100퍼센트 확신할 수 없던 무렵의 비카리오에게 팀 주포의 슛을 막아내는 것은 그냥 훈련이 아니라 코치진에게 어필할 수 있는 절호의 기회였습니다. 비카리오는 손흥민의 슛에 손도 뻗지 못했습니다.

냅다 후려갈기던(?) 손흥민과 대부분의 슈팅을 감아차는 손흥민 사이에는 과도기가 있었고, 그 중심에는 레버쿠젠 시절의 레노가 있었습니다. 레노는 "골키퍼가 막기 어려우니 그 슛은 하지 말라."라는 말까지 했는데, 손흥민은 지금도 모든 골키퍼에게 그 슛을 날리고 있습니다. 동료로 만난 어린 친구들의 경쟁심과 지금까지 이어진 승부욕은 오늘의 손흥민을 만든 수많은 흔적 중 하나입니다.

감아차기와 손흥민 존 득점이 주특기가 된 손흥민은 월드컵 예선에서 독일에 승리한 후 "독일에 복수했다."라고 말합니다. 특정 국가나 사람을 상대로 단어 선택 하나도 조심스러워하는 그의 성향으로 볼 때 이례적이었습니다. 여기서 한 가지 의문이 생깁니다. 그토록 나쁜 기억을 안긴 독일인데 손흥민은 왜 토트넘 1년 차 시절 볼프스부르크 이적을 통해 다시 독일로 돌아가고 싶어했을까요? 독일은 나쁜 기억이 있긴 해도 좋은 추억을 함께한 친구들이 있었기 때문입니다. 손흥민은 10대 후반부터 20대 초반 인생의 황금기를 독일에서 보냈습니다.

그 시절 유럽의 유학생들 사이에선 몇 가지 법칙이 있었습니다. '매주 무한도전을 내려받아 보는 유학생은 몇 년 안에 한국으로 돌아간다' '매일 싸이월드에 접속하는 유학생은 몇 달 안에 한국으로 돌아간다'는 우스갯소리입니다. 한국을 그리워하고 현지에 적응하지 못한 유학생들은 대부분 '외로움'을 견디지 못하고 고국으로 돌아가곤 했습니다. 축구에서도 해외로 진출했던 선수들이 K리그로 다시 돌아오는 가장 큰 이유는 '현지 적응 실패'입니다. 함부르크 시절 손흥민은 어땠을까요? 그는 훈련이 끝나면 혼자 게임하고, 예능 프로를 보고, 매일 싸이월드에 접속해서 한국 친구들과 대화했으며, 심지어 방에는 태극기가 걸려있었습니다. 10대 소년의 머리에는 오로지 '한국, 한국, 한국'이 있었습니다. 손흥민이 말한 '외롭던 시기'가 이즈음임을 알 수 있고, 그는 마치 적진에 홀로 뛰어든 '태극 전사'처럼 독일에서 싸우고 있었습니다. 훈련장에서 실제로 동료와 주먹을 주고받으며 타지에서 기죽지 않으려, 좋아하는 축구로 살아남으려 필사적이었습니다. 당시 손흥민 나이를 고려하면 MCM 가방은 상당히 고가의 물건입니다. 심지어 기숙사에 살던 어린 소년이었습니다. 그 비싼 가방에도 태극기가 선명하게 빛나고 있었습니다. 그는 아름다운 풍경을 즐기던 유학생이 아니라 '사명감'으로 똘똘 뭉친 도전자였습니다.

레버쿠젠 이적 첫날 손흥민은 레노를 만났습니다. 사교성 좋은 레노는 손흥민과 포옹하며 인사를 나눴습니다. 그때 손흥민이 등에 멘 가방에는 여전히 태극기가 빛나고 있었습니다. 얼마의 시간이 흐른 후, 작은 방에서 혼자 플스(플레이스테이션)를 즐겼던 손흥민은 제법 넓은 거실에서 레노를 포함한 친구들과 함께 플스를 하고 있었습니다. 매일 싸이월드에 접속했던 손흥민이 게시글을 드문드문 올리기 시작한 것도 이 무렵부터입니다. 그는 '싸이월드'가 아닌 '리얼월드'에서 살아가기 시작했고, 한국어보다 독일어 쓰는 날이 더 많아졌습니다. 자연스럽게 친구도 늘었습니다. 독일 사람 모두가 '꺾어야 할 대상'은 아니었습니다. 현지 적응을 못하고

10년 후 축구를 지배하게 될 레버쿠젠의 소년들

도중에 고국으로 돌아가는 유학생이나 운동선수의 특징은 레버쿠젠 손흥민에게서 사라졌습니다.

   손흥민의 모든 일상에는 레노가 함께 있었습니다. 동료들과 영국의 한 식당에 방문하는 일상도 레노와 시작했습니다. 손흥민은 매일 인스타에 접속하는 성향이 아닙니다. 매일 싸이월드를 했던 손흥민과 오늘의 손흥민 사이에도 '감아차기'처럼 과도기가 있었고, 그 중심에는 레노가 있습니다. 한국어, 고등학교 친구들, 사소한 잡담들, 바니를 만났다는 자랑, 친구들의 놀림 등은 함부르크 손흥민에겐 필요했던 과정입니다. 머나먼 타지에서 뼈저린 외로움을 겪어본 사람은 그런 것들이 얼마나 큰 위안이 되는지 공감할 것입니다. 손흥민은 지금 슈퍼스타입니다. 그의 유니폼을 원하는 어린 선수들이 전 세계에 있습니다. 레길론처럼 토트넘에 입성하고 "손

레노 & 쏘니 긴 인연의 시작

흥민이 우상이었다."고 말하는 인터뷰는 이제 놀라운 일이 아닙니다.

　우리에게 독일에 있는 손흥민은 역대급 기대주였지만, 레버쿠젠에서 손흥민은 그저 지구 반대편에서 온 '유망주'에 불과했습니다. 독일은 월드컵에서 여러 번 우승한 나라입니다. 각 팀에 유망주가 즐비합니다. 레노는 독일 U17, 18, 19, 21 대표팀에 차례로 승선한 독일의 미래였습니다. 노이어라는 거장을 이을 후보로 거론되는 완벽한 '로얄 패밀리'였습니다. 손흥민에게 상처를 준 독일에서 처음으로 위안이 되어준 사람이 바로 독일 '로얄 패밀리'인 것은 세상의 양면성을 보여줍니다. 선과 악은 어디에나 공존하고, 좋은 사람만 있는 곳도 나쁜 사람만 있는 곳도 없습니다. 전혀 다른 문화권에서 자라 다른 가치관, 다른 목표, 다른 관점이 있었지만 만나자마자 일상을 공유한 그들은 코드가 맞는 '친구'였습니다.

너무 강하면 부러지기 쉽습니다. 동료와 주먹질을 해서라도 기죽지 않겠다는 전투력도 필요하지만, 매일 그렇게 보낼 수는 없습니다. 여유와 웃음은 어느 환경이든, 누구에게나 필요한 삶의 조건입니다. 시간이 흘러 손흥민은 여전히 가슴에 태극기를 품고 있지만, 이제 그의 집은 유럽입니다. 한국 친구보다 유럽 친구가 더 많아졌고, 동료와 싸우기보다 동료들이 의지하는 '캡틴'이 되었습니다. 그는 완벽하게 유럽 축구에 적응했으며 득점왕을 차지한 세계적인 스타가 되었습니다. 독일의 미래로 추앙받던 레노는 어느덧 아스널 아르테타에게 쫓겨나 작은 규모의 클럽 풀럼 골문을 지키고 있습니다. 어쩌면 그의 선수 생활은 마지막을 향해 달려가고 있을지도 모릅니다. 친구 손흥민은 여전한 전성기에, 팀의 주장으로 활약하고 있습니다. 둘의 입지는 많이 달라져 있습니다. 둘은 다시 한번 경기장에서 만났고 치열한 전투를 펼쳤습니다. 그리고 찰나의 순간, 둘은 어린 시절 그대로의 표정으로 웃고 있었습니다.

시간은 많은 걸 바꾸지만 지우지 못하는 한 가지가 있습니다. 바로 '추억'입니다. 독일의 어느 거실에서 함께 플스를 즐기던 두 소년의 모습은 영원히 사라지지 않는 기억입니다. 어쩌면 축구보다 중요한 '인생'이기 때문입니다. 서로의 삶과 직업에 충실하며 다른 팀에서 뛰고 있는 그들은 그때처럼 매일 연락하지도, 만나지도 못하지만 각자의 길을 걸어가고 있습니다. 지금도 서로의 발끝이 닿는 모든 장소에서 나이를 잊고 장난치며 마음 깊은 곳에 있는 추억을 떠올리며 살아갑니다.

누구에게나 그런 사람들이 길목마다 존재할 것입니다. 저 역시 머나먼 타지에서 만난 첫 친구를 여전히 기억합니다. 그 한 명이 없었다면 저는 당장 고향으로 돌아왔을지도 모릅니다. 그래서 더욱 손흥민 친구 레노에게 감사합니다. EPL에서 뛰고 있는 손흥민을 만든 수십, 수백 명 사람들은 저마다 중요한 역할이 있었고, 그 중심에 레노가 있습니다. 그들은 자신이 무엇을 했는지 모른 채 살아갑니다. 우리가 만나고 헤어지는 수많은 관계는 서로에게 작용했고, 어딘가에서 피어나 거대한 생태계를 만들기도 합니다. 잊고 있던 인연이 문득 떠올라 잠시나마 미소 지을 수 있는 하루가 되길 기원합니다.

영상과 함께 보면
감동이 두 배입니다.

인생 멘토
- 판 니스텔로이

　자기 분야에서 성공한 많은 사람의 공통점 중 하나는 신뢰할 수 있는 멘토의 존재입니다. 과거의 유산은 그렇게 현재로 향하고 다시 현재에서 미래로 전해집니다. 축구와 기술은 변하지만 위닝 멘털리티와 품성은 불변합니다. 여기 열여덟 살 소년이 있습니다. 또래 아이들이 한국 학교 운동장에서 축구로 프로가 될 수 있을지 가늠하던 시기, 이 소년은 지구상에서 가장 파괴적인 공격수였던 전설의 스타를 만나게 됩니다. 인생은 때론 설계대로 진행되기도 하지만 그렇지 않을 때가 더 많습니다. 고등학교 시절에 한 볼보이가 FC 서울 홈경기에서 이청용의 활약을 감탄하며 보고 있습니다. 평범한 이 볼보이가 2년 후 독일 함부르크팀의 최연소 득점 기록을 깰 것을 누가 알았을까요? 이 아이가 분데스리가 사상 최연소 멀티 골을 기록할 거라고 말한다면 누가 믿었을까요? 볼보이는 1년 뒤 독일로 가는 비행기에 탑승합니다. 데뷔와 동시에 주목받은 손흥민의 성공은 당시 그의 나이를 잊게 만듭니다. 그가 독일 무대 데뷔골을 기록했던 나이 열여덟 살은 그 또래 남자아이라면 학교에서 친구들과 장난치고, 떡볶이 사 먹고, 미팅하고, 부모님께 혼나면 울기도 하며 성장하는 시기입니다. 고등학교에 진학해 중학생 때와 다른 친구들을 만나 경쟁하고, 시험을 망치면 울기도 하는 그런 나이입니다.

정신적으로 한참 성장해야 할 시기에 손흥민은 독일어도, 영어도 못하는 상태로 타지에서 축구로 돈을 벌고 싶은 유럽의 엘리트 프로 지망생들과 경쟁을 시작합니다. 성공한 사람들은 실력도 실력이지만 '운'도 따릅니다. 독일의 중하위권 팀인 함부르크에 오자마자 그는 세계 최고 공격수와 동료가 됩니다. 작년까지 FC 서울에서 볼보이를 했던 소년과 TV로만 보던 슈퍼스타와의 인연은 드라마틱합니다. 전설적인 세계 4대 스트라이커 중 한 명인 이 슈퍼스타의 이름은 루드 판 니스텔로이입니다. 지금과 달리 수줍은 성격에 언어도 서툴렀던 손흥민에게 슈퍼스타 반니는 먼저 다가가 말을 겁니다.

"너 박지성 알아?"

회사에 첫 출근하는 날, 학교에 입학한 첫날, 낯선 공기 속에 쭈뼛거렸던 경험이 다들 인생에 한 번은 있지 않나요? 첫 출근 날에 회사의 에이스 임원이 신입사원에게 먼저 다가와 말을 걸어줄 때 얻는 용기는 특별합니다. 중하위권 팀에서 세계 최고 선수와 동료가 되는 건 어색한 일이지만, 이때의 반니는 서른네 살 노장으로 맨유, 레알 마드리드 등에서 세계를 제패하고 함부르크에 합류해 있었습니다. 그의 모든 말과 행동에는 손흥

반니를 보고 자란 축구 소년이 그와 동료가 되는 순간

민에게 전해줄 세계 최고가 되었던 경험과 멘탈이 고스란히 보존되어 있었습니다. 첫 훈련 후 반니는 단지 박지성의 나라에서 온 선수가 아닌 손흥민이라는 선수 이름을 머리에 새기게 됩니다.

"나의 팀 동료 손흥민, 열여덟 살인데 엄청난 재능이 있다. 그를 주목하라!" 반니는 인터뷰에서 유독 손흥민에 관한 얘기를 많이 했고, 그의 재능을 극찬했습니다. 과거에 맨유의 왕으로 불렸던 시절 반니는 열여덟 살 신입생에게 "서커스나 해라!"라고 말하며 앙숙처럼 지냈던 일이 있어 손흥민을 대할 때와 대조를 보입니다. 그 당시 열여덟 살 신입생은 바로 호날두입니다. 훈련 중 평범한 크로스가 아니라 잔재주를 부린 호날두에게 반니가 미친 듯이 화를 내며 훈련장을 떠난 일화가 있습니다. 둘의 관계가 최악으로 흘렀을 무렵 어린 호날두는 팀에 남고, 반니는 레알 마드리드로 떠나게 됩니다.

호날두와 달리 한국에서 온 소년 손흥민은 반니가 보기에 마치 박지성 인성에, 호날두처럼 빠르고 드리블에 능하면서도 이타적인, 예전에 본 적 없는 신기한 선수였을 것입니다. 반니를 만나 신기했던 손흥민은 당시 미니홈피에 반니 이야기를 언급하며 한국 친구들에게 자신의 모습을 자주 보였습니다. 미니홈피 속 손흥민은 슈퍼스타와 팀 동료가 된 딱 열여덟 살 어린 소년의 모습 그대로였습니다. 손흥민은 인터뷰에서 "처음에 이곳(함부르크)에 왔을 때 독일어는 물론 영어도 못했다. 그리고 아는 사람이 아무도 없었다. 그런데 반니가 리드를 해줘 팀에 적응하는 데 큰 도움이 됐다. 무엇보다 첫 훈련이 끝난 후 '넌 좋은 선수야'라고 말해줬던 것이 자신감을 갖는 계기가 됐다."고 밝혔습니다. 그의 독일 생활은 시작부터 반니에게 크게 영향받았음을 알 수 있습니다. 순조롭게 시즌을 준비하던 손흥민의 데뷔는 첼시와의 평가전에서 존 테리와 충돌해 다치면서 3개월이나 연기됩니다. 이때 반니는 "너를 기다릴 테니 걱정하지 마."라고 손흥민을 격려했습니다. 손흥민은 훗날 2015년 챔피언스리그 공식 페이스북 페이지와 인터뷰에서 "당시 판 니스텔로이의 위로를 받고 펑펑 운 기억이 난다."라고 말했습니다.

지금의 토트넘 손흥민이 한국식 꼰대가 아니라 새로 온 선수들에게 먼저 다가가 그 나라 언어로 말 걸어주고, 친근하게 적응을 돕는 모습은 우연이 아닙니다. 그의 경험에서 우러나온 행동입니다. 첫 대표팀 합류를 위해 입국한 공항 인터뷰에서 손흥민은 "판 니스텔로이는 뛰어난 능력이 있는 선수인데 여러 가지 조언을 해준다. 경기 내외적으로 많은 도움이 된다. 그의 조언대로 더 좋은 선수가 되고 싶다."라고 말하며 공격수로서 반니의 플레이 또한 참고하고 있다고 알렸습니다. 2022년의 손흥민은 반니처럼 EPL 득점왕을 차지하며 영국의 〈더 애슬래틱〉 기자에게 "올해 손흥민은 반니의 무자비한 골 폭격을 연상케 한다."는 극찬을 받기도 했습니다.

열여덟 살 때 반니의 칭찬을 언론에서 본 손흥민은 미니홈피에 "어떡해, ㅠㅠㅠㅠ 반니 형이 나보고 재능 있는 선수래. 정말 영광이에요 형님~. 이게 나 맞아??? 정말 맞는 거지?? 영광입니다, 형님!"이라고 소년다운 언어로 감격하고 있었습니다. 드디어 터진 손흥민의 함부르크 데뷔골! 독일 〈빌트〉지가 전합니다. "부상당한 반니가 집에서 TV를 통해 함부르크 경기를 시청하다 손흥민의 골이 들어가자, 소파에서 뛰어올랐다."라고 보도했습니다. 반니는 〈빌트〉지와 인터뷰에서 "쾰른과 경기에서 가장 중요한 순간은 손흥민이 골을 넣었을 때다. 어린 손흥민에게 가장 중요한 건 지금부터 계속 발전해 나가는 것이다. 손흥민 같은 선수와 함께 뛴다는 건 대단한 일이다. 내가 그처럼 어렸으면 좋겠다."라며 너스레를 떨었습니다. 세계 최고 공격수가 이제 데뷔한 어린 선수를 마치 자기 친동생처럼 대하는 모습은 지금 봐도 신기한 장면입니다. 네덜란드 음식과 한국 음식을 함께 먹으며 돈독했던 두 사람의 동행은 오래가지 못했습니다. 다음 해 반니는 함부르크를 떠나게 됩니다. 팀과 결별하는 순간에도 그는 함부르크 〈모겐 포스트〉지와 인터뷰에서 손흥민에게 각별한 애정을 전합니다. "손흥민과 계속 연락을 주고받을 것이다. 그는 언제든지 내게 전화해도 된다." 팀을 떠난 후에도 함부르크 훈련장에 놀러 와 손흥민과 인사를 나눴던 반니는 모든 선수에게 친절한 성격이 아닙니다. 맨유의 팀 동료였던 루이스 사하는 "판 니스텔로이가 호날두를 울렸다. 2005년에 호날두 아버지가 돌아가셨다. 두 선수가 말다툼하던 중 이에 관한 이야기가 나왔다. 적절한 발언은 아니었다. 두 선수 모두 이성을 잃은 상태에서 벌어진 일이다."라는 이야기를 한 적이 있습니다. 반니의 강한 자존심과 모두에게 친절하지 않은 야성적인 모습을 보여준 일화입니다. 그래서 더욱 손흥민에 대한 반니의 애정이 특별하게 느껴집니다. 반니는 손흥민에 대한 무한 사랑의 이유로 "내가 손흥민 나이였을 때는 내게 조언해주고 지도해줄 선배가 없었다. 손흥민을 위해서 내가 그런 역할을 해주고 싶다."라고 밝혔습니다.

모든 것이 낯설고 서툴렀던 어린 시절에 누군가 당신의 롤모델이 되어주었나요? 따뜻한 말을 건네며 자신감을 심어주었나요? 만약 있었다면 당신은 행운이 가득한 사람입니다. 혹시 없었다면 지금 당신이 직접 롤모델이 되어 이제 시작하는 어린 누군가에게 용기를 줘보는 건 어떨까요?

영상과 함께 보면
감동이 두 배입니다.

선배의 품격
- 얀 페르통언

푸스카스상 수상자로 호명된 손흥민은 미소를 살짝 보였을 뿐 감정을 드러내진 않았습니다. 수상 소감을 말하고 있는 손흥민에게 의문의 화상전화가 걸려옵니다. 그는 상대가 누군지 확인하고는 푸스카스가 아니라 마치 발롱도르를 수상한 듯한 엄청난 감정을 온몸으로 보여줍니다. 우는지, 웃는지 헷갈릴 정도로 강한 액션을 동반하고 있었습니다. 손흥민이 푸스카스상 수상을 기뻐했는지, 그 득점의 어시스트가 고마웠다며 얀 페르통언에게 농담하는 순간이 더 즐거웠는지는 숨김없는 그의 표정에서 알 수 있었습니다. 성인 남자가 고작 전화 한 통에 이 정도 진한 감정을 보이는 것은 흔치 않은 일입니다.

얀을 향한 손흥민의 감정이 특별했던 순간은 이번이 처음이 아닙니다. 축구에는 수천, 수만 번의 세리머니가 있지만, 얀에게 꼭 안겨 매달린 손

푸스카스상 수상보다 더 감격했던 통화

흥민의 모습은 독특하기까지 했습니다. 손흥민은 얀이 일어나는 마지막 순간까지 그를 안고 있었습니다. 과연 손흥민에게 얀 페르통언은 어떤 존재이고, 왜 그렇게까지 얀을 향한 마음이 애틋했을까요? 영어가 서툰 손흥민이 토트넘 클럽 하우스에 등장합니다. 10대에 데뷔한 그는 이미 분데스리가의 새로운 '득점 기계'로서 토트넘 역사에 남을 이적료를 기록한 기대주였습니다. 하지만 축구 선수가 아닌 인간 손흥민은 이제 고작 스물세 살로, 소년과 청년의 경계에 있던 어린 나이였습니다.

손흥민이 아버지께 배운 절대 가치 중 하나는 외국에서 기죽지 않는 '자신감'입니다. 자신감에 대해 말하는 손웅정 씨의 목소리는, 아들이 그 말을 안 들으면 집에서 쫓겨날지도 모른다는 생각이 들 정도로 단호합니다. 손흥민은 독일에서부터 겸손함을 잃지 않되 기죽으면 안 된다는 자신만의 신념이 있었고, 동료와의 경쟁에서 절대로 물러서지 않았습니다. 소속 팀에서 만나는 선수들은 동료 이전에 경쟁자이고, 손흥민은 어떻게든 유럽에서 살아남기 위해 생존 경쟁을 치르는 중이었으며, 새로운 전장은 바로 토트넘이었습니다.

토트넘 입단 당시 잔뜩 긴장했을 손흥민과 달리, 그곳에는 여유와 관록이 넘치던 리더 얀 페르통언이 있었습니다. 2023년 현재 EPL 전체를 통틀어도 전성기 얀 수준의 수비수는 쉽게 찾기 힘들 정도입니다. 공수를 겸비한 그는 다른 차원의 선수였습니다. 얀은 손흥민의 함부르크, 레버쿠젠 심지어 상대한 팀들을 다 합쳐도 손흥민이 본 최고의 센터백이었습니다. 2023년에 토트넘은 리그에서 가장 수비가 약한 팀 중 하나로 전락했지만, 슈퍼 얀 시대 토트넘은 EPL 전체에서 실점률이 매우 낮은 팀 중 하나였습니다. 포체티노의 DESK로 대표되는 화력은, 얀이 버틴 수비진의 안정이 있었기에 가능했습니다. 전성기의 얀이 토트넘 정도 팀에 있었던 것을 다들 의외로 여길 만큼 그는 현대 축구에 특화된 수비수였지만, 얀은 특이하게 보일 정도로 토트넘에 충성했습니다.

얀 페르통언은 손흥민에게는 친구가 아닌 유럽에서 알게 된 몇 안 되는 '형'이었습니다. 2011/12시즌 에레디비시 올해의 선수상 수상자이자, 아약스의 주장이었던 얀은 '리더형' 선수였습니다. 엄격한 아버지, 사랑 가득한 어머니, 축구하는 두 명의 남동생이 얀이라는 사람을 이해하는 데 가장 중요한 그의 가족입니다. 얀은 전형적으로 바르게 자란 장남이자 집안에서 가장 성공한 축구인이었습니다. 벨기에의 유일무이한 크랙이었던 에당 아자르가 "주장 완장은 자신이 아니라 얀에게 줘야 한다."라고 공개적으로 발언했을 만큼 존경받는 선수였지만, 그는 팀의 최고 스타인 아자르가 주장에 걸맞다는 이유로 제안을 거절합니다. 얀은 주장 완장에 큰 욕심이 없는 사람이었을까요?

현재 토트넘 라커룸 리더는 케인과 손흥민 같은 1990년대 초반에 태어난 선수들이지만, 2015년 토트넘 라커룸의 리더 그룹은 1980년대 출생자들이었습니다. 라커룸의 얀 페트롱언은 어떤 사람이었을까요? 한마디로 표현하면 그는 '존경받는 선수'였습니다. 그가 라커룸 리더가 될 수 있었던 이유는 그저 나이가 많고 항상 진지한 사람이라서 그런 것은 아니었습니다. 얀은 어린 선수였던 다이어에게 장난을 많이 쳤습니다. 어린 선수들을 놀리고 장난치며 잘 어울리는 리더가 된 손흥민이 누구에게 영향을 받았는지 알 수 있습니다. 두 명의 남동생이 있는 얀과 막내로 자란 손흥민의 케미는 처음부터 돈독했습니다. 어린 선수를 대하는 얀의 자세가 손흥민에게 어떤 본보기가 되었는지는 손흥민의 언어에 스며 있습니다.

고마운 형에게 고하는 쏘니의 작별

1장 축구 & Human　●　33

지금은 손흥민이 세계적인 윙어라고 말하는 축구인이 셀 수 없을 정도로 많지만, 얀은 2019년에 이미 손흥민을 리그 최고 선수라 극찬한 '예언자'였습니다. 케인의 부상 공백 상황에 얀이 가장 먼저 호명한 공격수 이름이 손흥민이었습니다. 손흥민이 독일에서는 아버지의 바람인 '자신감'을 필사적으로 지켰다면, 토트넘의 손흥민은 세계적인 수비수 얀의 '격려와 칭찬' 덕분에 자연스럽게 자신감을 가질 수 있었습니다. 리그에서 그저 그런 선수의 칭찬과 손흥민이 매일 훈련장에서 목격하는 월드 클래스 수비수의 칭찬은 전혀 다른 느낌을 줍니다. 손흥민과 얀의 최대 공통점은 영광을 주변에 돌리는 성향입니다. 그들은 인터뷰에서 늘 동료에게 공을 돌리는 대답을 합니다.

토트넘이 담기에 과분했던 남자, 모든 선수와 팬에게 존중받은 선수, 친구 같은 존재로 토트넘에 포근함을 안기던 얀 페르통언의 시간은 안타깝게도 황혼기로 접어듭니다. 2020년 얀은 수비수로는 이례적으로 후반 9분 만에 교체당하고 벤치로 향합니다. 그의 표정은 현역 내내 보이지 않던 비통함이 있었고, 팬들은 무리뉴의 교체에 그가 느꼈을 허탈감에 가슴이 아팠습니다. 하지만 얀이 보인 반응은 교체에 대한 서운함이 아니라 '자신의 부진'에 대한 자책이었습니다. 얀은 오히려 해당 경기 후 자신에게 자신감을 주기 위해 노력한 무리뉴 감독에게 감사를 전하기도 했습니다. 얀의 신체 능력은 전성기에 비해 분명 떨어지고 있었고, 그는 이제 빅 클럽과 링크가 뜨는 이적 시장의 주인공이 아니었습니다. 마침내 구단의 결정에 따라 토트넘과 이별해야 하는 순간이 찾아왔습니다. 레비 회장의 의지는 강력했고, 감독 무리뉴는 "한 팀에 8년 있던 사람을 8개월째인 내가 감히 평가할 수 없다."라고 말했습니다.

　손흥민은 떠나는 형에게 진심 담은 말을 전합니다. "두 명의 내 형들. 형들이 많이 그리울 거야. 5년이 마치 5일처럼 느껴져. 너무나도 즐거운 시간이었고, 나는 그 순간들을 절대 잊지 못할 거야. 행운을 빌어." 네덜란드를 평정하고 잉글랜드에서 싸운 청년은 그렇게 리더가 되어 새로운 전장 포르투갈로 떠났습니다. 손흥민이 불과 스물세 살의 나이에 만난 팀의 리더, 세계적인 수비수, 동료애, 장난과 웃음, 서로를 위했던 마음들, 어느덧 시간이 흘러 나이가 든 형…. 모든 팀이 원했던 날들은 멀어지고 어떻게든 남고 싶던 팀에서 버려지는 잔인한 프로의 세계….

　얀과의 통화에서 보인 손흥민의 표정에는 그들이 함께한 5년의 세월이 고스란히 담겨있었습니다. 평소 손흥민이라면 오랜만에 보는 형을 바라보며 눈물을 보였을지 모르는 감성적인 성격이지만, 그날의 손흥민은 여전히 현역이자, 새롭게 도전하고 있는 형을 향해 웃음을 보였고, 형이 동생들에게 그랬듯 '푸스카스상 어시스트가 고마웠다'며 농담과 미소를 전했습니다. 남자끼리 대화에서 인사가 'I love you'인 것은 한국뿐 아니라 유럽에서도 흔치 않은 모습입니다. 그들이 서로를 향해 말하는 '사랑해'에는 함께 싸운 '동료애'를 넘어 함께 성장한 '가족애'가 포함되어 있었습니다.

　토트넘을 떠나 포르투갈에 도착한 얀 페르통언은 교체되어 들어오는 한 선수에게 주장 완장을 건네줍니다. 그 선수는 팬들의 엄청난 환호를 듣고 경기 중에 눈물을 보입니다. 전쟁 중인 모국의 아픔을 위로하는 얀의 메시지는 '주장 완장'이었습니다. 아자르에게 양보한 완장은 그에게 그런 의미였습니다. 새로운 집 포르투갈에 정착하고 싶던 얀에게 다시 한 번 이별의 메시지가 전달됩니다. "안더레흐트의 제안을 나는 거절했다. 그런 다음 코치와 이야기를 나눴고 모든 것이 바뀌었다. 나는 눈물을 글썽이며 경기장에 서 있었고, 모든 것이 무너지는 느낌을 받았다. 아이들과 여행을 떠났고, 아이는 여행 내내 울면서 보냈다. 내가 포르투갈에서 떠나는 것을 원하지 않았기 때문이다."

꽃이 피고 시드는 일련의 과정은 지구상의 모든 생명이 가지고 있는 공통점입니다. 소년이 자라 남자가 되고, 더 시간이 흘러 자리를 잃게 되고, 결국 잊힌다는 스토리에 우리가 슬픔을 느끼는 이유는 꽃이 가장 활짝 피었던 순간이 어제처럼 생생하기 때문입니다. 시간은 빠르고, 우리는 어느새 나이 들어 있습니다. 하지만 우리는 손흥민을 통해 지금도 얀 페르통언을 만나고 있습니다. 수줍음 많은 소년이었던 손흥민은 이제 토트넘과 한국 대표팀의 리더가 되어있습니다. 지금의 그를 만든 수많은 사람 중엔 분명 얀이 있습니다. 어린 선수들에게 자신감을 불어넣고 동시에 장난을 거는 손흥민의 성격에 스며있는 얀의 향기는 결코 경기장 밖으로 떠날 수 없습니다. 왜냐하면 손흥민을 통해 그의 흔적은 또 다른 선수에게 이어질 것이고, 그렇게 영원히 축구장 어딘가에 남아있을 것이기 때문입니다.

사람은 영원히 살 수 없습니다. 하지만 우리가 남기는 무형의 흔적은 누군가를 통해 영원히 세상에 남게 됩니다. 이것은 삶의 마지막 날 우리가 모두 버리고 떠날 '물질'이 중요한지, 만질 수 없는 '마음'이 더 중요한지에 대한 해답일지도 모릅니다.

영상과 함께 보면
감동이 두 배입니다.

스승의 은혜
- 이안 라이트

잉글랜드 축구 명예의 전당에 헌액된 아스널의 전설적인 공격수 이안 라이트는 어린아이처럼 눈물을 흘렸습니다. 그의 앞에 나타난 백발의 남자는 축구계에서 슈퍼스타로 활약하는 동안 무수히 봐왔던 그 어떤 빅 네임보다 거대한 존재였습니다. 노인은 어린 이안 라이트를 살려낸 생명의 은인이자, 삶에 희망을 심어준 구원자였습니다. 두 사람의 이야기는 축구라는 종목을 뛰어넘은 휴먼 스토리 그 자체입니다. 이 백발의 노인은 어떻게 아스널 레전드의 인생 전부를 바꿀 수 있었을까요?

자메이카 혈통의 이안 라이트는 생후 18개월 만에 아버지를 잃었고, 어머니는 얼마 후 재혼했습니다. 그 결혼은 이안 라이트라는 '불행한 소년'을 있게 한 어두운 스토리의 서막이었습니다. 의붓아버지는 폭력적이었습니다. 어머니뿐 아니라 어린 이안도 참혹한 폭력의 희생자였습니다. 의붓아버지의 폭력은 단순한 구타에 그치지 않았고, 사람의 마음을 병들게 하는 가장 잔인한 방식으로 이어졌습니다. 이안 라이트에게는 보통의 아이들이 마땅히 누려야 할 당연함이 아무것도 제공되지 않았습니다. 어린 이안이 느끼는 유일한 긍정적인 감정은 오직 축구를 통해서 가능했지만, 의붓아버지는 이안의 '희망'마저 말살하려 들었습니다.

우리에게 익숙한 장르의 이야기엔 언제나 유일한 위안으로 어머니가 등장합니다. 혹은 어머니를 지키기 위해 더 강해지는 소년이 탄생합니다. 불행하게도 이안 라이트의 스토리에는 그런 어머니도, 그런 소년도 존재하지 않았습니다. 꿈도 희망도 없었으며, 자신의 탄생에 그 어떤 의미도 없었던 아이…. 이안이 어떤 성향의 사람으로 성장할지는 이미 예정되어 있었습니다. 그는 학교에 적응하지 못했고, 친구도 없었으며 하루하루는 그저 흘러가는 무의미함의 연속이었습니다. 바로 그때, 이안의 인생을 송두리째 바꿔버리는 구원자가 등장합니다. 다른 반 학생이었던 이안을 자기 반으로 옮기도록 하고, 담임까지 되며 보살핀 피그먼 씨는 세계 어느 학교에서도 흔치 않은 스승이었습니다. 현대의 '교사'는 그냥 직업 중 하나에 불과합니다. 하지만 피그먼 씨는 우리가 기억하는 '스승'이란 단어에 꼭 맞는 사람이었습니다. 피그먼 씨는 천천히 이안의 세상을 바꾸기 시작합니다. 스스로 자신이 중요한 사람이라 믿게 하는 것, 보통은 부모에 의해 전달되는 어린아이의 당연한 감정입니다. 많은 아이가 자신이 슈퍼맨, 메시, 엘사처럼 특별하다고 믿고 자라며, 세상의 주인공이라고 생각합니다. 부모가 주는 초월적인 사랑은 아이가 특별하다는 사실을 증명하기 때문입니다. 피그먼 씨는 부모가 주지 못한 당연함을 이안에게 전달했고, 그 안에는 당연히 축구가 있었습니다.

의붓아버지의 폭력에 축구를 제대로 쳐다볼 수도 없던 꼬마 이안에게 '지미 그리브스'라는 전설적인 인물의 이야기가 전해집니다. 그 작은 불씨가 미래에 베르캄프와 짝을 이루는 아스널 레전드의 탄생으로 이어질 거라고 그때의 피그먼 씨는 알 수 있었을까요? 이안의 삶은 온통 축구로 채워지기 시작합니다. 아무런 희망도 없던 이안에게 축구 선수가 될 수 있다는 최초의 믿음이 생겼고, 어떤 지원도 받지 못하는 환경에서도 오직 프로가 되기 위해 피나는 노력을 시작합니다. 생활고에 시달리던 이안은 축구와 아르바이트를 병행해야 했습니다. 온전히 훈련만 할 수 없었습니다. 10대 시절 어느 팀도 그와 계약하지 않은 것은 어쩌면 당연한 일이었습니다.

이른 나이에 결혼한 이안은 아이를 부양하기 위해 대출 이자까지 감당해야 했고, 가난은 그에게 다른 차원의 절망감을 안겼으며, 세금 미납으로 2주간 감옥에 갇히게 되는 최악의 상황까지 이어집니다. 스무 살이 넘은 가장에게 프로 축구 선수의 꿈은 비현실적입니다. 그런데 이안은 어째서 축구의 꿈을 끝까지 포기하지 않을 수 있었을까요? 세상에서 가장 위대한 축구 선수처럼 느끼게 만든 피그먼 씨의 마법은 부정적인 소년의 모든 것을 바꾼 상태였습니다. 피그먼 씨가 심어준 자존감은 이안이 축구 선수가 되지 않았더라도, 평생 가져갈 삶의 이유였을지 모릅니다.

1985년 스물두 살의 이안 라이트에게 기적이 일어납니다. 바로 2부 리

이안과의 만남 @박지수

그 크리스탈 팰리스와의 프로 계약 체결입니다. 아마추어팀에서 활동하던 이안이 하루아침에 프로 선수가 된 신데렐라 스토리는 데뷔 시즌 9득점의 영광으로 이어집니다. 크리스탈 팰리스 팬들은 불과 6년간 뛰었던 이안을 20세기 수정궁 최고의 선수로 선정했습니다. 이안의 비행은 이제 시작이었습니다. 1991년 아스널 이적 그리고 리그 데뷔전 헤트트릭…. 시즌 29골로 수상한 골든 부츠는 아스널 역대 최고 공격수의 탄생을 알리는 화려한 축포였습니다. 아스널 홈경기장에 선명하게 새긴 이안 라이트의 거대한 그림은 그가 어떤 선수였는지 영원히 남아있습니다. 벵거 감독 아래서 앙리가 등장하기 전까지, 베르캄프의 환상 콤비는 이안 라이트였습니다. 늦은 출발, 화려한 결과는 2005년 잉글랜드 축구 명예의 전당 입성이라는 영국 선수가 누릴 최고의 영예를 안겼습니다.

은퇴한 아스널의 전설은 방송 출연을 위해 오랜만에 경기장을 방문했고 자신의 인생을 바꾼 고마운 은인과 재회합니다. 은사는 소년 이안의 삶에 존재하는 유일한 밝은 면이었습니다. 돌아가신 줄 알았던 스승을 다시 만난 감정을 이안은 생생히 전달합니다. 프로가 되고 경이로운 선수 생활을 보낸 이안은 선생님을 만났던 일곱 살, 그때의 꼬마로 타임머신을 타고 돌아갔습니다. 기억의 저장고에 보관된 흔적들이 쏟아져 나왔고, 이안에게 깊은 감동을 안겼습니다. 선생님은 프로로 살아온 이안의 인생을 어떤 감정으로 지켜보고 있었을까요? 선생님은 자신이 살려낸 소년의 영혼을 통해서, 이안의 성장을 통해서 살아가고 있었습니다. 자부심이란 이름으로…. 이 만남 후, 선생님은 제자와 영원히 이별했습니다. 하지만 이안 라이트는 온 세상 사람들이 피그먼 씨를 잊을 수 없게 만듭니다. 위대한 선수는 위대한 사람에게 자신만의 방식으로 스승의 흔적을 온전하게 기록합니다. 두 사람은 스승과 제자를 넘은 부모와 자식 같은 관계였고, 눈물나는 이야기를 미소로 마무리 짓게 했습니다.

세상이 바뀌는 요소는 꼭 거대한 힘이 아니라 한 사람의 사랑에서 비롯되기도 합니다. 우리가 살고 있는 삭막한 세상에 여전히 온기가 남아있는 이유는 수천, 수만 명의 피그먼 씨가 살아온 덕분입니다.

영상과 함께 보면
감동이 두 배입니다.

한 남자의 약속
- 루카렐리

　이탈리아 한 도시에서 축구를 넘어 몸과 영혼을 바친 남자가 자신을 하얗게 불태우고 난 후 마지막 인사를 전하고 있습니다. 모두를 걸고 약속을 지킨 남자, 파르마의 주장 루카렐리입니다. 루카렐리에겐 오직 파르마로 가득했고, 파르마에겐 루카렐리만 있었습니다. 처절한 이야기 중 하나를 축구사에 남긴 루카렐리는 약속대로 파르마를 세리에 A로 올리고, 축구와 이별을 고했습니다. 그의 스토리에는 인간의 성장과 교류 그리고 사랑을 담고 있습니다. 루카렐리의 인생이 왜 축구사에 남을 낭만의 서사일까요?

　그 유명한 이탈리아 7공주 중 하나였던 파르마가 파산했습니다. 돈 세탁을 목적으로 파르마를 인수한 구단주의 말로는 축구사에 유례없던 끔찍한 결과로 이어집니다. 구단은 선수들에게 연봉을 줄 수 없었고, 유소년 선수들은 찬물로 샤워하고, 훈련 중 마실 생수마저 지급되지 않았습니다. 직원들을 해고해서 선수들이 직접 유니폼을 세탁해서 입고, 선수들을 태울 버스뿐 아니라 과거에 획득한 트로피까지 경매에 부쳐지는 등 프로 구단으로 존재할 최소한의 능력마저 없어져 버립니다. 파르마는 공식적인 파산 선언과 함께 재창단되었고, 1부 리그에서 곧바로 세리에 D(4부 리그)로 전락하는 충격적인 뉴스가 보도됩니다. 이탈리아 4부 리그는 아마추어 리그입니다. 당연히 파르마의 주축 선수들은 팀을 떠났고, 심지어 유소년 선수들도 이탈하며 구단의 미래마저 잃게 됩니다. 세리에 7공주로 이탈리아의 강자로 불렸지만, 단 한 번도 이탈리아를 제패하지 못했던 파르마 팬들은, 염원하던 세리에 A 우승은 고사하고 하루아침에 자신들의 전부였던 파르마가 미래조차 없는 4부 리그 팀이 되어버린 악몽 같은 허망한 현실을 받아들여야 했습니다.

그때 파르마 팬들에게 희소식이라기보다 '아니 왜?'라는 의문이 먼저 떠오르는 놀라운 소식이 전해집니다. 주장 알레산드로 루카렐리가 팀에 잔류하여 세리에 D에서 뛴다는 뉴스였습니다. "모든 사람이 제가 미쳤다고 했어요. 심지어 제 아내도 같은 말을 했어요. 오직 아들만이 저를 응원해줬어요."

오랜 축구 팬들은 루카렐리라는 이름을 들으면 이탈리아 국가대표 출신의 크리스티아노 루카렐리가 떠오를지 모릅니다. 하지만 그의 동생 알레산드로는 형만큼 명성을 쌓지 못하던 선수였습니다. 형의 영광에 가려진 동생 루카렐리는 전형적인 저니맨이었습니다. 이팀 저팀 떠돌다가

2008년, 서른한 살에 입단한 파르마는 그를 유일하게 2년 이상 머물게 해준 팀이었습니다. 7년이 지난 후 그는 이제 떠돌이가 아니었습니다. 형 이름에 못 미치는 후보 선수가 아니라, 파르마의 주장이자 정신적 지주로 성장했습니다. 축구를 시작하고 처음 느꼈던 평온과 안식 그리고 열광적이었던 팬들의 응원…. 그는 아마추어 리그로 전락한 파르마와 파르마 팬들을 떠날 수 없었습니다. "파르마가 먼저 30대인 저를 믿어주었습니다. 이제는 제가 보답할 차례라고 생각합니다. 며칠을 밤새워 고민해보았지만, 역시 제 심장은 오직 여기에 머물길 원했습니다. 저는 제 심장이 시키는 대로 하겠습니다. 우리팀이 다시 원래 자리로 돌아가는 데 몇 년이 걸릴지 모르겠지만, 저는 마지막 순간까지 이 자리를 지킬 것임을 약속드립니다." 파르마 팬들에게 루카렐리가 신이 된 순간입니다. 그때 루카렐리의 나이는 서른여덟 살이었습니다. 그는 은퇴를 준비하고 있었고, 지도자 수업을 받을 예정이었습니다. 하지만 팀이 4부 리그로 떨어지자, 지도자 수업을 뒤로 미루고 축구화 끈을 다시 묶습니다. 은퇴가 무기한 연장된 그의 프리시즌은 세리에 D에서 뛰는 선수가 아니라 마치 세리에 A에서 우승을 경쟁하는 선수의 투지가 함께했습니다.

2015년 아마추어 리그에 7공주가 등장합니다. 소박한 경기장에서 파르마 팬들은 예전과 다름없이 오직 그들의 팀을 외칩니다. "파르마! 파르마!" 그리고 파르마의 역사적인 아마추어리그 폭격이 시작됩니다. 루카렐리는 전 경기에 출전했고, 팀은 무패 우승으로 세리에 C로 직행합니다. 세리에 C는 D와는 차원이 다른 무대였습니다. 베네치아 등이 포함된 리그의 팀들은 주요 선수들이 다 떠나버린 파르마에게 버거운 상대들이었지만, 놀랍게도 파르마는 플레이오프 끝에 1년 만에 세리에 B로 승격합니다. 루카렐리는 40여 경기에 출장했고, 파르마의 최후방은 단단했습니다. 그리고 운명의 2017년 세리에 B가 개막됩니다. 마흔한 살의 루카렐리는 걸어 다니는 게 신기할 정도로 온몸에 잔부상이 가득했습니다. 하지만 그는 약속을 또렷이 기억하고 있었습니다. 파르마를 세리에 A에 보낼 때까지 자리를 지키겠다는…. 그는 죽어도 죽을 수 없는 전쟁터의 장엄한 노장이었습니다. 그에게 2017/18시즌은 태어나서 가장 중요한 시즌이었습니다. 다음 시즌에는 그가 걸어 다닐 수 있을지조차 장담할 수 없었기 때문입니다. 세리에 C에서도 8패를 당하며 버거워했던 파르마는 2부 리그에서 매 경기 사투를 펼칩니다. 그들의 경기는 마치 생사를 넘나드는 전투처럼 보였습니다. 고대 이탈리아인들이 가족을 지키기 위해 전투를 벌일 때 이런 표정이었을까요? 루카렐리가 하는 것은 축구가 아니라 전쟁이었습니다. 무엇이 한 인간을 이렇게까지 절박하게 만들 수 있었을까요? 그가 파르마 팬들에게 받았던 응원과 사랑은 한 인간을 철저하게 전사로 만들었습니다.

루카렐리는 승격을 불과 몇 경기 앞두고 장렬하게 전사합니다. 그의 반월판 연골은 파열되었고 메디컬팀은 시즌 아웃을 판정합니다. 팀의 전부였던 루카렐리의 이탈은 곧 파르마 여정의 끝을 의미했습니다. 파르마 팬들은 절망에 빠졌지만, 주장에게 위로와 감사를 전합니다. 바로 그때, 루카렐리는 파르마 팬들에게 외칩니다. "여러분이 저에게 보내준 사랑과 위로에 진심으로 감사드립니다. 하지만 여기서 한 가지 분명하게 해둘 것이 있습니다. 반월판은 결코 저를 멈추게 할 수 없다는 것입니다. 제 마지막

매년 파르마로 돌아와 팬들과 축제의 밤을 여는 남자

경기에서, 제 몸에 비록 반월판이 없을지라도 저는 약속을 지키고 싶습니다. 우리는 이제 결판을 낼 것이고, 그 어느 때보다 많은 영광을 여러분들에게 꼭 돌려 드릴 것입니다." 루카렐리는 지옥에서 절뚝이며 돌아왔습니다. 은퇴를 앞둔 노장의 처절함을, 어쩌면 마지막일지도 모르는 한 남자의 약속을 지킬 기회를, 파르마 의료진은 앗아갈 수 없었습니다.

루카렐리는 승격이냐 잔류냐, 모든 것이 걸린 38라운드 경기에 돌아왔습니다. 그의 투쟁은 경이로움을 넘어 불가사의한 무엇이 있었고, 아름다웠으며, 눈물겨웠습니다. 그리고 심판의 휘슬…. 파르마는 2대 0으로 승리를 거두며 세리에 A 승격을 이뤄냅니다. 4부 리그에서 논스톱으로 3년 만에 1부로 직행한 이탈리아 축구 역사상 최초의 기록이었습니다. 파르마는 세리에 A 우승 경험은 없지만, 이탈리아팀들을 통틀어 전인미답의 기적을 이뤄냈습니다. 사나이는 너덜너덜해진 몸으로 마이크를 잡습니다. 그는 하얗게 타올라 있었습니다. "나는 약속했다. 파르마를 세리에 A로 다시 데려갈 거라고. 그리고 나는 약속을 지켰다."

그는 그날 경기가 인생의 마지막 경기라는 사실을 알고 있었습니다. 승리와 패배의 간격은 그에게 마치 생과 사의 거리만큼 압도적인 차이가 있었습니다. 그런 '인간'이 버틴 팀의 수비를 스페치아가 아니라 유벤투스가 상대했더라도 쉽게 뚫을 수 있었을까요? 파르마의 전부였던 남자는 그렇게 파르마 팬들에게 1부 리그를 돌려주고 떠났습니다. 형 따라 공놀이를 시작했던 소년 알레산드로 루카렐리가 마흔한 살이 되던 해 일입니다. 파르마는 축구계엔 흔치 않은 영구 결번으로 그의 마지막 길을 배웅했습니다. 시간이 지나 혹시 파르마의 어느 축구 소년이 6번을 달고 싶다고 해도 팀의 운영진은 대답할 것입니다. 루카렐리라는 남자의 6번은 파르마의 그 누구도 가질 수 없다고, 다른 번호로 너만의 여정을 걸어보라고….

자본주의 이전, 직업 선택의 이유에는 돈으로 설명할 수 없는 또 다른 이유가 있었습니다. 꽃을 좋아하는 소년, 만들기를 좋아하는 소년 혹은 옷을 좋아하는 소녀들의 이야기입니다. 현대 사회 많은 사람은 누군가의 직업을 돈으로만 평가하고, 모든 노력의 이유 또한 돈을 원인으로 생각합니다. 아마추어 리그인 세리에 D로 향했던 루카렐리를 움직이게 한 것이 과연 돈이었을까요? 루카렐리의 이야기엔 숫자로는 다 담을 수 없는 울림이 있습니다. 무엇인가를 향한 헌신, 그 여정의 끝에는 감동이 있습니다.

"내가 받은 사랑에 보답하겠다."는 이 단순한 한마디가 가끔은 역사를 만들기도 하고, 주변에 존재하는 모든 공기를 바꾸기도 합니다. 여러분은 몸과 마음을 다해 보답하고 싶은 대상이 있나요?

영상과 함께 보면
감동이 두 배입니다.

어머니의 희망
- 캉테

 캉테의 첫 직업이 쓰레기 수거인이었던 사실을 아시나요? 한국에 캉테의 이름이 알려진 가장 큰 계기는 '미니 쿠페' 사건이었습니다. 슈퍼카를 타는 다른 선수들과 달리 레스터에서 제공한 미니 쿠페를 타던 캉테는 아끼던 차가 사고 난 날, 짜증은커녕 몰려든 팬들과 함께 웃으며 사진을 찍어 모두를 놀라게 했습니다. 다음 날 부러진 사이드 미러를 테이프로 고정하고 나타나 사람들을 한 번 더 놀라게 했습니다. 당시 첼시 소속 고액 연봉자였던 캉테는 "저는 자동차를 사랑하는 사람이 아니에요. 어렸을 때부터 차에 욕심이 없었어요. 미니 쿠페는 레스터에서 줬어요. 지금도 타고 있고 여전히 좋아요."라며 어깨를 으쓱했습니다. 당시 미니 쿠페는 약 3천만 원 정도였습니다.

 지구상에서 제일 착한 축구 선수 어워드가 있다면 캉테는 매년 결승 진출이 유력한 미담계의 끝판왕 중 한 명입니다. 어릴 때 아버지를 여윈 캉테는 귀여운 외모와 달리 장남이고, 그에겐 생명을 바쳐서라도 반드시 은혜를 갚아야 하는 홀어머니가 있습니다. 티에리 앙리는 "이상하게 손흥민은 상대팀 팬들까지 좋아한다."고 말합니다. 그런 이상한 일이 일어나는 다른 한 명이 바로 캉테입니다. EPL을 제패했던 첼시의 콘테와 2021년 토트넘 콘테의 가장 큰 차이는 바로 캉테의 유무입니다. 콘테에게 우승을 안긴 캉테를 FA가 되는 2022년 6월, 토트넘으로 데려오기 위해 준비 중이라는 소식이 〈트라이벌풋볼〉을 통해 보도되었습니다. 한때 유럽에서 유행하던 농담이 있습니다. 콘테의 머리카락을 다시 나게 한 남자가 바로 캉테라고…. 그만큼 콘테에게 캉테는 절대자입니다.

캉테 부모님은 1980년대에 생계를 위해 말리를 떠나 프랑스로 이주했습니다. 그들에게 프랑스는 기회의 땅이자, 희망의 땅이었습니다. 그들은 아이를 낳고, 평범한 직업을 가지고, 보통의 삶을 살게 될 자신들의 새로운 나라에 무한한 기대를 품었습니다. 1991년에 태어난 캉테의 고향 뤼에유 말메종(Rueil Malmaison)은 프랑스 흑인 대부분이 자란 곳처럼 가난한 동네였습니다. 희망의 땅 프랑스는 말리처럼 모두에게 먹을 것이 풍족한 곳이 아니었고, 캉테 아버지는 희망에 채 닿기도 전 하늘나라로 먼저 떠납니다. 캉테 어머니는 홀로 아이들을 키우기 위해 동네에서 청소부로 일했습니다. 캉테의 첫 직업이 쓰레기 수거였던 이유입니다. 어머니를 돕고 싶던 착한 꼬마 캉테는 값나가는 쓰레기를 구하기 위해 파리 동부 시외를 매일 수 킬로미터씩 걸어 다녔습니다. 쓰레기를 찾아 한없이 걷던 그가 지금 좋아하는 축구로 90분을 누비는 것은 얼마나 행복한 일일까요?

어린 캉테는 가난한 이들의 삶과 평범한 이들의 삶은 어떤 차이가 있는지 알게 됩니다. 평생 쓰레기 수거 일을 하면 영원히 가난하게 살게 될 것이라는 사실을 온몸으로 깨닫습니다. 그런데 어린 캉테의 삶을 바꾸는 순간이자, 본 적도 없던 진귀한 쓰레기들을 수거할 수 있는 날이 찾아옵니다. 평소보다 압도적인 인파와 쓰레기 양에 즐겁게 발걸음을 옮기던 캉테가 도착한 곳은 바로 파리의 생드니 경기장…. 그날은 프랑스가 1998년 월드컵에서 우승한 날이었습니다. 일곱 살 꼬마에게 월드컵은 그저 쓰레기를 많이 주울 수 있는 날이었습니다. 인파 속을 헤매며 쓰레기를 줍던 그 꼬마가 장래 프랑스에 다시 월드컵 우승을 안겨줄 거라고, 그때 그 누가 상상할 수 있었을까요? 월드컵이 가져다준 평생 처음 느낀 쾌감은 그에게 '축구'의 의미를 각인시켰습니다.

1998년 프랑스는 대변화를 맞이합니다. 온 국민이 사랑하던 백인 스타 미셸 플라티니도 안겨주지 못한 월드컵을 선사한 것은 다름 아닌 지단, 앙리, 트레제게, 비에이라 등 이민자들이었습니다. 꼬마 아이는 자신과 같은 피부색인 스타들이 전 국민에게 추앙받는 것을 목격했고, 평생 느껴보지 못한 전율을 느낍니다. 흑인도 쓰레기를 줍지 않고 살 수 있다는 희망의 메시지를 발견합니다. 그리고 캉테는 알게 됩니다. 가난한 자신의 동네에 수많은 축구 아카데미가 있다는 사실을요. 축구가 재밌어서 시작한 다른 아이들과 달리 여덟 살 캉테는 청소부인 어머니의 고생을 멈추기 위해 파리 서부의 쉬렌 아카데미 문을 두드립니다. 영양 섭취가 충분하지 못했던 캉테는 또래에 비해 작고 연약했습니다. 그는 어디에서나 주목받았습니다. 축구하기에는 너무나 작은 몸 때문에….

당시 코치였던 피에르 빌 씨는 말합니다. "캉테는 너무 작아서 큰 클럽들의 레이더에서 완전히 벗어났어요. 당시 그는 하루종일 태클하고, 경기장 끝에서 끝으로 드리블하는 연습을 했어요. 아무도 가르쳐주지 않아도 혼자 루틴을 만들었어요." 그때 반복한 태클이 먼 훗날 리오넬 메시를 막아낸 지구상에 몇 안 되는 남자로 불릴 거라고, 당시는 아무도 알지 못했습니다. 길고 긴 훈련의 시간이 지나고, 캉테의 아카데미 동료 프랑수아 르무앙은 회상합니다. "우리는 상대팀과 힘든 경기를 하고 있었고, 종료 10분을 남기고 캉테가 투입되었어요. 그런데 아무도 그를 지나칠 수 없었어요." 캉테의 오랜 노력을 증명하는 데는 단 10분이면 충분했고, 이후 캉테가 주전이 된 팀은 트로피를 획득하기 시작합니다. 그리고 캉테가 가장 싫어하는 시간도 함께 옵니다. 수줍음이 많았던 캉테는 우승 세리머니와 동료들의 축하를 도망치고 싶어할 만큼 부끄러워했습니다.

이즈음 언제나 웃던 남자 캉테에겐 조급함이란 감정이 온몸을 지배하기 시작합니다. 미래를 바꾸기 위해 여덟 살에 시작한 축구, 하지만 여전히 청소부로 일하는 어머니, 생계가 불안한 동생들…. 축구는 성공했을 때 부를 안겨주지만, 프로가 되지 못하면 아무것도 가지지 못하는 마치 도박과 같은 종목이었습니다. '모 아니면 도'의 지루한 싸움에서 그는 다시 어머니를 도와 쓰레기를 주우러 가는 삶에 대해 고민했습니다. 그의 어머니는 캉테가 자신을 돕기 위해 꿈을 포기하길 바라지 않았습니다. 내 아이가 좋아하는 일을 멈추고 당신을 도와 쓰레기 줍는 삶을 사는 것은 절대로 있어서는 안 되는 일이라 생각했습니다. 캉테가 프로가 되지 못해도 상관없었습니다. 평생 자신이 청소하며 자식들을 부양해도 괜찮았습니다. 그저 내 아이만큼은 쓰레기 더미가 아니라 평범한 곳에서 웃으면서 하고 싶은 일을 하며 살아가길 바랐습니다.

 2010년은 캉테에게 운명의 해가 됩니다. 여전히 키가 자라지 않던 캉테를 US 불로뉴는 과감하게 발탁했고, 2012년 그는 축구로 돈을 버는 프로 선수가 됩니다. 어머니는 말리에서 시작한 삶의 여정, 희망의 땅에서 남편을 잃은 아픔 그리고 남의 나라 쓰레기를 주우며 홀로 아이들을 키운 인생, 그 모든 것을 그날 하루에 다 보상받았다고 생각합니다. 하지만 그것은 어머니의 착각이었습니다. 캉테는 프로 선수로만 만족할 사람이 아니었습니다. 그의 꿈은 어느덧 '엄마의 직업을 바꾸겠다'에서 '엄마도 보통 엄마들처럼 행복하게 만들겠다'로 달라져 있었습니다. 2015년 레스터에 입성한 그는 잉글랜드 중원의 지배자가 되었고, 2016년 첼시로 이적하며 세계 제일의 박투박 미드필더가 됩니다. 대망의 2018년, 그에게 평생 최고의 쓰레기들을 안겼던 1998년 월드컵 후 20년이 지난 또 다른 월드컵 결승, 이번에 그는 경기장 안에 있었습니다. 그리고 그는 축구의 신을 막아냅니다. '폴이 없었다면? 앙투앙이나 킬리안이 없었다면?' 그래도 프랑스는 강했습니다. '은골로 캉테가 없었다면?' 프랑스는 월드컵을 차지하지 못했습니다. 쓰레기를 줍던 소년은 그런 선수가 되어있었습니다.

 누구보다 자신에게 의미가 있던 월드컵 우승의 날, 프랑스의 연예인 같은 슈퍼스타들은 저마다 트로피를 안기 위해 다투며 놀았고, 세계 제일의 부끄럼쟁이 캉테는 뒤에서 파티를 지켜보고 있었습니다. 그리고 수줍게 말합니다. "나도 월드컵 한번 만져봐도 돼?" 서로 사진 찍겠다고 싸우던

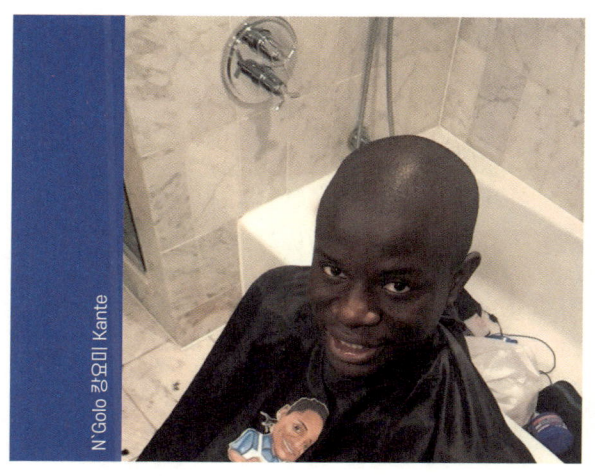

N'Golo 캉오미 Kante

프랑스의 슈퍼스타들은 홍해처럼 갈라지며 월드컵과 사진 찍을 캉테 자리를 마련합니다. 캉테는 그런 사람입니다. 합산 1조 원에 육박하는 스타들 사이에서도 이 남자의 말은 모두가 받듭니다. 그가 원하는 것을 말하는 게 어떤 의미인지 모두가 알 만큼 그는 겸손한 사람입니다. 캉테가 월드컵을 만지고 싶다는 것은, 그에게 그 트로피가 너무나 소중하다는 의미입니다. 주인공이 되는 것을 부끄러워하는 캉테를 위해 프랑스 대표팀 동료들은 기꺼이 자리를 양보합니다.

프랑스에서 캉테의 인기는 상상을 초월합니다. 거만한 스타들 사이에서 마치 한국 중학생처럼 수줍어하면서 늘 겸손한 캉테는 프랑스 엄마들의 영웅입니다. 프랑스에서는 누구나 내 아이가 캉테처럼 자라길 바랍니다. 엘리제궁에서 진행된 우승 축하 파티, 세계에서 가장 자신감 넘치는 포그바는 자신을 위한 노래가 아니라 캉테의 노래를 부릅니다. 월드컵 우승에 이어 첼시에 챔스 우승을 안긴 캉테, 그는 자신을 자랑했을까요? 캉테는 모든 승리를 팀원에게 돌리고 자신은 언제나처럼 조연의 자리로 갑니다. 하지만 그의 동료들은 숨어있는 캉테를 끌고 와 그를 칭찬합니다. 압도적인 승부욕을 가진 선수들이 모여 누가 최고인지를 놓고 겨루는 축구, 심지어 은퇴하거나 사망한 선수의 이름까지 끌고 와서 현역 선수와 경쟁시키는 팬들, 이 전쟁터에서 캉테만큼은 모두가 사랑합니다. 그리고 언제나 웃고 있는 그가 있습니다.

아직 여자친구가 없는 캉테는 수줍음이 많아 연애를 시작하기 힘든 성격입니다. 이런 캉테가 아버지가 된다면 어떨까요? 그는 다정한 아빠 발롱도르가 될 것이 확실합니다. 돌아가신 아버지가 그에게 해주고 싶었던 것의 수십 배로 아이를 지켜낼 세계 최고의 '아버지'가 될 것입니다.

영상과 함께 보면
감동이 두 배입니다.

절대 지지 말거라!
- 퍼거슨 감독

최근 화제가 된 퍼거슨의 마지막 라커룸 연설, 그 장면이 특별했던 이유는 바로 영국 축구를 넘어 유럽을 지배했던 퍼거슨의 맨유 역사 때문입니다. 대륙 최고의 전사는 어느덧 할아버지가 되었고, 이제는 더 이상 고함을 치지 않았습니다. 그의 얼굴에는 온화한 미소만 남아있습니다. 그는 다른 감독들처럼 단순히 퍼거슨이 아니라 '퍼거슨 경'입니다. 원탁의 기사를 연상케 하는 칭호를 영국 왕실에서 받은 그는 전 유럽에서 가장 강력한 카리스마를 보인 감독이었고, 퍼거슨 경이 존재하는 맨유에선 베컴, 호날두를 포함한 그 어떤 선수도 그보다 위대하지 않았습니다.

맨유의 전설 라이언 긱스는 10대에 언론의 스포트라이트를 받은 젊은 스타였습니다. 붉은 유니폼을 입은 긱스는 미디어가 작정하고 리그의 아이콘으로 만들던 선수였습니다. 열여덟 살이 된 긱스는 곧장 운전 면허를 취득했고, 감독에게 가서 구단 소유의 차량을 요구했습니다. 퍼거슨은 건방진 어린 스타를 향해 독설을 퍼붓습니다. "너는 너를 뭐라고 생각하고 있냐? 고작 몇 경기 출전했다고 이런 xx 같은 요구를 해? 너한텐 xx 만한 자전거 한 대도 내줄 수 없다. 걸어 다녀라!" 어린 긱스를 다룬 퍼거슨의 일화는 하나의 조각에 불과했고, 현역 내내 맨유에서 뛴 긱스는 잠깐 빛을 내고 사라지는 유망주가 아니라 롱런한 슈퍼스타로 대성했습니다. 긱스는 자신의 오만함을 컨트롤한 퍼거슨 경에 대한 감사를 요즘도 인터뷰에서 자주 말하고 있습니다.

잉글랜드의 슈퍼스타 베컴은 퍼기 아이들의 대표입니다. 소년 베컴의 성장을 바로 옆에서 지켜본 퍼거슨 경은 그의 변화를 생생히 목격합니다. 스파이스 걸스의 일원인 아내를 만난 무렵입니다. 맨체스터 촌놈이었던 베컴은 모히칸족 머리를 하고 나타났고, 축구 잡지보다 패션 잡지에 더 자주 보였습니다. 변한 베컴에게 고함을 치는 퍼거슨 경의 모습은 맨유 라커룸의 흔한 풍경이 되었습니다. 어느 날 팀의 패배에 분노한 퍼거슨이 라커룸에서 걷어찬 축구화가 베컴 얼굴에 맞고 피가 나는 사태가 발생합니다. 등번호 7을 달고 경기장을 누비던 남자가 고향을 떠나 마드리드로 향하게 된 결정적 사건이었습니다. 팀 최고의 스타, 국가적 아이콘, 전 세계적으로 벌어들일 마케팅 수입은 퍼거슨 경에게 중요하지 않았습니다. 그가 원한 것은 오직 겸손한 선수들이 모인 '원팀'이었습니다.

그가 유일하게 욕설을 퍼붓지 않은 대상 중 한 명이 박지성인 이유입니다. 퍼거슨 경은 은퇴 후 가장 후회하는 장면으로 챔스 결승에 박지성을

야망을 제패하고 영국 축구에 자존심을 되돌려준 퍼거슨 경

투입하지 않은 것을 여러 번 언급합니다. 한국의 국가적 스타이면서도, 유소년보다 겸손한 박지성은 퍼거슨 감독에게 평생 아픈 손가락이 되었습니다. 선수의 자만을 경계하는 퍼거슨 경이 감독 시절 조금의 망설임도 없이 최고 수준의 극찬을 한 대상도 박지성입니다.

퍼거슨이 영국에서 가장 존경받는 감독인 이유는 그가 이룬 업적 때문만은 아닙니다. 퍼거슨은 감독 초기에 있었던 일을 다음과 같이 이야기합니다. "어린 선수가 사무실로 찾아와서는, 금요일에 쉴 수 있냐고 물었다. 내가 왜 금요일에 쉬려고 하냐고 묻자 그는 어머니가 돌아가셨다고 하더라. 내가 당시 무슨 말을 할 수 있었을까? 당연히 그러라고 말해야 한다. 그 순간부터 나는 감독 생활 내내 선수들이 와서 '내일 쉴 수 있을까요?'라고 물으면, '왜 쉬려고 하냐?'가 아니라, '그래? 무슨 일 있니?'라고 대답한다." 말 한마디가 상대방의 감정에 어떤 파동을 일으킬지 퍼거슨은 알고 있었습니다. "왜?"와 "무슨 일 있니?"는 완전히 다른 의미입니다.

호날두가 유일하게 존경하는 사람이 바로 퍼거슨 경입니다. 호날두는 〈팀뷰어〉와의 인터뷰에서 이런 이야기를 했습니다. "어쩌면 감독님은 기억하지 못하실 수 있어요. 아버지가 병원에 입원하셨고 저는 힘들었어요. 감독님께 당시 제가 심리적으로 힘든 이유를 전했고, 감독님은 저에게 2~3일 아버지 곁으로 가라고 하셨어요. 당시 맨유는 중요한 경기를 앞둔 상황이었고 저는 팀의 키 플레이어였어요. 저에겐 챔스나 EPL에서 우승하는 것도 중요했지만, 당시엔 아버지가 더 소중했어요. 감독님께 너무나 감사해요. 그가 저에게 말하고 행했던 모든 것에 감사해요." 퍼거슨은 당시 상황에 대해 이렇게 말합니다. "호날두 아버지가 병원에 입원하셨다는 사실을 알고 있었다. 당시 호날두에게는 축구보다 아버지 곁을 지키는 게 중요한 일이었다. 축구는 그다음이다. 가끔은 축구보다 더 중요한 것들이 있다. 가족보다 축구 혹은 팀을 앞세워서는 안 된다."

퍼거슨 경 앞에선 승리와 팀이 그 무엇보다 중요했지만, 사람과 삶 그리고 가족 이야기에서라면 축구는 다음이었습니다. 박지성의 절친인 에브라가 맨유 팟캐스트에서 말한 일화입니다. 맨유의 프리시즌 경기가 예상보다 강한 강도로 진행됐고, 경기 후 완전히 지친 선수들은 버스 주변에 몰려든 팬들의 사인 요청을 무시하고 모두 버스에 탑승했습니다. 하지만 마지막쯤에 도착한 퍼거슨 경은 버스 주변 팬들 모두에게 무려 45분간 사인해주고 버스에 올라 선수들에게 소리칩니다. "밖에 있는 사람들을 똑

똑히 봐라. 저 사람들이 너희들을 먹이고, 입히고, 월급 주고, 네 아이들을 학교에 보내주는 사람들이다. 그리고 저 사람들은 고작 너희들이 공 차는 모습을 보러 xx 열심히 일해서 번 돈으로 쉬는 날에 여기까지 왔다. 당장 내려가서 저 사람 모두에게 사인을 해주고 와라." 경기에서 패배하면 라커룸에서 눈도 마주치기 힘들 만큼 불같은 성격의 퍼거슨은 선수들이 팬들을 무시할 때 더 강하게 고함치는 사람이었습니다.

확고한 신념과 전술로 전 유럽을 제패했던 퍼거슨 경도 어느덧 나이가 들었습니다. 그리고 자선경기에서 자기 손으로 기른 수많은 아이들을 마주합니다. 그 아이들도 퍼거슨 경처럼 흰머리가 나고 얼굴엔 주름이 생겼습니다. 유럽 챔피언이었던 그리고 자신을 유럽 챔피언으로 만들어준 소중한 아이들, 과거엔 항상 칭찬보단 고함을 지르고 압박했던 선수들에게, 퍼거슨 경이 마지막 라커룸 연설을 합니다.

"지지 말거라. 절대 지지 마!"

영상과 함께 보면
감동이 두 배입니다.

그는 결코
혼자 걷지 않을 것 - 클롭 감독

    클롭은 축구계에서 유명한 로맨티스트입니다. 그 이유는 그가 클럽을 떠나는 순간마다 사람들에게 눈물과 아쉬움을 가득 남겼기 때문입니다. 마인츠, 도르트문트 시절에 이어 재방송과 같습니다. 올 시즌을 끝으로 리버풀을 떠난다는 인터뷰 전문을 요약하면 리버풀의 누구도 자신을 자르지 않을 것이기에 자신이 결정을 내렸으며, 자신은 더 이상 리버풀의 미래를 위해 적합한 사람이 아니라는 말을 덧붙였습니다. 축구계가 아니라 대학원의 고문이 남길 만한 작별 인사입니다. 그가 정말 리버풀의 미래에 적합하지 않은지 저는 알 수 없습니다. 그는 누구보다 치열하게 클럽의 미래를 고민할 사람입니다. 대부분 감독은 박수받으며 클럽에 입성하지만 비난받으며 떠나곤 합니다. 그런 곳이 축구계입니다. 총알 대신 펜과 잉크로 사람에게 온갖 수치심을 심어주기도 하는 치열한 세계가 바로 이곳입니다.

클럽 감독은 2001년부터 2024년 현재까지 세 개 클럽을 맡았고, 세 번 모두 부임 때 팬들의 박수를 받았으며, 떠날 땐 팬들의 환송을 받았습니다. 알렉스 퍼거슨 같은 거장들이 누렸던 영광을 그는 세 개 팀에서 나눠 갖는 전설의 감독이 되었습니다. '리버풀이 아닌 잉글랜드팀의 감독으로 돌아올 일은 없다'는 그의 마지막 말은 '낭만'으로 가득합니다. 클롭을 한마디로 표현하면 '멋있는 인간'입니다. 그는 축구인 이전에, 감독 이전에 심각하게 멋진 사람입니다. 그는 학교에서, 회사에서, 퇴근 후 모임에서, 장소가 어디든 누구를 만나도 상대를 빛나게 할 엄청난 캐릭터입니다. 그리고 자신을 낮추고 상대를 위대하게 만드는 방법을 누구보다 잘 아는 사람입니다.

퍼거슨을 향한 헌사는 축구계에 가득하지만, 클롭은 퍼거슨을 교황으로 만들어버렸습니다. 자신에게 영광을 안겨준 날에 그가 표현한 방식은 그저 주변인들이 얼마나 훌륭한 '인재'인지 강조했고, 지금의 자신을 있게 해준 능력에 감사했습니다. 좋기만 한 사람은 승부의 세계에서 살아남기 힘듭니다. 그는 누구보다 지는 걸 싫어하는 승부사이기도 합니다. 승리의 순간마다 환호하는 클롭의 표정은 마치 '장군'과 같습니다. 라커룸에서 선수들에게 동기를 부여할 때 클롭의 모습은 누구나 상상할 수 있습니다. 엄청난 언어로 리버풀 선수 모두가 마치 자기가 세계 최고가 된 듯한 자신감을 심어줄 것이고, 최강의 적을 상대하면서도 팀으로 하나될 수 있는 구심점이 될 것이며, 승리가 무엇을 위한 행위인지, 경기장을 가득 채울 팬들의 존재에 대해 누구보다 뜨겁게 설명할 수 있는 사람입니다. 그는 카리스마와 유머를 동시에 가진 사람이기에 그렇습니다. 리버풀에

축구계 도 한 명의 낭만, Jürgen Klopp

수많은 패배감을 안겨준 클럽은 맨시티, 감독은 펩이었습니다. 전장에서는 상대를 향해 으르렁거리는 장수지만 무대를 떠나 라이벌을 만나면 '존중과 유머'만 가득합니다.

클롭은 실패한 축구 선수입니다. 최고가 목표였지만 근처에도 가지 못했습니다. '기술은 5부 리그 수준, 전술 이해도는 1부 리그 수준, 종합 2부 리그 수준이었다'는 클롭의 유명한 인터뷰는 결과적으로 마인츠 구단이 그에게 선수 겸 감독 자리를 부탁한 이유입니다. 평생 선수로서 최고가 되길 꿈꾸던 사람에게 감독 제안은 청천벽력이었습니다. 그는 여전히 젊었기 때문입니다. 훌륭한 제안이었지만, 어떤 의미에서 '선수'로는 존재 가치가 없다는 선고이기도 했습니다. 클롭의 선택은 간단했습니다. 눈물을 흘리며 유니폼을 벗었고, 옷을 갈아입으며 '감독에 올인'하기 시작합니다. 두 가지 모두에서 최고가 될 수 없다는 것은 자명했고, 사랑하는 축구에서 더 높은 단계로 가기 위한 유일한 선택지는 선수 생활을 포기하고 감독으로 현장에 남는 것이었습니다. 선수로는 더 이상 유망주가 될 나이가 아니었지만, 감독으로는 누구보다 이른 출발이었습니다. 세상의 양면성입니다. 어딘가의 노장이 다른 곳의 신인이 되는 장소, 바로 우리가 살고 있는 세상입니다.

그렇게 젊은 감독 클롭의 마인츠 경력은 만화 같은 스토리로 시작되었습니다. 23년의 세월이 지났지만 변하지 않은 것이 있습니다. 그는 여전히 '운동복' 차림으로 경기장에 나타납니다. 마치 '선수 겸 감독' 같은 모습입니다. 선수들의 '형'이었던 마인츠 시절처럼 여전히 클롭에게 권위주의 따위는 존재하지 않습니다. 감독들의 의상은 생각보다 그들의 캐릭터를 잘 표현하고 있습니다. 퍼거슨은 젊은 시절 운동복 차림으로 경기장에 나타나곤 했습니다. 영국 대표로 유벤투스와의 경기에서 운동복 차림으로 비를 맞으며 패배감을 맛보고, 시가를 태우는 정장 차림의 리피를 지켜봤던 이후로 대부분 경기에 정장을 입고 출근했습니다. 퍼거슨의 언어에 자주 등장하는 단어는 '글로리'입니다. 그가 승부에 보이는 집착과 축구에 대한 존중 그리고 리피에게 느꼈던 열등감은 가장 정중한 차림으로 경기장에 나타나게 했습니다. 그에게 절대적인 단어 '글로리'와 맨유 로고가 박힌 정장은 서로 연관이 있습니다.

펩 과르디올라는 패션 감각이 좋지만 정장보단 움직이기 편한 의상을 선택합니다. 경기장에서 화려한 액션을 보이는 그의 성격을 닮았고, 완벽에 가까운 전술 형태처럼 완벽한 '색상 조합'으로 표현합니다. 경기장 밖에서 위아래 옷으로도 퍼즐을 맞추는 섬세함은 미드필더진 라인업과 같습니다.

클롭은 경기 전 무슨 옷을 입을지 1초도 고민하지 않을 사람입니다. 리버풀 마크가 그려진 옷이라면 무엇이든 입고 나가면 그만이기 때문입니다. 거울을 오래 볼 필요도 없습니다. 나이가 들고 모자를 고집하며 불필요한 시간을 삭제했기 때문입니다. 사람들이 자기를 어떻게 볼지, 선수들이 자신을 존중할지 말지 고민하지 않습니다. 그는 보이는 것이 아니라 사람 자체로 이미 모두의 존중을 받고 있고, 사실 남들이 뭐라 하든 신경 쓰지 않습니다.

한국 팬들에게는 손흥민을 향한 클롭의 헌사가 가장 잘 알려져 있습니다. 경기가 끝나고 독일어로 대화하고 활짝 웃으며 포옹하는 순간이 이제 아련한 추억으로 남게 되었습니다. EPL을 떠날 그와 손흥민의 다음 인사는 기약이 없고, 매년 두 번의 연례행사는 2024년을 끝으로 안녕을 고합니다. 모든 사람에게 외국에서 만나는 '모국어'는 굉장히 특별합니다. 손흥민을 '독일 사람'으로 표현하며 친근함을 표시했던 클롭의 모습은 축구인 이전에 얼굴 보면 반가운 '고향 형' 같았습니다. 사실 올드 팬들의 기억에 클롭은 지동원이 득점하지 못할 때도 그의 다른 능력을 극찬하며 보호하던 '큰형'의 모습이었습니다. 차두리의 포지션을 윙에서 윙백으로 변경해 국가대표로 롱런할 수 있게 만든 감독 또한 클롭입니다. 리버풀의 클롭은 한국 선수들과 큰 인연이 없어 보이지만, 생각보다 그와 경력이 닿은 한국 선수들은 모두 좋은 기억을 가지고 있습니다. 짧은 만남에도 여러 일화를 만드는 클럽인데, 9년을 함께한 리버풀과 팬들이 클럽에게 가질 감정이 어떨지 마음속 깊이 공감할 수 있습니다.

 졸업은 언제나 당연한 듯 다가옵니다. 축구계는 또 한 명의 거장과 작별을 앞두게 되었습니다. 영원한 이별이 아님을 알고 있고, 그의 다음 무대를 기대합니다. 클럽은 여든 살이 되어도 축구계의 '큰형'이고, 운동복 입고 모자 쓰며 누구보다 호탕하게 웃고 있을 '역사적인 감독'입니다. 모든 순간, 그는 결코 혼자 걷지 않을 것입니다.

영상과 함께 보면
감동이 두 배입니다.

2장
축구 & History

우리들의 동화 - 루턴 타운
카리스마가 만든 신화 - 노팅엄 포레스트
피로 세운 경기장 - 우니온 베를린
베수비오 화산보다 뜨겁게 - 나폴리
꿈은 이루어진다 - 렉섬
동병상련 - 웨일즈 국가대표
아시아의 도전과 희망 - 동남아 축구

우리들의 동화
- 루턴 타운

　2022/23시즌 EPL 후반기는 맨시티의 트레블 달성 여부가 리그 전체의 주목을 받았습니다. 하지만 어떤 의미에서 2부 리그의 루턴 타운은 맨시티를 능가하는 이슈를 만들어내고 있었습니다. 자신 있게 말할 수 있습니다. 그들의 동화는 맨시티보다 빛났습니다. 역사상 처음으로 세미프로 리그에 있던 클럽의 프리미어리그 승격 도전이라는 믿기 힘든 스토리가 함께 있기 때문입니다. 그들은 EPL 출범 바로 직전 시즌에 2부로 강등당하며 프리미어리그 원년 팀에 포함되지 못한 비운의 팀입니다. 강등당한 모든 팀의 유일한 꿈은 이른 복귀입니다. 그때 루턴 타운의 팬들은 아무도 알지 못했습니다. EPL에 입성하기까지 무려 31년이 걸릴 거라는 사실을…. 승격은 고사하고 강등을 거듭하다 2009년 세미프로 리그까지 떨어지는 역사적인 암흑기를 보내게 될 것이라는 사실을….

루턴 타운의 심장, Kenilworth Road

1885년 창단 이래 오랫동안 팀을 응원했던 팬들에게 EPL은 손만 뻗으면 닿을 듯한 거리였지만, 그들에게 남은 건 피 터지는 하부 리그에서의 전투였습니다. 루턴 타운은 2014년이 되어서야 비로소 4부 리그로 승격하며 프로 무대 복귀에 성공했습니다. 그러나 여전히 힘겨운 여정이 남아 있었고, 2019년 2부 리그로 복귀하며 희망의 불씨를 살렸으나, 이듬해 2부 리그 19위라는 냉혹한 현실을 맞이합니다. 루턴 타운은 2021/22시즌에 2부 리그 6위를 기록했습니다. 2022/23시즌 2부 리그 3위를 기록, 플레이오프에서 승리해 EPL로 승격한 과정이 얼마나 기적에 가까운지 느껴지나요?

토트넘과 루턴 타운의 대결은 말 그대로 다윗과 골리앗의 싸움입니다. 루턴 타운의 팬들은 토트넘 팬들과 비교해 절대 뒤지지 않는 자부심을 품고 있습니다. 이유는 무엇일까요? 루턴 타운의 2023/24시즌 선수단 연봉 총액은 약 128억 원입니다. 이는 K리그 우승권 팀들의 연봉보다 적고, 손흥민 한 명의 추정 연봉인 약 161억 원보다 적은 액수입니다. 토트넘은 리그 전체에서 가장 높은 퀄리티의 홈구장을 보유하고 있습니다. 토트넘 선수들의 구단 시설에 대한 자부심이 '레알 마드리드급'인 것은 익히 알려진 사실입니다. 이번 시즌 루턴 타운의 홈 개막전이 연기된 이유는 EPL 규정에 부합하는 조건을 갖추기 위한 구장 리모델링 공사 때문이었습니다. 루턴 타운은 구장 공사에 166억 원이라는, 그들 처지에서는 천문학적인 거금을 투입해야 했습니다. 이는 다른 승격팀들과 달리 이번 시즌 대대적인 선수 보강을 전혀 하지 못했다는 것을 의미하고, 2부 리그 당시 멤버 대부분이 그대로 출격한 이유입니다.

1부 리그로 승격하는 대부분 팀은 선수 영입을 통해 아예 다른 스쿼드(선수단)로 EPL에 나타납니다. 하지만 루턴 타운은 '2부 리그 멤버'들의 1부 리그 경쟁이라는 낯선 그림을 연출했습니다. 루턴 타운의 펠리 러독 음판주라는 선수 이름을 알고 있던 축구 팬은 많지 않습니다. 그는 루턴 타운에선 메시이자 호날두입니다. 승격에 성공한 기적의 그날, 그의 인터뷰는 압권이었습니다. "축구를 완료했다고 생각한다. 나는 은퇴할 것이다." 다행히 그 말은 농담이었습니다. 음판주의 인터뷰가 주목받은 이유는 그가 살아있는 전설이기 때문입니다. 음판주는 루턴 타운이 세미프로인 5부 리그에서 승격할 당시에도 팀에 있었습니다. 10년간 무려 367경기를 치렀고 5부 리그에서 1부 리그로 승격한 모든 순간에 루턴 타운의 유니폼을 입고 있었습니다. 잉글랜드 축구 역사상 처음입니다. 5부 리그 선수가 EPL팀으로 이적하는 것은 기적 같은 일입니다. 5부 리그 선수가 자기팀을 EPL로 승격시키는 것은 기적을 넘어 불가능한 도전입니다. 역사에 없었기 때문입니다. 그 어려운 일을 음판주는 해냈습니다. "나는 기쁨과 슬픔을 모두 맛봤지만, 결국 자신을 믿어야 했다. 나는 이 선수들과, 이 팬들과 함께 EPL 선수가 됐다. 우리가 해낼 거라고 믿었다. 여름 내내 이곳에서 파티를 열 것이다." 그가 느낀 감동은 챔스 우승 멤버들과 비교해도 절대 부족하지 않았습니다. 10년 세월이 켜켜이 쌓인 그의 걸음걸음은 존중받아 마땅합니다.

2023년, 음판주는 꿈의 무대에 모습을 드러냈습니다. 2011년 웨스트햄 유소년팀 유니폼을 입으며 성공을 자신하던 소년은 12년이란 먼 길을 돌고 돌아 여기에 섰습니다. 그렇게 소년은 EPL 선수가 되었습니다. 루턴 타운의 진짜 주인공은 사실 음판주 한 명이 아닙니다. 그들의 팬 역시 축구라는 종목을 위대하게 만든 '영웅'들입니다.

루턴은 런던에서 불과 50킬로미터 거리에 있습니다. 그러니 그곳에서 태어난 사람들은 언제든 아스널, 토트넘, 첼시 같은 팀들을 응원해도 전혀 이상한 일이 아닙니다. 지구 반대편 국가에도, 런던에 한 번도 가보지 않았어도 열렬한 아스널, 첼시의 팬들이 있습니다. 하지만 루턴 타운의 팬들은 50킬로미터 거리의 강팀이 아니라 자신만의 '낭만'을 선택하고 평생 지지하며 살아왔습니다. 이유는 단순합니다. 그들 대부분은 아버지나 어머니 손을 잡고, 어린 시절 처음으로 루턴 타운 홈경기장을 방문했던 사람들입니다. 그 최초의 기억은 그들을 영원한 루턴 타운 팬으로 만들었습니다. 그들에겐 근사한 토트넘 경기장보다 낡은 루턴 타운 경기장이 더 아름다운 장소였습니다. 추억이 스며있기 때문입니다.

31년이란 긴 세월 동안 루턴 타운 팬들은 1부 리그 풍경을 보지 못했습니다. 그리고 1부로 돌아온 루턴 타운은 먼저 떠난 이들을 잊지 않았습니다. 그들의 승격이 감동인 이유는 아버지 어머니가 루턴 타운을 응원했던 모습을 자녀들이 생생하게 기억하기 때문입니다. 같은 팀을 응원하는 가족들의 작지만 진한 이야기엔 감동이 있습니다. 꿈을 이뤄줬던 플레이오프는 마치 그들의 31년 애환이 한 경기에 녹아있는 듯 드라마틱했습니다.

3부 리그 강등이 유력했던 팀은 기적의 시즌을 보냈고 3위에 오르며 단판 승부인 플레이오프 결승까지 도달했습니다. 상대는 토트넘의 매디슨을 낳은 그 클럽, 코번트리였습니다. 휘슬과 동시에 주장 톰 로키어는 부상으로 쓰러지며 교체되었습니다. 하지만 루턴 타운 선수들은 마치 월드컵 결승처럼 필사적으로 뛰어다녔고, 선취골에 성공하며 동화에 마침표를 찍는 듯했습니다. 후반 막판 루턴 타운 선수들은 급격히 느려지기 시작했습니다. 그들은 단판 승부에 적응된 선수들이 흔치 않았고, 에너지 배분에 완전히 실패하며 결국 동점골을 허용합니다. 연장전에 터진 극장골은 핸드볼 파울로 처리되면서 동화의 완성을 연기했습니다. 모든 것이 걸린 승부차기는 그렇게 시작되었습니다. 그리고 승부차기를 하는 동안 루턴 타운과 코번트리 선수들은 초인적인 집중력을 보입니다. 양 팀 합쳐 11명의 선수가 연속으로 득점에 성공하는 기염을 토합니다. 하지만 코번트리의 여섯 번째 키커 팡커티 다보의 실축이 경기의 끝을 알렸습니다.

그렇게 루턴 타운은 31년 만에 동화를 완성했습니다. 코번트리는 1992년 19위에 오르며 한 발 차이로 루턴 타운을 EPL 원년 멤버에서 밀어낸 악연이 있던 팀이었습니다. 그 복수가 정확히 31년 만인 것은 마치 영화의 한 장면 같았습니다. 작년까지 루턴 타운 선수 대부분은 EPL의 슈퍼스타들과 함께 경기할지 예상하지 못했습니다. 꿈은 이뤄졌고, 50킬로미터 거리에 있는 득점왕 손흥민 같은 선수를 마크하는 장면이 현실이 되었습니다.

TV로만 지켜보던 손흥민 존의 슈팅을 막아야 하고, 매디슨의 패스를 주의하며 비수마를 벗겨내야 합니다. 토트넘 멤버 대부분은 2부 리그 근처에도 가보지 않은 '엘리트 군단'입니다. 하지만 토트넘 최후방의 수호신 비카리오만은 예외입니다. 그는 이탈리아 4부 리그에서 베네치아와 함께 자신의 힘으로 2부 리그까지 승격하고, 1부 리그로 이적한 기적을 이룬 증인입니다. 불과 몇 년 전까지 세미프로 경계에서 싸웠던 선수들의 슈팅을 막아내는 4부 리거 출신 비카리오의 선방은 축구가 빚어낼 수 있는 가장 아름다운 결말입니다. 도전하는 사람들이 아름다운 이유는 그들의 여정에 꿈과 낭만이 있기 때문입니다.

영상과 함께 보면
감동이 두 배입니다.

카리스마가 만든
신화 - 노팅엄 포레스트

　로이 킨은 오직 이날만 생각했습니다. 자신에게 십자인대가 찢어지는 상처를 입히고 1년을 재활하게 한 선수를 4년 만에 만나는 날입니다. 경기 내내 상대의 무릎을 노려보던 로이 킨은 결국 엄청난 발차기를 그에게 날립니다. 쓰러진 상대는 맨시티 홀란드의 아버지(알프잉에 홀란드, 엘링 홀란드의 아버지)였습니다. 그는 무릎 파열로 세 번이나 수술했지만, 제 기량을 찾지 못하고 은퇴합니다. 이 정도로 괴팍했던 로이 킨이 신인 시절 부진한 경기 끝에 라커룸에 들어가자, 곧바로 그에게 주먹을 날려 쓰러트려버린 더 괴팍한 감독이 있었습니다. 노팅엄 신데렐라 스토리를 쓴 브라이언 클러프 감독입니다. 괴팍함을 두드려 패는 한 수 위의 괴팍함…. 2부 리그에서 승격한 그 시즌에 바로 리그 우승을 차지하고 다음 해 유러피언컵에서 우승한, 역사에 남은 노팅엄은 왜 23년간 1부 리그에서 사라졌을까요? 그리고 로이 킨은 훗날 클러프 감독을 어떻게 회상했을까요?

로빈 후드를 아시나요? 케빈코스트너 주연의 영화 〈로빈 후드〉(2010)도 있습니다. 로빈 후드는 잉글랜드 민담에 나오는 전설적인 의적입니다. 노팅엄의 팀명이 포레스트인 이유는 로빈 후드가 활약한 셔우드 숲이 있는 지역이기 때문입니다. 노팅엄 포레스트는 1865년에 창단한, 전통의 명문까지는 아니고 그냥 전통의 팀입니다. 잉글랜드에서도 손꼽히는 오래된 역사에 비해 노팅엄은 사실 전통의 약체 중 한 팀입니다. 영국 중부지방의 노팅엄은 축구보다 로빈 후드로 유명하고, 관광지로 알려져 있으며, 유네스코가 지정한 '문학의 도시'입니다. 노팅엄에서 손꼽히는 기업들은 지역 최대 자랑거리인 로빈 후드의 단물을 아주 쪽쪽 뽑아서 브랜드 홍보에 활용합니다.

노팅엄의 기적 같은 이야기는 숫자로 한눈에 보입니다. 1974년 2부 리그 16위, 1976년 2부 리그 3위, 1977년 1부 리그 우승, 1978년 유러피언컵 우승…. 이 신데렐라 스토리의 중심에는 1975년에 취임한 브라이언 클러프 감독이 있습니다. 클러프의 삶에 중요한 두 명 중 한 명은 돈 레비 감독입니다. 평소 그를 존경한다고 밝혀왔던 클러프는 실제로 만나고 난 후 그의 거만한 태도에 실망하고 그보다 훌륭한 감독이 되겠다는 욕망에 사로잡힙니다. 그는 돈 레비의 후임으로 리즈에 부임했을 때 급속도로 레비 축구의 색깔을 지우려던 무리한 시도로 선수들과 불화를 겪고, 단 44일 만에 해고되었습니다. 흠모하거나 복수하고 싶은 특정 대상은 경쟁심을 불러일으키고, 목표 의식의 연료로 활용되기도 합니다.

노팅엄의 감독이 된 첫 시즌, 기자들이 목표를 질문하자 "당연히 1등,

노팅엄이 기억하는 과거의 영웅들

그 아래를 목표로 하는 팀들도 있습니까?"라고 대답합니다. 자신감만큼은 잉글랜드 최고였습니다. 기자는 이어서 질문합니다. "팀원이나 코치가 당신에게 반대하면 어떻게 하나요?" "20분 토론하고 다 함께 제가 옳았다고 결정합니다." 클러프는 진심으로 자신을 믿고 있었습니다. 그의 강한 성격만큼 특이한 점은 전술 설명보다 선수들의 심리를 중요하게 여긴 것입니다. 그는 '전술이란 팀의 리듬을 망칠 때 입에 올리는 화제'라고 말했습니다. 우리가 흔히 아는 칠판에 무언가를 그리며 전술 설명을 하는 행위를 거의 하지 않았다고 합니다. 그는 선수 개개인에게 강한 자극을 주어 선수들의 역량을 최대로 끌어올리는 데 집중했습니다.

노팅엄에 취임하며 "이 클럽은 한 가지 빼곤 최악이야. 그 한 가지가 뭐냐고? 바로 나야."라는 말을 한 클러프는 취임 이듬해 앞에 언급한 결과들을 남깁니다. 유러피언컵 2연패는 지금까지도 유럽의 일부 명문팀만 이뤄낸 대업입니다. 노팅엄은 그 몇 년 전까지 2부 리그 13위였던 팀입니다. 마드리드에서 펼쳐진 함부르크와의 결승전을 치루기 전, 마지막 훈련을 하지 않고 스페인의 마요르카로 선수단을 데리고 가 놀았다는 감독은 "공을 축복해라. 그리고 공을 받으면 저 뚱뚱한 놈한테 패스해!"라는 단 하나의 지시를 합니다. 실제로 결승에서 그 뚱뚱한 놈 로버트슨이 결승골을 기록하며 우승합니다.

클러프의 삶에서 중요한 또 다른 한 명은 그의 코치이자 현역 시절 영혼의 단짝 피터 테일러입니다. 이 둘은 선수 시절부터 전술 토론하길 좋아했습니다. 선수들에게 전술 이야기를 하지 않았다는 클러프는 사실 축구와 전술에 대한 탐구가 유별났던 사람입니다. 다만 칠판에 전술 그림을 그릴 필요가 없을 정도로 자신이 복잡하게 연구한 축구를 선수들에게 간결하게 전달했을 뿐입니다. '뚱뚱한 놈한테 패스하라'는 말은 농담이 아니라 그의 머릿속에 그려진 수많은 시나리오 중 상대를 격파할 가장 명료한 전술이었습니다. 우리는 무엇을 해야 하는지 복잡하게 설명하는 직장 상사와 단순하게 전달하는 직장 상사의 차이를 압니다. 무리뉴 감독과 벵거 감독은 스타일이 완전히 다릅니다. 그런데 두 사람의 몇 안 되는 공통점은 둘 다 존경하는 감독 중 한 명으로 클러프를 꼽는다는 것입니다.

로빈 후드의 도시 노팅엄의 동화는 클러프의 퇴임과 함께 끝이 납니다. 그의 퇴임 후 6년이 지난 1999년 노팅엄은 본래의 자리인 2부 리그로 강등되었고, 오래도록 2부 리그와 3부 리그를 전전하다가 2023년이 되어서야 23년 만에 1부 리그에 복귀합니다. 노팅엄이 유러피언컵 2연패를 달성했던 팀이라는 사실이 믿어지나요?

홀란드 아버지 무릎을 박살냈으며 클러프 감독에게 주먹으로 얼굴을 맞은 로이 킨에게 어떤 기자가 질문합니다. "당신이 경험한 감독 중 최고는 누구인가?" 기자는 당연히 트레블(리그+챔스+FA컵 우승)을 함께 이룬 맨유의 퍼거슨 감독을 떠올리며 질문을 던졌지만, 로이 킨의 대답은 클러프 감독이었습니다. 화나면 자기 얼굴에 주먹을 날린 클러프 감독이 로이 킨에게 어떤 감독이었는지 이해할 수 있나요? 클러프가 남긴 유명한 말이 있습니다. "축구팀이 지는 게 무서워서 꿈꾸는 것이 바로 전술이다." 게임에서 패배하는 것에 대한 두려움과 전술에 대한 강박이 무엇인지 보여주는 말입니다.

살면서 우리는 수많은 두려움을 느낍니다. 때론 공포를 피하며 망각하려 하고, 때론 마주 서서 이겨낼 도구를 찾습니다. 두려움은 사라지지 않고 어딘가에서 우리를 노려보고 있습니다. 당연히 우승할 거라던 클러프 감독의 자신감은 사실 그가 느낀 두려움과 맞서 싸운 용기와 노력의 대가입니다. 두려워서 전술을 공부했던 그의 선택은 곧 당신의 모습입니다. 오늘 하루 당신이 기울인 모든 노력이 그것입니다. 두려움이 있다면, 당신이 곧 노팅엄이 되어 동화 속 주인공이 될 수도 있습니다.

영상과 함께 보면
감동이 두 배입니다.

피로 세운
경기장 - 우니온 베를린

유럽 축구의 인프라는 세계 최고입니다. 하지만 모든 팀이 좋은 환경에서 경기하고 있진 않습니다. 여기 피로 물든 경기장을 가진 기적의 팀이 있습니다. 리그에서 요구한 경기장 시설을 보유하지 못했던 우니온 베를린이 역사 속으로 사라지지 않은 이유는 정말로 팬들의 피(blood) 덕분입니다. 도대체 우니온 베를린은 어떤 사연을 품고 있을까요?

1906년 창단한 우니온 베를린의 첫 해체는 제2차 세계대전이 끝난 이후입니다. 전쟁에 승리한 연합국은 독일의 축구 클럽들을 해산시켰고 여기에는 당시 1부 리그의 강팀 우니온도 있었습니다. 독일은 경제 대국으로 알려졌지만, 동독에 있던 우니온 베를린의 연고지는 부유한 사람들의 땅이 아니었습니다. 팬들 대부분은 노동자였고, 그들의 유일한 자랑은 우니온 베를린이었습니다.

독일은 전범국입니다. 하지만 정치와 무관한 평범한 시민들도 존재합니다. 우니온을 응원한 팬들은 전쟁을 겪었고, 이어서 공산주의와 민주주의 대립 때문에 동독으로 불렸으며, 베를린 장벽이 무너진 이후에도 경제적으로 어려웠습니다. 국가나 도시 이름은 조금씩 바뀌었지만, 변하지 않은 정체성은 바로 자신들의 축구팀을 향한 무한한 애정이었습니다. 그들은 3부 리그에서 우승을 차지한 시즌에도 2부 리그 승격 비용을 내지 못해 두 번이나 3부 리그에 남았을 정도로 재정 상태가 열악했습니다. 2008년 우니온에게 팀 역사상 최대의 위기가 찾아옵니다. 낙후된 홈구장이 매년 실시하는 독일축구협회의 안전 기준을 통과하지 못했고, 리그 참가 불허라는, 팬들에게 악몽 같은 순간이 닥칩니다.

우니온은 팀 창단과 동시에 팬이 되었던 할아버지, 할머니 세대에 이어 삼대째 우니온을 통해 희망을 찾는 광적인 서포터들을 보유하고 있습니다. 우니온의 경기를 앞으로 볼 수 없다니, 이 사건은 그들에게 마치 의식주 하나가 파괴되는 것과 같았습니다. 축구를 빼면 그들의 삶에서 남는 것은 노동과 가난한 삶뿐입니다. 그들은 팀 해체를 지켜보고 있지만은 않았습니다. 대부분이 가난한 노동자인 그들은 성금 모을 형편이 되지 않았습니다. 그들이 선택한 방법은 헌혈이었고, 그렇게 건축 비용을 충당했습니다. 비용이 모이자 수천 명의 팬들은 자진하여 경기장 짓는 공사에 참여했습니다. 말 그대로 피를 모아 지은 경기장은 우니온의 해체를 막아냈고, 팬들은 유일한 기쁨을 스스로 지켜냈습니다. 그리고 10년이 흐른 후, 진짜 기적이 일어납니다. 이번에는 경기장이 붉은 옷을 입은 인파의 눈물과 애환으로 물듭니다. 경기 종료를 알리는 휘슬 소리는 그들에게 삼대에

축구로 살아가는 사람들이 가는 곳

걸친 소원 성취이자, 평생 경험하지 못하리라 여겼던 새로운 세계로 초대했습니다. 연합국에 의해 해체되었던 제2차 세계대전 이후, 단 한 번도 강팀이 되어보지 못했던 우니온은 처음으로 분데스리가에 승격하는 감격의 순간을 맞이합니다. 120년의 기다림 끝에 비로소 독일 최상위 리그인 분데스리가에 진출한 것입니다.

그리고 이듬해 1부 리그 홈 개막전, 스탠드를 가득 메운 것은 지금의 우니온 팬들만이 아니었습니다. 이미 하늘로 떠난 그들의 할아버지들, 할머니들, 삼촌과 부모님 그리고 친구들…. 그들이 기억하는 모든 이의 사진, 눈물과 감격 그리고 자부심….

축구는 단지 하나의 도구일지 모릅니다. 사람들의 감정이 모이는 지점엔 언제나 시간과 기억의 강이 흐르고 있습니다. 그들의 눈물에는 함께했던 이들과 나눈 대화, 시간 그리고 추억들이 모두 포함되어 있습니다. 누군가와 같은 지점을 향해 걷는다는 것 그리고 함께 걸으며 감정을 교류하고 시간을 보낸다는 것, '살아간다는 것은 그런 의미가 아닐까?'라고 생각하게 하는 우니온의 기적입니다.

당신은 지금 누구와 함께 길을 걷고 있나요?

영상과 함께 보면
감동이 두 배입니다.

베수비오 화산보다 뜨겁게 - 나폴리

　33년 만에 전 이탈리아를 제패한 나폴리는 광란의 도가니에 빠졌습니다. 웃음, 환희, 눈물…. 인간이 느끼는 수많은 감정의 소용돌이에 휩싸인 도시는 마치 활화산처럼 불타올랐습니다. 그들이 거머쥔 건 단지 우승 트로피가 아니라 평생 동안 온 가족이 겪은 굴욕에 대한 영혼을 담은 복수였습니다. 고작 공놀이가 이렇게까지 나폴리인들을 미치게 만든 진짜 이유는 무엇일까요?

　나폴리 거리 곳곳에 사람들이 쏟아져 나왔습니다. 2002년을 기억하는 우리에게도 그리움을 주는 장면이지만, 그들에게는 그때의 우리보다 더 큰 감격이 흘러넘쳤습니다. 나폴리에서 축구를 잘한다는 건 어떤 의미일까요? 마지막으로 그들에게 우승을 안겨준 남자가 하늘로 떠나던 날, 그들의 눈물은 나폴리에서 축구가 어떤 의미인지 백 마디 말보다 강한 전달

아버지 세대의 영광과 어울리는 환희

력이 있었습니다. 30여 년 전 마라도나와 함께 우승에 감격했던 사람들, 그들의 자녀들, 심지어 손자 손녀까지 합심하여 나폴리의 영웅을 추모하는 행사가 도시 곳곳에서 열렸습니다. 그들이 마라도나를 기린 이유는 단지 축구 때문만은 아니었습니다. 어릴 때부터 들어온 나폴리가 우승했던 날의 환희, 구전되는 영웅담, 우승 순간을 이야기할 때 그들의 부모님과 할아버지 할머니의 눈은 빛나고 있었습니다. 그들은 가족의 웃음과 눈물을 기억하고 있었습니다. 그들이 추모한 건 단지 한 명의 영웅이 아니라 자기 부모와 조부모에게 안겨준 평생의 추억이었습니다. 빛났던 영웅에 대한 벅찬 감사와 영원한 안녕이었습니다.

나폴리인의 울분을 설명하는 데는 아주 오래전 역사 한 장면이 등장합니다. 서기 79년에 나폴리 부근의 베수비오 화산이 분화합니다. 그 유명한 '폼페이 최후의 날'입니다. 전설로만 알려진 고대 도시는 1748년 한 농부가 베수비오 산에서 발견한 쇠붙이로 인해 반전의 국면을 맞습니다. 1755년 독일 고고학자 요한 빙켈만은 발굴 작업을 통해 유적이 고대 폼페이 것임을 밝혀냅니다. 연구에 따르면, 폼페이 시민들은 화산재 가득한 공기에 질식사했고, 분화구 10킬로미터 거리에 거주하던 주민들은 뜨거운 화염 때문에 사망한 것으로 알려졌습니다. 사망 당시 용암을 피해 바다로 가다가 숨진 것으로 추정되는 남성은 작은 가죽 가방을 움켜쥐고 있는 상태 그대로 남았습니다.

남부 이탈리아 나폴리의 숙적인 북부 이탈리아의 상징 유벤투스 팬들은 노래합니다. 앙숙으로 알려진 많은 라이벌 팬조차 절대 건드리면 안 되는 상대팀의 역린이 있습니다. 상대를 침묵하게 만드는 역사가 있습니다. 나폴리는 빈곤한 경제, 실패한 정치, 쓰레기 처리 문제로 도시가 악취 속에 있었습니다. 그런데 이를 비난하는 노래가 유벤투스의 오랜 응원가였습니다. 그 악취와 도시 전체를 용암으로 씻겨달라는 내용을 담은 유벤투스의 응원가는 유럽 축구 전체에서 가장 충격적인 내용 중 하나입니다. 베수비오 화산 노래를 부르는 일부 유벤투스 팬들이 나폴리 팬들에게 얼마나 큰 분노를 일으킬지 상상할 수 있나요?

북이탈리아는 이탈리아 경제의 대부분을 차지하고 있습니다. 나폴리는 유벤투스 팬들의 말처럼 가난하고 쓰레기가 넘쳐납니다. 현실입니다. 하지만 나폴리에는 축구가 있습니다. 그들에게 축구는 삶의 전부입니다. 축구에서도 유벤투스는 나폴리를 압도하고 있습니다. 유벤투스 팬들이 부르는 베수비오 화산 노래를 듣는 나폴리인의 감정은 우리의 아픈 역사를 조롱하는 라이벌 국가 팬들의 노래를 듣는 감정과 흡사할 것입니다. 심지어 그 국가가 현재까지도 우리보다 모든 면에서 앞서 있다면…. 표현하기 힘든 분노가 끓어오를 것입니다. 나폴리인들에게는 이기고 싶다는 감정을 뛰어넘는 '죽기 전에 한 번은 반드시 무찌르고 싶다'는 울분과 간절한 소망이 있습니다.

북이탈리아와 나폴리의 관계는 최근에 생긴 일이 아닙니다. 나폴리인들은 33년 전 우승 퍼레이드에서 북부 이탈리아팀들의 로고가 그려진 관을 만들어 장례 의식을 했습니다. 이는 그들이 평생 겪어온 '패배감'과 '굴욕'에 대한 그들 나름 최고 수준의 복수였습니다. 그 모든 걸 가능하게 해준 마라도나가 나폴리에서 신이 된 건 당연한 일입니다.

이탈리아 통일은 1859년에서 1870년 사이에 사보이아 가문이 통치하는 사르데냐 - 피에몬테 왕국을 중심으로 이뤄졌고, 그 이전에는 무려 천여 년이나 분열되어 있었습니다. 역사에서 나폴리를 지배했던 국가나 민족 숫자는 한 페이지에 다 담기 힘들 정도입니다. 유벤투스와의 원정 경기에 응원 온 나폴리 팬들을 향해 걸리는 '이탈리아에 온 걸 환영해'라는 문구와 나폴리 팬들이 내 건 '우리는 이탈리안이 아니라 나폴리탄'이라는 문구는 그들 사이 많은 이야기를 담고 있습니다.

이탈리아 반도 전체에서 가장 소외받던 남부 나폴리로 와 우승을 위해 사력을 다했던 마라도나를 대하는 그들의 감정은 피와 민족을 넘은 거대한 우정과 사랑 그리고 무한에 가까운 감사였습니다. 당신의 가족이 이웃에게 평생 온갖 굴욕을 겪을 때, 반격할 힘조차 없을 때, 세계 최고의 남자가 나타나서 "나는 너의 편이다!"라고 외쳐준다면 어떤 감정이 들까요? 심지어 그가 당신의 가족에게 영광과 트로피를 안겨준다면? 마라도나는 나폴리인들에게 그런 의미였습니다.

33년이 지나고 나이지리아인, 조지아인, 한국인 등 세계 곳곳에서 모여든 축구인들이 다시 한번 외쳤습니다. "나폴리를 우승시키겠다!"라고. 나폴리팀 분위기를 상징하는 장면은 훈련장에서 드러났습니다. 민족과 국경을 넘은 집단은 하나의 목표를 향하고 있었습니다. 나폴리라는 도시 전체에 강하게 스며있는 축구에 대한 미친 열정과 북부를 이기고 싶다는 열망은 그들의 역사를 모르는 외국인들에게도 쉽게 전달됩니다. 프로 선수가 승리를 위해 뛰는 것은 당연한 일이지만, 나폴리 선수들에겐 반드시 이 팀을 우승시키고 싶다는 열망이 전해지기에 충분한 서사가 존재했습니다.

사람의 감정은 생각보다 쉽게 주변 사람들에게 영향을 줍니다. 나폴리인 한 명 한 명이 가진 감정들이 축구장에서 응축되어 폭발했고, 고스란히 선수들에게 전달되었습니다. 그리고 우승 순간 선수들이 들어올린 건 그냥 트로피가 아니라 전 나폴리인, 그들의 부모, 조부모를 포함한 가족 전체에게 안긴 추억과 평생 기억할 행복임을 선수단도 알고 있었습니다.

2022/23시즌 나폴리인들과 선수들은 뜨거웠습니다. 그들의 역사에서

영원히 기억될 순간이었습니다. 폭발한 건 베수비오 화산이 아니라 나폴리인들의 자존심이었습니다. 다음 시즌이면 언제 그랬냐는 듯 유벤투스가 돌아오고 또다시 북부팀이 이탈리아 챔피언에 오를지 모릅니다. 하지만 2023년은 나폴리인들에게 죽는 순간까지 결코 잊지 못할 한 해가 되었습니다. 너무나 뜨거웠던 그 감동을 자녀에게, 손자 손녀에게 평생 이야기하고, 자랑하고, 때론 눈물 흘리며 추억할 것입니다. 바로 그들의 아버지, 어머니, 할아버지, 할머니가 33년을 그렇게 살아왔던 것처럼요.

영상과 함께 보면
감동이 두 배입니다.

꿈은 이루어진다
– 렉섬

　손흥민에게 감사의 마음과 부상 회복을 기원하는 세리머니를 해줬던 렉섬. 렉섬은 5부 리그 1위에 오르며 주민 6만 5천 명뿐 아니라 전 세계의 축하를 받게 되었습니다. 영국의 5부 리그 팀이 4부 리그로 승격했다는 소식이 전 세계 수많은 축구 팬을 감동으로 물들게 한 건 렉섬의 이야기에 서사가 있기 때문입니다. 세계에서 세 번째로 오래된 역사를 가진 팀 렉섬은 무려 15년 동안 5부 리그에 머물러 있었고, 렉섬의 승격으로 다음 시즌 잉글랜드 4부 리그는 어느 때보다 주목받게 되었습니다. 렉섬의 4부 리그 진출이 감동이고, 손흥민이 렉섬의 팬이고, 렉섬 선수들이 손흥민에게 감사를 표한 이유는 무엇일까요?

　한 노점상 아저씨가 일을 시작하고 있습니다. 각종 응원 용품을 주섬주섬 챙기는 아저씨가 같은 자리에서 몇 년이나 물건을 팔았는지 아무도 알지 못합니다. 그런데 자본주의 논리에 익숙한 우리는 의문이 생깁니다. '불과 인구 6만 5천 명인 소도시에서 고작 5부 리그 팀의 응원 용품을 파는 일이 과연 현명한 선택일까?'라는 의문입니다. 이 풍경을 보는 외지인은 그 아저씨가 하루에 모자 하나라도 팔 수 있을지 걱정어린 눈으로 지켜봅니다. 하지만 불과 몇 분 지나지 않아 바뀌는 거리 풍경에 놀라게 됩니다. 조용하던 동네에 한 명 두 명 렉섬 옷을 입은 사람들이 나타나기 시작합니다. 연령대는 유아부터 80대까지 다양합니다.

같은 붉은색이지만 우리에게 익숙한 맨유나 아스널 팬들에 비해 어딘가 순박해 보이는 렉섬 팬들은 너나 할 것 없이 세리머니를 하기 시작합니다. 사실 15년이나 5부 리그에 머문 팀을 평생 응원한 팬들에게 세리머니는 익숙하지 않은 행위일지 모릅니다. 그리고 가장 눈길을 끄는 어마어마한 존재감을 가진 팬이 등장합니다. 그의 옷에 가득 달린 뱃지들은 언제 제작되었는지 알 수 없을 정도입니다. 어쩌면 아까 그 노점상 아저씨의 아버지나 할아버지 세대 때부터 팔던 뱃지들이 모두 한곳에 모여있는 것일지도 모릅니다. 그들은 태어나서 죽을 때까지 오직 렉섬을 응원합니다. 시간이 더 지나자, '마을 사람들이 전부 나온 게 아닐까?' 싶을 정도로 엄청난 인파가 길을 메웁니다. 그들이 이토록 많이 모인 이유는 무엇일까요? 바로 자랑스러운 그들의 팀, 5부 리그 챔피언 렉섬의 카퍼레이드가 열리기 때문입니다.

누군가는 EPL의 중위권팀, 하위권팀을 응원하는 팬을 놀리고 모욕주기도 합니다. 하지만 EPL에 속한다는 것은 5부 리그부터 이어진 잉글랜

손흥민을 위로하기 위해 준비한 렉섬의 선물

드 리그를 모두 제패해야 허락되는 영광입니다. 렉섬의 4부 리그 진출은 꿈의 무대 EPL에 한 발짝 다가갔다는 영예입니다. 렉섬 주민들이 이날 느낀 감격이 EPL 우승팀 맨시티 팬들이 느낀 감정보다 약했을까요? 아닙니다. 행복의 크기에는 리그가 따로 없습니다. 그들은 그들이 속한 리그에서 챔피언에 올랐다는 성취감, 그 외엔 존재하지 않습니다.

퍼레이드 동안 '위 아 더 챔피언(We are the champion)'이란 퀸의 노래가 몇 번이나 나왔는지 셀 수조차 없습니다. 퍼레이드는 오래도록 이어졌고, 실제로 마을 사람 거의 모두가 나와 15년 만에 처음으로 느낀 감격을 공유했습니다. 잉글랜드 축구의 거대한 생태계에서 가장 치열한 전투가 벌어지는 전장이 5부 리그인 걸 아시나요? 4부 리그부터는 프로, 6부 리그부터는 세미프로입니다. 즉, 5부 리그는 프로와 세미프로의 경계에서 펼쳐지는 마지막 싸움터입니다. 6부 리그로 떨어진다는 것은 지역 리그에 머무는 것을 의미하고, 여기서부터는 '프로 축구팀'이 아닌 게 됩니다. 천국 4부 리그, 지옥 6부 리그의 경계에서 5부 리그 팀들이 맹렬하게 전투를 벌이는 이유입니다. 바로 그곳에 세계에서 세 번째로 오래된 팀이자 웨일즈 최고의 팀 렉섬이 15년이나 멈춰 있었습니다.

렉섬의 성공 이유는 무엇보다 할리우드 스타 라이언 레이놀즈가 구단을 인수한 후 벌인 '머니 게임' 덕분입니다. 렉섬은 4부 리그의 명장 필 카킨슨을 감독으로 영입했고, 프랑스 리그 2 득점왕 공격수를 영입했습니다. 5부 리그에서 라이언은 만수르였고, 렉섬은 맨시티였습니다. 렉섬에서 태어나지 않은 축구팬들이 렉섬을 응원하는 이유는 따로 있습니다. 렉섬의 응원 용품을 보면 그들의 강력한 '웨일즈 아이덴티티'를 한눈에 확인할 수 있습니다. 웨일즈컵 23회 우승에 빛나는 렉섬은 웨일즈 대표팀으로 잉글랜드 프로 축구 리그에서 싸우고 있습니다.

웨일즈에는 아직도 영어와 웨일즈어가 표지판에 함께 사용되고 있습니다. 브리튼 섬의 원주민은 애초에 웨일즈인의 조상인 켈트족이었고, 잉글랜드인의 조상 앵글로 색슨족은 이방인이었습니다. 켈트족은 기원전 10세기부터 브리튼 섬에 거주했습니다. 섬의 유일한 주인이었습니다. 로마의 침략에 켈트족은 서쪽(웨일즈), 북쪽(스코틀랜드), 바다 건너(아일랜드)로 쫓겨났습니다. 로마가 망하고 나타난 앵글로 색슨족에 의해 켈트족은 더욱 변방으로 밀려났고, 잉글랜드인들은 브리튼 섬의 주인이 되었습니다. 이

때문에 오히려 웨일즈인들이 이방인으로 불리게 됩니다. 너무 오래된 역사는 '위대한 영국'이란 이름 아래 잊힐 만도 했지만, 2019년 일부 웨일즈인은 독립을 요구하며 시위에 나서기도 했습니다.

렉섬의 응원 용품에서 볼 수 있는 애국심의 흔적 또한 많은 웨일즈인의 가치관을 알 수 있게 합니다. 13세기에 잉글랜드에 정복당한 고대 유럽 민족 켈트족, 그들의 후예 웨일즈가 800여 년이 지난 지금도 독립을 요구하는 모습을 보며 새삼 '정체성이란 무엇일까?'를 생각합니다.

잉글랜드는 웨일즈어 사용을 금지하는 등 그들의 정체성을 없애려 오랜 기간 노력했지만, 그들은 여전히 영국인이라는 대분류 이전 웨일즈인이란 자부심을 품고 있습니다. 일부 나폴리인이 자신들은 이탈리안이 아니라 나폴리탄이라고 외치는 모습과 흡사합니다. 우리말과 이름까지 사용이 금지되었던 시기, 많은 한국인의 맹렬한

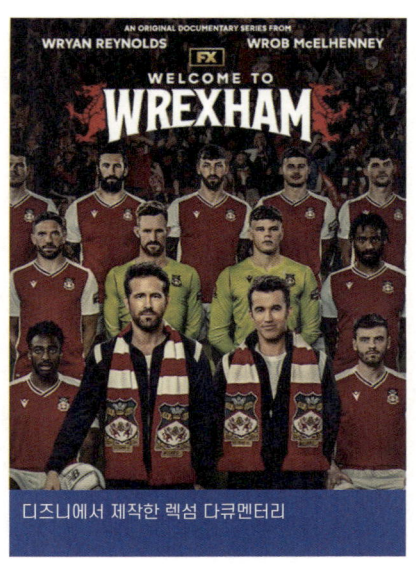

디즈니에서 제작한 렉섬 다큐멘터리

저항과 목숨 건 투쟁도 연상됩니다. 우리 역시 그 상황이 계속되었다면 800년이 지나도 독립을 요구하는 목소리가 존재했을 테니까요. 상상도

하기 싫지만, 만일 우리팀이 다른 민족의 국가 5부 리그에 속하고, 그들의 팀들을 누르고 우승을 차지한다면 우리는 어떤 감정이 들까요?

이제 웨일즈 최강의 팀 렉섬이 잉글랜드 리그에서 잉글랜드의 다른 팀들과 싸우는 것이 웨일즈인에게 어떤 의미인지 짐작할 수 있나요? 웨일즈인이란 자부심이 매우 강한 토트넘 '웨일즈 마피아'의 주역 벤 데이비스는 다큐를 본 손흥민이 렉섬의 팬이 된 사실을 알게 됩니다. 벤은 월드컵 직전 안면 부상을 당한 손흥민에게 자기만의 방식으로 격려와 감사를 전합니다. EPL 최고의 스타 중 한 명인 손흥민이 자신들의 팬이라는 사실에 렉섬 선수들은 흥분했고, 그들은 웨일즈인 벤과 자신들을 응원해주는 손흥민을 위해 세리머니를 펼쳤습니다.

1996년 웨일즈가 받은 사상 첫 외자 유치 기업은 LG 반도체였습니다. 3조 5천억 원의 투자와 6천 개의 일자리가 약속되었던 사업은 웨일즈 수도 카디프 인근 뉴포트 지역에 대규모 공장용지 개발로 이어졌습니다. 한국에서 전문 인력들이 배치되었고 웨일즈 경제에 긍정적인 영향을 미쳤습니다. 아쉽게도 1997년 한국의 IMF 사태로 LG 반도체가 현대 하이닉스로 인수되면서 이 약속은 계획대로 이행되지 못했습니다. 하지만 웨일즈의 첫 외자 유치가 한국 기업이었다는 사실이 남게 되었고, 일부 닮은 역사와 가치관, 강한 애국심 등은 손흥민과 웨일즈 마피아와의 관계, 렉섬과의 일화에 리듬감을 줍니다.

놀랍게도 4부 리그의 렉섬은 EPL 진출을 목표로 하고 있습니다. EPL

에서 렉섬이 잉글랜드의 맨시티나 아스널 같은 팀과 싸우는 모습을 보게 되는 것은 영화에나 등장할 판타지일지 모릅니다. 그래도 렉섬 팬들은 진지하게 그 꿈을 꾸고 있습니다. 100년 전 독립을 이룬 한국인들은 이미 2002년에 말했습니다. "꿈은 이루어진다."라고···.

영상과 함께 보면
감동이 두 배입니다.

동병상련
- 웨일즈 국가대표

　베일, 손흥민, 존슨 이 세 명이 함께 카메라에 잡힌 적은 없습니다. 하지만 이들은 재밌는 인연의 끈으로 연결되어 있습니다. 웨일즈인에게 토트넘 유니폼을 입은 존슨의 활약이 왜 눈물 나는 장면일까요?

　가끔 20대 초반 어린 선수들의 인터뷰를 보면 그 선수의 성장 가능성을 엿볼 수 있습니다. 남들보다 빨리 주목받은 선수 중에는 자기를 이미 '스타'로 인식하는 경우가 있고, 자신감을 넘어 '자만'과 '만족'이 카메라 너머로 생생히 전달될 때가 있습니다. 축구계에는 혜성처럼 등장했으나 성장이 멈춰버린 선수들이 제법 있습니다. 존슨은 토트넘 데뷔골이란 최고의 순간에 팀의 패배라는 최악의 상황을 경험했습니다. 경기 후 그는 득점의 달콤함은 잊고, 패배를 곱씹고 있었습니다.

우리의 스물두 살 때를 떠올려보면, 대부분 '어렸다'고 기억할 것입니다. 그때는 제법 어른이라 생각했지만, 시간이 지나고 나면 10대 후반과 20대 초반은 성인이란 타이틀만 붙었을 뿐 어린 애와 큰 차이가 없었습니다. 스물두 살 답지 않은 존슨의 인터뷰는 나이보다 중요한 그의 경험에서 이유를 찾아야 합니다. 제가 본 존슨의 최초 인터뷰는 노팅엄 데뷔 시즌이었습니다. 불과 몇 년 전이었는데도 기자 앞에서 긴장하고 있는 게 느껴졌습니다. 그가 성인이라고 느낀 순간은 바로 월드컵 예선 이후입니다. 잘 알려지지 않았지만, 존슨은 웨일즈 대표팀 소속으로 무려 22경기에 출전한 제법 베테랑 선수입니다.

아르헨티나 부동의 주전 수비수 이미지가 있는 로메로의 A매치 출장이 26경기, 2019년에 처음 대표팀에 소집되었던 이강인의 A매치가 16경기임을 참고하면 브레넌 존슨의 대표팀 출전이 얼마나 많은 건지 알 수 있습니다. 그리고 그는 이른 나이에 현존하는 웨일즈인 대부분이 겪어보지 못한 '거대한 경험'을 했습니다. 바로 월드컵 본선이 걸린 빅 매치입니다. 웨일즈가 64년 만에 월드컵 본선에 진출하기 위해 단 한 경기 남은 2022년 6월, 웨일즈 축구 팬 모두의 눈은 한 곳으로 향하고 있었습니다. 우크라이나와의 플레이오프 결승은 웨일즈 축구 역사상 가장 중요한 경기였습니다.

과거의 영웅 라이언 긱스가 평생을 바치고도 실패했던 월드컵 그리고 웨일즈의 영웅 베일의 선수 생활 마지막일 게 분명한 월드컵 예선이었습니다. 한국이 만약 64년이나 월드컵 본선에 출전하지 못했고, 손흥민 주장이 은퇴를 앞두고 마지막으로 월드컵 예선에 참가해 본선행까지 한 경기를 남겨뒀다면, 한국 축구 팬들의 기분은 어떨까요? 모르긴 몰라도 월드컵 토너먼트를 압도하는 긴장감이 흘렀을 것이고, 2002년처럼 전 국민의 눈이 단판 승부 현장으로 쏠렸을 것입니다.

웨일즈 대표팀은 비장했습니다. 그런데 축구의 신은 운명의 장난처럼 상대팀을 우크라이나로 배정했습니다. 우크라이나 역시 국민을 위해 비장할 수밖에 없는, 전쟁의 포화 속에 있던 2022년이었습니다. 이기면 모든 걸 가지고, 지면 모든 걸 잃는 끝판 승부는 그래서 장엄하기까지 했습니다. 축구가 아니라 마치 국가의 명운이 걸린 승부처럼 양 팀 선수들은 불타올랐습니다.

웨일즈인에게 축구란 무엇일까요? 가레스 베일은 챔스를 제패한 유럽 챔피언입니다. 수많은 전투에서 살아남은 역전의 용사입니다. 레알 마드리드 시절에는 볼 수 없던 '결연한 의지'가 경기 시작 전 그의 표정에 담겨있었습니다. 그에게 소속팀이 직업이라면, 대표팀은 마치 '독립운동' 같아 보였습니다. 대표팀 인터뷰에서 그가 자주 하는 말은 바로 '드래곤의 자부심'입니다. 경기 전 인터뷰에서 '태극 마크'를 강조하는 손흥민을 연상케 하

사투를 끝낸 친구들의 후일담

는 애국심입니다. 웨일즈의 국가 영웅은 자신의 혼을 바친 경기에서 마지막 불꽃을 터트렸습니다. 모든 웨일즈인이 그토록 사랑했던 황금 왼발은 우크라이나의 골문을 가르며 선취골에 성공합니다. 우크라이나는 사활을 건 대반격을 시작합니다. 이번엔 웨일즈의 최후방이 승리를 위한 필사의 몸부림을 시작합니다. 경기 종료가 다가오고 있었고, 웨일즈 벤치에서 등에 9번이 선명하게 새겨진 어린 공격수가 교체 출격을 준비합니다. 곧 사라질 베일을 대신해야 하는, 웨일즈가 주목하는 '오른발' 윙어 브레넌 존슨이었습니다. 웨일즈의 현재와 미래는 그렇게 한 경기장에서 만났고, 월드컵으로 향하는 마지막 여정을 함께했습니다. 50분 같은 5분의 추가 시간이 끝나고 휘슬이 울렸습니다. 웨일즈는 64년 만에 월드컵 진출을 확정했습니다.

웨일즈인의 환희는 특별합니다. 대표팀 소속 몇몇 선수는 옷만 입어도 월드컵으로 갈 수 있는 '잉글랜드 대표팀' 기회가 있었습니다. 베일이 잉글랜드를 선택했다면, 그는 월드컵 진출이 아니라 월드컵 우승을 위해 현역 생활을 보냈을지 모릅니다. 하지만 그의 선택은 언제나 '조국'이었고 자신이 뱉은 말처럼 웨일즈를 자신의 힘으로 월드컵에 보냈습니다. "사람들은 더 큰 토너먼트로 가기 위해 내가 잉글랜드를 선택했어야 한다고 했지만 난 상관없다. 나는 그 무대에 웨일즈와 함께 가고 싶으니까." 베일의 프로 경력을 다 언급할 수는 없지만, 적어도 그는 웨일즈 대표팀을 응원했던 사람들에게 '영원한 캡틴'입니다.

존슨 역시 잉글랜드와 웨일즈 두 팀 모두에게 문이 열려있었지만, 그의 선택은 웨일즈였습니다. 잉글랜드 대표팀 멤버들이 자연스럽게 삼사자 유니폼을 입었다면, 웨일즈팀 선수 대부분은 '자신의 의지'에 따라 드래곤 로고를 선택했다는 의미입니다. 공교롭게도 웨일즈 역사상 최고의 유망주 베일이 토트넘에서 성장했듯, 새로운 유망주 존슨도 토트넘 유니폼을 입게 되었습니다. 그런 사람들이 모여 이뤄낸 64년 만의 월드컵 본선 진출은 그래서 더 특별했습니다. 브레넌 존슨은 스물한 살에 '국민적 열망'을 경험했습니다. 아마 그의 남은 현역 생활에 그토록 중요한 승부가 또 있을지 알 수 없을 정도입니다. 그래서 그런지 토트넘 데뷔전에서 존슨은 크게 긴장하는 기색이 없었습니다.

중요한 것은 매년 공짜로 주어지는 나이가 아니라 경험입니다. 경험은 삶의 많은 것을 좌우합니다. 그래서 경험은 돈 주고도 살 수 없다고 하는가 봅니다. 언젠가 존슨은 베일이 그랬듯, 웨일즈 유니폼을 선택한 또 다른 어린 선수들을 이끌고 다시 한번 월드컵 무대로 가기 위해 사력을 다할 것입니다. 그때 나이 든 베일이 벤치에서 선수들을 지도하고 있을지, 관중석에 앉아 있을지는 알 수 없습니다. 분명한 것은 국가 제창을 하는 순간, 우크라이나전 때와 똑같은 표정으로 노래하고 있지 않을까요?

영상과 함께 보면
감동이 두 배입니다.

아시아의
도전과 희망 - 동남아 축구

　말레이시아가 43년 만에(2023년) 아시안컵 본선 진출에 성공한 날, 김판곤 감독은 국가적 영웅이 되었습니다. 축구에 열광하는 나라가 꼭 축구에 강한 것은 아닙니다. 말레이시아는 우리 기준에서 볼 때 축구로는 언급조차 안 하는 국가입니다. 하지만 그들도 그들만의 '싸움'이 있고 그들만의 '영광'이 있습니다. 43년 전 말레이시아 아시안컵 참가가 개최국 특권이었단 점을 상기하면, '자력'으로 따낸 이번 성과는 그 나라 사람 대부분이 태어나서 처음 느낀 폭발적인 환희였습니다. 우리도 월드컵에서 첫 승을 거뒀던 우리만의 '싸움'을 생생히 기억합니다. 그리고 2024년 1월 14일 처음 참가한 타지키스탄이 중국을 상대로 무승부를 기록하며 '승점 1점'을 따내는 파란을 일으켰습니다. 중국 축구 몰락의 상징적인 사건입니다. 여기서 많은 분이 의문을 가질 수 있습니다. '아시안컵 본선 참가가 그렇게 특별한가?' 심지어 1차에서 3차에 이르는 전쟁 같은 아시안컵 예선 과정을 모르는 분들도 있습니다. 그들은 왜 월드컵이 아닌 아시안컵이 평생의 과업이고, 일부 사람들은 꿈에라도 '본선 한 경기'를 보고 싶어할까요? 그리고 EPL 100호 골에 성공했던 손흥민이 '아시아의 꿈나무'들을 향해 말했던 책임감의 의미는 무엇일까요?

우선 한국 팬들에게 아시안컵 1차 예선과 3차 예선은 상당히 낯선 경쟁입니다. 아시안컵 본선 24개국을 결정하는 과정은 다소 낯선 방식을 채택하고 있습니다. 특히 1차 예선은 아시아에서 FIFA(국제축구연맹) 랭킹이 낮은 팀들이 싸워 2차 예선 참가를 다투고 있습니다. 한국 대표팀은 언제나 2차 예선에 직행했고, 1차 예선은 참가해본 적이 없습니다.

아시안컵 1차 예선에서는 월드컵 최종 예선에 버금갈 정도의 혈투가 펼쳐집니다. 실력이 비슷비슷한 팀들이 총력을 다해 싸우기 때문입니다. 동남아는 축구에 미친 국가가 많지만 대부분은 아시아 축구의 약체들입니다. 그런데 자기들끼리 승부를 펼칠 때는 이야기가 달라집니다. 1차 예선에는 동남아시아 국가들이 대거 포진하고 있습니다. 말레이시아는 방글라데시, 캄보디아, 마카오, 라오스 등 12개 국가와 함께 1차 예선에 속해 있었고, 한 차원 높은 수준의 2차 예선에 진출했습니다.

1차 예선을 통과한 일부 팀과 아시아의 FIFA 랭킹 상위 팀들 총 40개 팀이 자웅을 겨루는 2차 예선이 바로 한국이 출전했던 대회입니다. 한국은 시드를 배정받아 레바논, 투르크메니스탄, 스리랑카, 북한(기권)과 H조에 편성되었고, 5승 1무 득실 차 21의 성적을 기록하며 조 1위로 가볍게 아시안컵 본선 진출에 성공했습니다. 한편 F조에서 시드를 받았던 일본은 8전 전승, 득실 차 44점을 기록했고, 이는 아시안컵 우승을 탈환하겠다는 목표에 걸맞는 성적이었습니다.

그리고 2차 예선에서 조별 2위 일부와 3, 4위 팀들을 모아서 치르는 경기가 마지막 승부인 3차 예선입니다. 아시아 약체들이 한국, 일본, 이란, 사우디, 호주 등이 포함된 2차 예선에서 본선행을 확정하긴 사실상 불가능하기 때문에 그들의 진짜 승부처는 3차 예선입니다. 이번 대회에는 쿠웨이트, 우즈베키스탄 같은 아시아의 강팀들도 3차 예선에 남아있었고, 동남아팀을 포함해 총 24개 국가가 치열하게 경기를 펼쳤습니다. 이변의 주인공은 쿠웨이트였습니다. 과거 월드컵 예선에서 한국을 괴롭혔던 중동의 강호는 몰락했고, 요르단과 인도네시아에 밀려 A조 3위로 탈락했습니다.

인도네시아로서는 중동의 모래바람을 잠재운 쾌거였습니다. E조의 말레이시아는 바레인, 투르크메니스탄에 밀려 조 3위가 예상되었지만, 2승 1패로 각 조 2위와 승점 싸움에서 앞서며 기적을 완성했습니다. 누군가에겐 당연한 아시안컵 본선이 누군가에겐 이토록 치열한 전장을 넘고 넘어 비로소 도착한 '꿈의 무대'입니다. 그리고 대부분 아시아 약체 국가는 올해에도 자국이 출전하지 못하는 아시안컵을 TV로 시청했습니다.

제가 아시안컵 예선의 난이도를 처음 알게 된 것은 프랑스에서 살던 윌셋집 주인 덕분이었습니다. 므슈 탱은 라오스계 프랑스인이었고, 제가 살

43년 만에 아시안컵 본선에 진출한 말레이시아의 환희

던 집의 시설물이 고장 나면 직접 수리하러 오곤 했습니다. 어색한 분위기를 풀려고 마침 월드컵 기간이라 한국과 프랑스의 축구 이야기를 꺼낸 저에게 그는 "나는 프랑스 축구를 평생 응원하고 있지만, 라오스가 아시안컵 본선에 진출하면 온 가족을 데리고 경기장에 가는 게 꿈이다."라고 의외의 대답을 했습니다. 므슈 탱은 이민자 1세이고 자녀들은 태어나서 한 번도 아시아에 가본 적 없는 프랑스 토박이입니다. 저는 조건반사적으로 "아시안컵 본선 진출이 그렇게 특별한가요?"라고 질문했고, 므슈 탱의 설명을 들으며 아시안컵 1차 예선이 동남아 국가들에게 1년 중 가장 기대되는 축구 경기라는 사실을 알게 되었습니다. 그들에게 월드컵 예선은 참가에 의의를 두는 딴 세상 이야기였고, 진짜는 아시안컵이었습니다. 그 일로 저는 당연한 듯 본선에 진출하는 나라에서 태어난 게 자랑스러웠고, '축구와 고향은 대체 무엇일까?' 하는 본질적인 의문이 생겼습니다.

므슈 탱은 현재 월드컵 챔피언 국가의 국민입니다. 하지만 그가 태어난 모국은 그를 평생 아시아 약체의 팬으로 만들었습니다. 브라질 사람은 당연히 월드컵 우승을 꿈꾸며 자랍니다. 한국 사람은 손흥민의 득점에 열광합니다. 라오스 사람은 아시안컵 본선 진출이 소망입니다. 태어날 때 국가를 선택할 수 있는 사람은 없습니다. 국적은 내가 잘한 무엇인가에 대한 보상이 아니라 그저 눈 떠보니 만난 '인연'입니다. 그렇게 보면 브라질인이 월드컵 우승으로 느끼는 감격과 라오스인이 아시안컵 본선 진출로 느낄 환호는 '똑같은 감정'입니다. 약체를 비하하는 사람들, 그들은 자신이 잘해서 '축구 강호'의 나라에 태어난 게 아닙니다. 축구 잘한다고 못하는 국가를 깔볼 게 아니라 순수하게 그들의 응원과 염원에 초점을 맞추는 게 당연합니다. 우리의 응원과 그들의 응원은 다르지 않습니다.

좋든 싫든 한국은 아시아 대륙에 속해있고 손흥민은 이미 자신이 태어난 국가와 대륙에 존재하는 대부분의 '축구 기록'을 갱신하고 있습니다. 그의 이름은 한국인만의 자부심이 아니라 '아시안의 자부심'이 되어있습니다. 사람들은 이제 손흥민을 아시아의 범주에서 제외하기 시작했습니다. 손흥민은 EPL 100호 골을 기록한 후 아시아 선수들에게 말했습니다. "큰 책임감을 느낍니다. 한국인뿐 아니라 아시아인 모두가 이 성과를 봐주시길 바랍니다. 제가 아시아 최초의 선수라서 항상 큰 책임감을 느끼고 있습니다."

손흥민이 남기고 있는 수많은 유산 가운데 가장 오랫동안 입에 오르내릴 서사는 바로 아이들에게 전하는 '꿈'입니다. 그가 은퇴한 후에도 그를

아시아 선수들의 '롤모델' 손흥민

흠모했던 소년들은 경기장을 누빌 것이고, 그들이 만드는 성공도 다음 세대로 전해지며, '손흥민 키즈'는 오늘도 세계 어딘가에서 손흥민의 득점 수를 계산하고 있을 것입니다. 한 사람의 탄생이 세상에 주는 영향력은 한눈에 들어오지 않습니다. 가끔 세상에 그 어떤 '긍정적인 영향'도 못 미치는 사람이 있습니다. 태어난 의미를 잊고 사는 인생도 있습니다.

'좋은 기운'을 다수의 타인에게 전파하는 사람의 인생은 '숫자'만으로 표현할 수 없습니다. '나도 할 수 있다'는 에너지를 심어주는 사람의 기운은 백 번 말해도 부족한 '좋은 기운'입니다. 아시아 유소년들에게 호날두, 메시의 득점과 손흥민의 득점은 색깔이 다릅니다. 축구에서 유럽인과 남미인의 성취는 당연했지만, 아시아는 축구의 변방이었기 때문입니다. 일부 동아시아 축구 팬들은 동남아시아 축구를 비하합니다. 사실, 유럽과 남미의 축구 팬들은 아시아 축구가 안중에도 없었습니다. 누군가에게 약한 대륙으로 지목받은 자기들끼리 서로 누가 낫다고 비난하고 싸우는 것은 코미디입니다. 반에서 27등, 47등 하는 아이들의 경쟁이 있는지 1등은 모릅니다. 손흥민의 성취는 그런 의미에서 대단합니다.

아시아 축구의 완성은 '아시아 최초'라는 타이틀이 더 이상 등장하지 않는 시기입니다. 누구도 메시의 위업에 '남미 최초'라는 주석을 붙이지 않습니다. 특정 국가의 발전에 이어 대륙 전체의 경기력이 상승하기 시작했고, 본선 최초 참가팀이 첫 경기에 무승부를 기록하는 신세계로 이어졌습니다. 우리가 만날 다음 아시안컵의 상대 팀에는 '제2의 손흥민', '제2의 김민재'가 있을지도 모릅니다. 그들 모두는 우리와 같은 마음으로 우리의 영웅들을 흠모하고 자란 '축구 소년'들입니다. 타인의 꿈을 비웃는 사람은 자신은 꿈꿔 본 기억이 없는 사람입니다. 실패는 성공의 반대말이 아니라 도전의 흔적입니다. 진짜 실패자는 아무것도 하지 않고 남 탓에만 익숙한 사람입니다. 그런 의미에서 손흥민은 평생을 도전하는 사람입니다. 그가 거둔 모든 성취는 숨어있는 실패의 흔적입니다. 자기가 태어난 나라를 대표해, 조국이 속한 대륙컵에 참가하는 그의 이름이, 무대의 마지막에서 가장 빛나길 그리고 아이들에게 꿈이 되길 응원합니다.

영상과 함께 보면
감동이 두 배입니다.

3장
축구 & Family

그동안 고생했다 - 손웅정
아버지의 유산 - 포스테코글루 감독
인종차별에 맞서다 - 디발라
왕의 탄생 - 킬리안 음바페
손목에 새긴 할아버지, 할머니 - 황희찬
생사를 넘어 - 라이언 메이슨
나는 당신을 믿습니다 - 포체티노 감독
스페셜 원 - 무리뉴 감독
추모 - 벤트로네 코치

그동안 고생했다 - 손웅정

1990년 K리그 일화 천마의 한 선수가 경기 도중 아킬레스건이 파열되는 부상을 당했습니다. 그의 발목에는 피가 나고 있었습니다. 그런데 팀은 교체 카드를 모두 소진한 상태였습니다. 선수는 그 상태로 득점을 기록하는 초인적인 정신력을 보입니다. 오직 축구, 마약과도 같은 축구에 미쳐 평생을 바친 청년에게 이 경기가 마지막이 될 줄 그때는 아무도 알 수 없었습니다. 1년 동안 그날 경기 모습이 자주 꿈에 나올 만큼 뼈에 사무쳤던 손웅정의 축구는 스물여덟 살에 끝이 납니다. 충남 서산에서 태어나 중학교 때 춘천으로 온 손웅정을 돕겠다는 춘천 어르신들이 많았지만, 그에게 축구 없는 삶은 의미가 없었습니다. 존경하던 차범근 선배처럼 되기 위해 목숨 걸고 했던 축구였지만, 그는 결국 우상의 그림자조차 밟지 못했습니다. 축구를 잃고 눈물을 흘렸다는 청년 손웅정은 몰랐습니다. 30년 후, 존경하는 차범근 선배가 뛰었던 레버쿠젠에 아들을 입단시키고,

감격의 눈물을 흘리게 될 거라고요. 손웅정 축구는 끝나지 않았고 아들을 통해 세상으로 나아갈 거라고요. 1990년 그날은 손흥민이 태어나기도 전이었습니다.

은퇴한 무명 축구 선수 손웅정의 삶은 생존을 위한 전쟁이었습니다. 막노동판에서 축구가 끝난 현실을 받아들여야 했습니다. 1992년에 막내 흥민이가 태어났고, 아내와 두 아들을 책임져야 하는 가장으로서 세 곳에서 일하며 살아남기 위한 투쟁을 이어갑니다. 분명 축구판에서 뛸 때와 똑같은 피, 땀, 눈물이었지만 그의 하루하루에 영혼은 빠져있었습니다. '좋아하는 일'이 아니었기 때문입니다. 그는 막노동판에서 일하고 두 아들을 컨테이너에 재우며 수천, 수만 번 '선수 때 이랬으면 어땠을까? 이런 훈련을 했다면 어땠을까? 그걸 안 했다면 부상을 피하지 않았을까?' 일어나지도 않은 일을 상상하고 마음을 달래며 현실을 버텼습니다. 밤새 머릿속에 그리는 축구에 대한 상상은 다음 날 아침이면 먼지처럼 사라졌습니다. 지나간 세월은 다시 돌아오지 않았습니다. 절대로….

"아빠 축구하고 싶어요."

막내 흥민이의 한마디는 아버지에게 어떤 의미였을까요? 온 마음 다 바쳐 사무치게 사랑한 축구, 그럼에도 내 인생의 모든 걸 앗아가고 처량한 현실을 안겨준 축구, 마약과도 같은 축구, 악마와도 같은 축구, 하지만 숨이 멎는 날까지 결코 잊을 수 없는 사악한 이름, 축구…. 그 축구라는 마성에 빠져 기어이 그 길로 들어오려는 아들을 말리고 싶은 건 아버지의 본

축구로 대화하는 아버지와 아들

능이었습니다. 너만은 축구와 멀어지길, 다른 삶을 살아가길, 제발 공부하고 취직해서 책상에 앉아서 돈 벌길…. 하지만 흥민이는 몸, 마음, 심장, 피 한 방울까지 이미 아버지와 많이 닮아 있었습니다. 그것은 축구였고, 그들은 '부자'였습니다.

아버지이자 실패한 축구인 손웅정은 다짐합니다. 아들을 위한 인생을 살겠다고. 아들의 축구에는 '눈물'이 아니라 '미소'를 남기겠다고. 자신의 실패를 부른 그 모든 순간과 정확히 반대로 가겠다고…. 손웅정은 아들과 함께 축구인의 길을 다시 걷기 시작합니다. 은퇴 후 매일매일 후회하고 상상했던 '그때 왜 그랬을까?' 마음속의 온갖 원한을 끄집어내서 비로소 현실에서 행하기 시작합니다. 아들을 가르치기 시작한 그는 아버지 이전에 '환생한 축구인'이었습니다. 뼛속 깊이 좌절감을 안고 은퇴한 축구 선수가 아들의 몸을 빌려 다시 태어난 순간이었습니다.

손웅정 교육의 제1 법칙은 '내구성'이었습니다.
후진국에서 행하던 모든 교육은 적어도 손흥민에겐 삭제되었고, 초중등 축구부를 건너뛴 일 대 일 과외를 시작합니다. 스스로를 실패한 축구인으로 규정한 손웅정은 아들을 직접 가르치기로 결심합니다. 그가 자신의 실패를 거울 삼아 얼마나 확신에 찬 교육법을 체계적으로 준비했는지 알 수 있습니다.

손웅정 교육 제2 법칙은 '손웅정 반대로'였습니다.
100미터를 11초에 뛰는 빠른 발은 다행히 손흥민에게 그대로 대물림되었습니다. 빠르기만 했던 윙어 손웅정은 자신이 부족했던 모든 것을 손흥민에게 전수하기 시작합니다. 기본기는 당연했고, 선수 시절 손웅정은 박스 근처에서 측면으로 빠져서 양발로 크로스를 올리거나, 안쪽으로 침투하여 양발로 슛할 수 있는 실력을 갖추는 것이 꿈이었습니다. 손흥민의 삶은 아버지가 실패했던 '윙어'로 자라나기 위해 이미 결정되어 있었습니다. 부자는 알 수 없었습니다. 그 양발 훈련이 시초가 되어 먼 훗날, '손흥민 존'이란 용어가 생겨나고, EPL 팀들의 골문을 폭격하게 될 것이라는 미래를요. 축구의 신은 손흥민에게 또 다른 선물을 안깁니다. 2002년 월드컵의 영광 그리고 박지성의 존재입니다. 손웅정이 분데스리가 최고의 윙어 차범근을 경배했다면, 손흥민에겐 박지성이란 롤모델이 생깁니다.

소년 손흥민의 축구에 대한 애정은 갈수록 깊어졌고, 박지성의 맨유행은 소년에게 확고한 꿈을 품게 합니다. '나도 맨유나 레알에 갈 수 있다'는 강한 믿음입니다.

　손웅정 교육 제3 법칙은 '겸손'입니다.
　실패한 축구 선수 손웅정을 지배하는 가장 큰 감정은 '두려움'입니다. 한순간이면 끝나는 게 축구인 것을 누구보다 잘 알고 있기에 아들의 성공은 그 두려움을 가중시킵니다. 더 오래, 더 행복하게 축구하면 좋겠다는 간절한 마음. 스물여덟 살에 선수 생활이 끝난 손웅정은 아들이 자만하고 방심할 때, 혹시라도 선수 생명이 일찍 끝나버려 남은 인생을 후회하며 살 수 있다는 것을 알고 있습니다. 아들은 아버지의 가르침을 그대로 받아들입니다. 어떤 사람은 말합니다. 손흥민이 지나치게 겸손하다고, 주눅 든 거 아니냐고. 그래서 다른 사람들이 무시한다고. 축구로 손흥민보다 큰 성공을 이룬 사람이라면 하고 싶은 말 얼마든지 해도 괜찮습니다. 하지만 대한민국 사람 중 손흥민과 같은 성공을 거둔 선수는 차범근, 박지성밖에 없습니다. 그만 겸손하면 좋겠다는 생각을 가졌다면 손흥민에게 강요하지 말고, 본인이 그렇게 하면 됩니다. 손웅정의 교육은 절대적인 애정과 온전한 실패의 경험에서 창조된 '신학문'입니다. 그는 아들을 가장 잘 알고 있습니다. 손흥민의 선천적인 성격은 분명 '지나친 자신감'을 가진 소년입니다. 호날두를 넘겠다는 소년이 주눅 들어 보이나요? 손흥민의 겸손은 손웅정이 가르친 절대적인 '겸손'을 아들이 다듬은 후천적인 성격입니다. 자신감 플러스 겸손으로 탄생한 현재 손흥민의 성과는 그의 노력으로 이룬 결과입니다. 손웅정에게서는 아들의 성공에 비싼 차 타고, 골프 치고, 명품 입고 과시하며 다니는 부모의 모습을 흔적조차 찾을 수 없습니다. 춘천에 건립한 100억 원 규모의 축구 센터는 오직 어린아이들을 위해서입니다. 손웅정은 이제 자기 아들이 아니라, 국가의 미래인 후배들에게 혜택을 주기 위해 노력하고 있습니다.

손웅정 교육 제4 법칙은 '애국심'입니다.
손흥민은 함부르크 시절 라이코비치와 싸웠고, 호랑이 아버지에게 꾸중 들을까봐 두려워하고 있었습니다. 손웅정은 새벽 두 시까지 잠을 이루지 못하다가 기어이 아들에게 전화를 걸었습니다. 라이코비치의 행동이 문제였단 걸 인지한 손웅정은 아들에게 차분히 이야기했고, 아버지에게 혼날 걸 무서워하던 소년 손흥민은 놀랄 수밖에 없었습니다. "흥민이 네가 그 상황이었다면 잘했다. 만약 구단에서 벌금을 내라고 한다면 내가 빚을 내서라도 내줄게. 기죽지 마라." 손웅정은 그런 아버지입니다. 평생 아들에게 겸손을 가르쳤지만, 손흥민이 무시당하는 건 아들 한 명이 아니라 곧 아들이 태어난 나라가 무시당하는 것으로 생각했습니다. 손흥민이 대표팀 유니폼을 입고 있지 않았어도, 함부르크에서 유일한 한국인이라는 이유 하나만으로 아들은 그에게 국가의 대표였습니다.

"한국인을 무시하게 하면 안 된다."

'춘천 어르신'들은 타지에서 온 손웅정을 평생 격려하고 따뜻하게 받아줬으며, 손흥민의 성공을 진심으로 기뻐했습니다. 손웅정에게 국가란 어쩌면 부모의 나라 이전에 '춘천 어르신'들의 나라일지도 모릅니다. 자신에게 따뜻했던 좋은 사람들…. 그 사람들이 모여 사는 나라…. 그 나라를 대표한 손흥민이 외국에서 무시당하며 맞고 다니는 꼴을 손웅정 씨는 지켜볼 수 없었습니다.

과거 손웅정 씨가 손흥민의 대표팀 차출을 거부했다는 뉴스는 화제가 되었고, 지금까지도 사실로 믿고 있는 사람들이 많습니다.

"흥민이는 대표팀에 들어갈 수준과 경험이 아직 부족하다."

차범근을 통해 국가대표팀의 존엄성을 간직한 손웅정에게 손흥민은 아직 태극 마크가 어울리지 않는 선수였습니다. '겸손의 상징' 손웅정의 성정을 고려하면 충분히 납득할 수 있습니다. 지금도 '손흥민은 월드 클래스가 아니다'라고 말하는 손웅정의 눈에 어린 손흥민이 차범근과 박지성이 입던 대표팀 유니폼을 입는다는 것은 가당찮은 일이었습니다. 하지만 당시 기자들은 손웅정의 성격을 몰랐고, 그의 언어를 마치 아들을 괴롭히지 말라는 의미로 이해합니다. 누구보다 국가대표를 경배했던 손웅정은 기사 때문에 마치 태극 마크를 무시하는 사람으로 취급받았습니다.

확실하게 말할 수 있습니다. 손웅정이 없었다면 지금의 손흥민은 없습니다. 아버지가 물려준 신체 그리고 그것을 넘어서는 후천적인 노력과 교육, 인성의 깊이. 한마디 말도 빠짐없이 행동으로 직접 보여주고, 아들의 후광에 절대 거만하지 않고, 여전히 검소하고 겸손하며, 지금 건너고 있는 다리가 무너질까 두려워 떨고 있는 남자. 손웅정이 살고 있는 삶은 마치 도인 아니면 축구를 위해 태어난 초인이 아닌지 의심하게 하는 경이로움의 연속입니다.

 축구인 손웅정이 아니라 아버지 손웅정의 감정은 어떨까요? 그는 속으로 여전히 울고 있습니다. 아들의 삶을 누구보다 잘 알고 있어서입니다. 사랑하는 아들, 자랑스러운 아들, 칭찬보다 호통만 쳤던 아들이 은퇴하면 건네고 싶다는 한마디는 이 세상 모든 부모와 자식의 마음을 적십니다.

 "그동안 고생했다."

영상과 함께 보면
감동이 두 배입니다.

아버지의 유산
- 포스테코글루 감독

포스테코글루는 어느 팀을 맡든 빠지지 않고 얘기하는 특이한 말이 있습니다. 바로 '축구의 방식'입니다. 그는 결과 이전에 어떤 축구를 해야 하는가에 대해 집착하는 감독입니다. 공격에 거의 반쯤 미친 감독 포스테코글루의 축구는 리버풀이란 의외의 팀에서 출발했습니다. 그런데 그의 공격 축구 이유가 아버지에게 보내는 헌사인 걸 알고 있나요?

축구계에는 유독 결과와 함께 '스타일'에 집착하는 감독들이 있습니다. 일반적인 직업에서 얻고자 하는 목표는 대부분 수익 추구입니다. 그런데 축구를 선택한 사람들은 축구라는 종목을 정말 사랑한다는 공통점이 있습니다. 회사에 다니는 직장인이 원하는 가치 실현을 위해 사장과 대립하거나, 수익성이 없는 상품 개발을 외치고 월급도 마다하는 장면은 흔치 않습니다. 축구계엔 원하는 방향에 동의하지 않으면 그 클럽과 계약을 하지 않는 강한 자아를 가진 사람들이 있고, 그 대표적인 예가 펩 과르디올라입니다. 그가 지향하는 축구의 최초 지점에, 역사에 남을 천재 요한 크루이프가 있다면 포스테코글루에게는 의외의 사람이 있습니다. 심지어 그 사람은 축구인이 아닙니다.

포스테코글루는 그리스에서 태어났지만, 호주에서 자랐습니다. 1967년에 일어난 그리스 군사 쿠데타로 그의 부모님은 호주 이민을 결심했습니다. 부모님은 집에서 그리스어를 사용하고 그리스 음식을 먹었으며, 포스테코글루는 집 밖을 나가야 비로소 호주 문화와 접할 수 있었습니다. 포스테코글루가 거주하던 프라란(Prahran) 교외는 이민자 출신 노동자 비율이 높았고, 그가 처음으로 속한 유소년 클럽에는 그리스계, 크로아티아계, 이탈리아계 등 다양한 문화권의 아이들이 있었습니다. 그가 지금 출생지에 대한 편견이 없고, 다양한 사람들의 조화를 당연하게 여기는 국제적인 정서를 가지게 된 배경입니다.

토트넘 주장단의 면면은 사실 이질적인 요소가 있습니다. 세 명의 토트넘 합류 시기는 완전히 다르고, 연령대도 다릅니다. 출신은 유럽, 남미, 아시아이며 포지션마저 공격, 미들, 수비입니다. 토트넘 선수단에서 구성할 수 있는 최대한의 다양성이 함축된 집단입니다. 심지어 매디슨은 스물일곱 살인데도 팀 합류 직후 주장단에 포함되었습니다. 새로 부임하는 감독들은 대부분 선수단을 잘 알지 못하기 때문에 나이가 많은 선수들로 주장단을 구성하곤 합니다. 포스테코글루가 다양성에만 모든 의미를 부여하진 않았다는 것이 시즌 개막과 동시에 드러났습니다. 주장단 세 명은 현재까지 토트넘의 완전한 주전으로, 부상만 아니면 조건 없이 출전시키고 있습니다. 그가 생각한 주장단은 팀의 특정 세력이 거대해지는 걸 방지하기 위한 다양성 그리고 팀 승리의 주역이 되는 능력이 우선임을 알 수 있습니다. 매디슨이나 로메로보다 주장단에 포함하기 적절하다고 보였던 벤 데이비스는 올 시즌 선발 출전이 거의 없었습니다. 포스테코글루는 주장단의 역할이 라커룸뿐 아니라 경기장 안에서도 이뤄져야 한다고 여기고 있었습니다. 이는 시즌 출발 이전부터 벤이 아닌 우도기가 주전으로 결정된 것에서 짐작할 수 있습니다.

포스테코글루의 성향에 영향을 끼친 배경 중 하나는 이민자 출신의 노동자 계층이 모여 살던 마을입니다. 각기 다른 언어를 쓰는 아이들이 모인 곳은 우리가 생각하는 멜버른의 아름다운 학교 풍경이 아니었습니다. 그는 반드시 개척해야 하는, 현대 호주인이 아닌 대륙에 도착한 최초 호주인의 특징을 띠고 있는 곳에서 자랐습니다. 호주 대표팀에서 요코하마 마리노스까지 이어진 포스테코글루의 성격은 프론트나 협회에 목소리가 닿지 않을 때 언제든 사퇴를 염두에 두는 '센캐(센 캐릭터)'의 모습입니다. 프론트에 강력한 목소리를 내는 감독들의 마지막은 거의 같습니다. 권한을 가졌으나 결과를 내지 못하면 쫓겨나는 것, 자연스러운 수순입니다. 하지만 놀랍게도 역대 최초로 아시안컵 우승을 차지한 호주 대표팀, J리그 우승, 셀틱에서 트레블 달성에 이르기까지 그는 2013년 이후 부임한 모든 팀에서 웃으며 다음 단계로 향했습니다. 셀틱의 우승은 당연하다고 여길 수 있습니다. 하지만 호주의 아시안컵뿐 아니라 요코하마의 J리그 우승은 상당한 업적입니다. J리그는 스코틀랜드처럼 한두 개 팀이 우승을

Postecoglou and Sonny

독차지하는 리그가 아닙니다. 가와사키 프론탈레가 독주했던 일본 리그에서 단 한 번의 우승컵을 포스테코글루의 요코하마가 가져왔습니다.

무려 10년이나 승승장구했던 감독의 이력서가 돋보이지 않는 이유는 빅 클럽 경험과 그의 축구 스타일입니다. 점유율 축구로 성공한 팀들 대부분은 리그 최강팀이었습니다. 약팀이 점유율 축구를 시도하다가 참패하는 예는 너무나 많습니다. 오히려 두 줄 수비를 펼친 EPL 약팀들은 상당한 무승부를 챙기기도 했지만, 호기롭게 점유율 축구를 시도한 EPL의 젊은 감독들이 순식간에 삭제당하는 곳이 EPL입니다. 챔스 진출에 실패한 토트넘, 중위권과의 경기에서도 점유율을 뺏겼던 미들 싸움, 포스테코글루의 토트넘 부임은 대부분 팬에게 기대보단 불안 요소였고, 스타일 변화를 기대하는 팬들조차 결과는 장담할 수 없었습니다. EPL 개막 후 4경기 승점 10점을 예상한 사람은 전 세계에 아무도 없었습니다. 누군가는 토트넘의 3연승에 섣부른 판단이라 평가 절하하지만, 그것은 전형적인

'혐오주의'입니다. 이기든, 지든, 득점하든, 활약하든, 모든 순간에서 비난 거리를 찾아내는 사람들입니다.

토트넘의 3연승에 흥분한 사람들은 승점 9점보다는 경기 스타일에 주목하고 있습니다. 그리고 그런 축구로 지지 않은 사실을 말하고 있습니다. 시즌이 실패로 끝나더라도 초반 세 경기에서 보인 경기 스타일은 축구 팬이라면 누구나 좋아할 만한 흐름의 축구였습니다. 그런 축구를 시도하지 않는 이유는 대패의 위험이 있기 때문인데, 토트넘은 3승이라는 결과까지 챙겼습니다. 지난 시즌 초반 '꾸역승'을 올릴 당시 현지 분위기와 지금이 전혀 다른 이유입니다. 토트넘의 많은 팬은 이기는 축구만큼이나 재밌는 축구를 바랍니다. 그 재밌는 축구를 신봉하는 사람들과 대립했던 사람들의 의견은 패배의 위험성이었고, 올해의 토트넘 축구는 적어도 현재까진 양측을 모두 만족시키고 있습니다. 3연승의 재물에 맨유가 포함되었다는 사실도 주목해야 합니다. 많은 사람이 최근의 맨유를 조롱하지만, 그들은 급조된 점유 축구에 패배할 만큼 약팀이 아니고, 선수 구성 또한 급히 만든 팀에 점유를 내줄 정도가 아닙니다.

포스테코글루의 아버지는 맨몸으로 호주에 정착했고, 온몸으로 가족을 부양한 노동자였습니다. 많은 축구인은 어릴 때 영웅으로 축구인을 말하지만, 포스테코글루는 '아버지'라고 답했습니다. 아들이 깨기 전에 출근하고, 집에 돌아오면 저녁을 먹고 곧바로 잠드는 게 아버지 인생 전부였습니다. 아버지와 아들이 공유한 유일한 시간은 주말에 함께 시청하는 리버풀의 경기였습니다. 포스테코글루에게 노동이 일과의 전부였던 아버지와 유대감을 쌓을 수 있는 유일한 시간은 축구였고, 자신의 클럽 경기에 아버지를 초대했던 일화를 전하는 중년 포스테코글루의 인터뷰는 부자간의 관계를 짐작하게 합니다. 2018년, 위대한 그리스인 아버지는 새로운 나라에 정착했고, 평생 가족을 부양했으며, 아들이 자라 성인의 역할을 다할 무렵 하늘로 떠났습니다. 모든 과제를 마친 듯….

사람들은 더 나은 삶을 위해 정든 고향을 떠납니다. 하지만 아버지는 더 나은 삶을 살지 못했고, 아들의 삶에 모두 선사하고 떠났습니다. "정말 열심히 일하셨어요." 포스테코글루의 아버지에 관한 인터뷰에 꼭 등장하는 문장입니다. 축구에 관한 질문에 답할 때도 아버지는 반드시 등장합니다. "항상 아버지가 좋아하실 만한 팀을 만드는 것이 내가 축구 감독을 하는 동기였다." 아버지는 평생 일했고, 아들에게 나름의 풍족한 삶을 선사했습니다. 그리고 함께 축구를 즐겼습니다. 포스테코글루가 돈 때문에 아버지가 좋아하는 축구를 포기하지 않은 이유가 이해되나요? 월급 때문에 선호하는 축구를 포기하지 않는 아들로 자란 포스테코글루에게 공격 축구는 직업 이전에 사명감이고, 아버지와의 약속입니다. 당시 포스테코글루와 인터뷰를 진행한 언론은, 그리스 아이(선수)들은 재정 및 정서적 지원을 가정에 의존한다는 설명을 덧붙였습니다. 우리와도 유사한 '가족 관계'입니다.

토트넘 축구의 진짜 실험 무대는 앞으로 이어질 아스널과 맨시티와의 대결입니다. 올해부터 급조한 공격 축구를 펼치는 팀과 전통적으로 공격했던 팀들과의 대결입니다. 엄청난 대패의 위험, 짜릿한 승리의 기대, 결과에 따라 희비가 교차할 수 있습니다. 다만 그 경기에 임하는 선수들의 감정과 지켜보는 팬들의 응원, 결과에 따른 행복 또는 위로. 그 자체를 즐기는 것이 스포츠입니다.

일부 사람들은 EPL 트로피가 축구의 전부인 양 호들갑 떨지만, 5부 리그 관중석도 매진되는 곳이 유럽 축구입니다. 축구는 숫자가 아니라 스포츠입니다. 아버지가 좋아했던 축구를 하겠다는 아들에게 패배의 책임을 물을 사람도 분명 있을 겁니다. 그렇지만 패배해도 재밌었다고 다음에 더 잘하라고 말할 사람도 분명 존재할 겁니다.

여러분은 어떤 사람을 친구로 만나고 싶으신가요?

영상과 함께 보면
감동이 두 배입니다.

인종차별에 맞서다 - 디발라

"흑인뿐 아니라 아시아인도 차별당한다." 흑인을 대상으로 한 인종차별 관련 인터뷰에서 디발라가 한 답변입니다. 많은 사람이 인종차별이란 용어를 흑인에게만 해당하는 것으로 국한해 말하곤 합니다. 유베의 슈퍼스타였던 디발라가 말한 아시아인을 향한 차별을 규탄한 말은 아무도 예상하지 못한 장소에서 나왔습니다. "다행히 우리 가족은 저를 올바르게 교육했습니다. 저는 사람들이 어떤 옷을 입는지, 어떤 나라 사람인지, 피부색이 어떤지 신경 쓰지 않고 모든 사람을 존중합니다." 차별에 반대하는 디발라의 인성은 그의 아버지에게 물려받았습니다. 아버지가 그에게 전한 선물에는 지금 축구 선수로서 살고 있는 그의 삶이 포함되어 있습니다. 아버지에게 받은 은혜를 갚기 위해 필드에 모든 걸 쏟아부은 유소년 디발라는 꿈을 성취하지 못했습니다. 2008년, 아들에게 모든 것을 전한 아버지는 너무 빨리 세상을 떠났습니다.

디발라는 1993년 아르헨티나에서 태어났습니다. 그의 할아버지 보레소 디발라는 폴란드 키엘체에서 태어났고, 제2차 세계대전 때 나치가 마을을 점령하자 아르헨티나로 피난을 떠났습니다. 디발라의 외할머니 메사는 이탈리아 나폴리 출신입니다. 이탈리아 시민권을 획득한 디발라는 폴란드와 아르헨티나 국적까지 있는 3중 국적자입니다. 마치 역사책의 한 줄처럼, 나치를 피해 모국을 떠난 할아버지부터 이어진 가족사는 후천적인 교육과 별개로 디발라를 차별에 반대하는 사람으로 만든 이유일지 모릅니다.

디발라 가족이 경험한 가장 비현실적인 이야기 중 하나는 그의 아버지가 믿은 예언의 한 구절입니다. "언젠가 네 아들 중 한 명이 오직 축구를 위한 선교사로 태어날 것이다." 예언의 출처는 알려지지 않았지만, 아버지는 그 말을 진심으로 믿었습니다. 파울로 디발라는 마치 예언을 이루기 위해 태어난 아이 같았습니다. 두 명의 형이 있었지만 눈에 띄는 재능이 보이지 않았습니다. 가족은 셋째 아이가 태어나자 이 아이가 예언 속 아이라고 확신했습니다. 첫째 구스타포도 축구를 했지만 성공하지 못했고 현재는 사업가로 지내고 있습니다. 둘째 마리아노는 축구에 관심이 없었고 축구와 전혀 관계 없는 일을 하며 살고 있습니다.

아버지의 기대와 상관없이 디발라는 축구를 좋아하는 소년으로 성장했습니다. 아버지의 평생 꿈에 부응하기 위한 효심이었는지는 본인 말고 아무도 알 수 없지만, 디발라의 축구 재능은 아버지를 더욱 열정적으로 만들었습니다. 아버지가 디발라에게 선사한 위대한 힘은 바로 교육과 원하는 것을 지원하는 삶이었습니다. 그는 더불어 사는 세상을 가르쳤고, 아들이 사람들 속에서 행복하길 바랐습니다. 디발라의 아버지는 아들의 훈련에 하루도 빠짐없이 동행했습니다. 아버지 주머니에 있던 마지막 지폐는 언제나 디발라를 훈련장에 보내주기 위한 차 연료비로 쓰였습니다.

자신의 일상보다 아들을 위해 온 힘을 바친 아버지와 디발라를 이해할 수 있는 두 가지 에피소드가 있습니다. 하나는 디발라의 인생 영화 이야기이고, 또 하나는 디발라의 아이돌 이야기입니다. "내 이름은 파울로 부르노 디발라입니다. 세계 축구계의 황금 세대이자 바르셀로나를 절멸시킬 사람입니다. 나는 아버지가 위대한 축구 선수가 될 것이라 예언한 소년이고, 역대 최고의 공격형 미드필더가 될 운명입니다." 바르셀로나와의 경기를 앞두고 유벤투스 선수들 앞에서 한 디발라의 연설 내용입니다. 이 연설은 그가 가장 감명 깊게 본 영화 〈글레디에이터〉에서 빌려왔습니다. 그가 영화 속 주인공 막시무스를 경외하는 이유는 짧은 대사 한 줄 때문입니다. "나는 막시무스입니다. 살해된 아들의 아버지, 살해된 아내의 남편 그리고 나는 이생이 아니라면 다음 세상에서라도 복수할 것입니다." 가족을 위해 모든 것을 바친 막시무스의 이야기에 매료된 디발라는 〈글레디에이터〉를 30번 이상 봤다고 합니다. 디발라가 좋아하는 막시무스의 또 다른 대사는 "저 문에서 나오는 것이 무엇이든 우리가 함께 한다면 더 높은 생존 기회를 얻습니다."입니다. 이 또한 축구 선수로 살아가는 그의 뿌리가 되는 문장이며, 로마의 무리뉴 감독이 토트넘에서 손흥민에게 그랬듯 디발라를 아들처럼 아끼는 이유이기도 합니다.

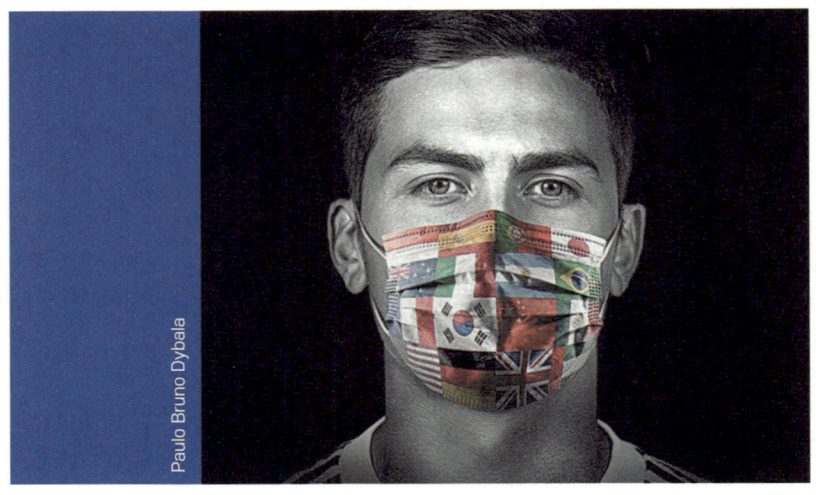

디발라의 아이돌은 바로 아르헨티나의 리켈메입니다. "리켈메는 가난한 가정에서 11명 중 장남으로 태어났어요. 그의 용기는 그를 위대함으로 이끌었습니다." 11명의 맏형으로서 가족을 부양한 리켈메는 디발라에게 마치 마라도나 같은 우상이 되었습니다.

디발라가 좋아한 영화, 좋아한 선수에는 다른 소년들과 뭔가 다른 결이 있다는 게 느껴지나요? 그는 가족 이야기, 희생의 순간 그리고 사람의 서사에 강한 매력을 느끼는 성향이 있습니다. 보통 아이들이 우상으로 꼽는 스타는 겉으로 보이는 화려함이 이유입니다. 11남매의 장남인 리켈메가 거둔 성공 스토리에 경외심을 보이는 디발라는 분명 특이한 아이였습니다. 성인이 된 후 만들어낸 검투사 세리머니에도 이런 디발라의 성향이 그대로 담겨있습니다.

"디발라 마스크는 정말 간단합니다. 검투사의 가면입니다. 투쟁할 때 우리는 미소와 친절함을 잃지 않으면서도 더 강해져야 합니다. 전사는 그때 가면을 써야 합니다." 항상 웃는 표정인 디발라의 얼굴 뒤에 숨은 투쟁 본능, 그럼에도 잃고 싶지 않은 친절함이 함축된 행위가 곧 '디발라 마스크'입니다. 어린 디발라의 정신적인 부분, 육체적 성장, 축구의 기술은 순조롭게 발전되고 있었습니다. 아버지가 믿은 예언의 성취는 디발라에겐 의무이자 소망이었고, 아버지의 헌신에 보답할 유일한 방법은 축구에서 성공하는 것밖에 없었습니다.

가족을 위해 모든 것을 바친 막시무스를 존경하는 그가 아버지의 꿈을 이루어내는 과정이 어땠는지 상상할 수 있나요? 필드 밖 유소년 디발라는 항상 웃고 있었지만, 훈련장에서는 이미 마스크를 쓴 검투사 그 자체였습니다. "어렸을 때, 경기 출전 시간이 짧거나 제대로 기술을 보이지 못한 날이면 집으로 돌아와 화장실 문을 잠그고 울곤 했습니다."

어린 디발라의 삶은 처절하리만큼 축구로 가득했고 오직 꿈을 향해 달렸던 여정이었습니다. 그의 머릿속은 자신이 뛰던 코르도바와 하루라도 빨리 프로 계약을 체결해야 한다는 생각으로 가득했습니다. 하지만 안타깝게도 아버지는 디발라의 계약을 보지 못하고 암에 걸려 세상을 떠났습니다. 2008년 디발라가 열다섯 살이 되던 해 일이었습니다. 아버지를 잃은 슬픔은 아들에게 인생의 가장 큰 버팀목이 무너진 잊기 힘든 기억이었지만, 디발라는 검투사였습니다. 그에겐 지켜야 할 어머니가 있었습니다. 돌아가신 아버지가 믿은 예언 그리고 아버지 대신 부양해야 할 어머니의 존재는 디발라의 걸음을 멈추지 않게 만든 원동력입니다. 그의 갈비뼈에 아랍어로 새겨진 앨리스(Alice)는 바로 어머니의 이름입니다. 2011년 마침내 열여덟 살 디발라에게 평생 꿈꿔온 프로 계약의 영광이 찾아옵니다. 이것은 시작일 뿐이었습니다. 4년 후, 이탈리아 최강 유벤투스의 유니폼을 입을 때 그의 나이는 불과 스물두 살이었고, 줄무늬 유니폼은 아버지 예언의 실현을 의미했습니다. 선수의 기술보다 인성에 초점을 맞추는 로마 무리뉴 감독에게 디발라는 최고의 선수 중 한 명이었고, 그의 다음 꿈은 검투사 마스크를 쓴 채 로마에게 안길 트로피의 영광입니다.

5652만 명의 팔로워를 자랑하는 슈퍼스타 디발라 인스타의 〈Fans〉라는 제목의 스토리 첫 번째 목록에는 의외의 사진이 있습니다. 한국 팬들의 초코파이 선물은 유명합니다. 하지만 디발라는 한국 선수와 함께 뛴 경험이 없습니다. 그런데도 한국 팬들에게 선물을 받은 것은 어째서일까요? "이탈리아 경기장에는 인종차별이 존재합니다. 발로텔리에게, 때로는 피아니치에게 일어납니다. 인종차별에 대한 이탈리아의 처벌이 이루어지지 않는다면 선수들이 발 벗고 나서야 합니다. 우리는 수백만 명이 지켜보는 세리에 A의 선수들이기 때문입니다. 다들 알다시피 피부색만으로 인종차별을 당하는 것은 아닙니다. 몇몇 선수들은 출신국 때문에 차별을 겪기도 합니다. 저와 유소년팀에서 함께한 아시아 선수들에게 이런 일이 일어났을 때 정말 안타까웠습니다. 다행히 우리 가족은 저를 올바르게 교육했습니다. 저는 사람들이 어떤 옷을 입는지, 어떤 나라 사람인지, 피부색이 어떤지 신경 쓰지 않고 모든 사람을 존중합니다. 모두가 그렇게 자라야 한다고 생각합니다. 인종차별과 싸워야 하는 것은 지식인만이 아닙니다. 우리는 이 사회와 세계의 일원으로서 인종차별에 맞서야 합니다."

폴란드에서 피난 온 할아버지의 손자 그리고 아버지의 염원이 낳은 아들은 축구 선수로서 자신이 할 수 있는 최선의 목소리를 냈습니다. 디발라의 말은 모두 당연한 이야기였지만, 남미 축구 선수를 통해서는 듣지 못했던 내용입니다. 한국 팬들은 '한국 과자'로 화답했습니다. 아버지에게 헌신과 투쟁을 배운 디발라는 어머니에게 사랑과 보답을 배웠습니다. 그녀는 디발라를 지탱하는 삶의 보물입니다. 폴란드인, 이탈리아인 그리고 고향 아르헨티나…. 여러 가지 사연이 얽히고설킨 파울로 디발라는 특정 민족과 국가의 사람이 아니라 '세계인'으로 자라났습니다. 그를 만들어낸 건 결국 역사와 부모님이었습니다. 인종차별자들을 길러낸 사람들 또한 그들의 역사와 부모님입니다. 누구의 손에서 자라는가는 그 사람의 모든 것을 바꾸는 힘이 있습니다. 우리는 과거의 유산을 미래로 이어주는 전달자입니다. 당신은 아이들에게 무엇을 남기고 싶나요?

영상과 함께 보면
감동이 두 배입니다.

왕의 탄생
- 킬리안 음바페

    파리 방리유(Banlieue)를 아시나요? 불과 몇 킬로미터 떨어진 곳에 있는 에펠탑이 빛나는 파리와 달리, 이곳은 그 유명한 2005년 폭동의 중심이었고, 높은 실업률에 시달리는 범죄의 온상이었습니다. 프랑스지만 프랑스가 아닌 듯한 도시 미관과 그렇고 그런 사람들이 살고 있는 파리 방리유…. 이곳 사람들은 교육받지 못했고, 일자리가 없었으며, 가난했고, 범죄의 유혹에 빠지기 쉬웠습니다. 하지만 이 거리 젊은이들에게는 '신'이 있습니다. 자신들의 거리에서 태어나 호날두도 못 가진 월드컵을 거머쥔 위대한 이름, 불타던 도시에서 태어난 사나이, 그는 바로 메시와 호날두 다음 세대의 왕, 킬리안 음바페입니다.

    음바페의 출생지와 뿌리에 관한 이야기 없이는 지금의 그를 이해할 수 없습니다. 프랑스에 유독 아프리카계 이민자가 많은 이유는 제2차 세계대전 때문입니다. 많은 프랑스 젊은이가 전쟁으로 목숨을 잃었고, 황폐해진 국토를 정비하고 산업을 복구하기 위해 이민자들이 대거 프랑스로 유입됩니다. 제조, 건설 등 산업 대부분에서 아프리카 이민자들의 노동력은 국가 재건에 보탬이 되었고, 그들 간의 공존은 서로의 필요를 충족시켰습니다. 시간이 흘러 프랑스 인구는 급속도로 회복되었고, 아프리카계 이민자들의 실업률이 상승하기 시작합니다. 교육 수준이 높던 순수 프랑스인들과 단순노동을 했던 이민자 2세들 사이에 갈등이 생깁니다. 자신들의 필요로 받아들인 이민자와 그 2세들을 다시 아프리카로 돌려보낼 수 없었던 프랑스는 뿌리 깊은 사회 문제와 차별을 만들어냈습니다. 프랑스에서 태어난 아프리카계 이민자 2세들은 완벽한 프랑스어를 구사하지만, 프랑스인의 로열티와 애국심을 가지긴 쉽지 않습니다. 최근 단순노동을 기피하는 한국인이 늘면서 동남아, 중국계 노동자가 대거 국내로 유입된 상황을 생각하면, 역사의 반복을 새삼 실감하게 됩니다.

파리에서 일하지만 파리의 비싼 집값을 감당하지 못하는 이민자들을 위해, 프랑스는 파리 외곽(방리유)에 고층 임대주택을 건설했습니다. 그런데 시간이 흐르자 방리유는 저소득 이민자들만 밀집한 그들만의 도시가 되어버립니다. 파리 인근 주민들과는 보이지 않는 벽에 막혀 교류가 줄고, 대도시와 분리된 빈민가이자 프랑스 속 아프리카로 전락합니다.

2005년, 파리 방리유에서 10대 소년들이 축구하고 놀다 집에 가던 중 순찰차를 보자 도망치기 시작합니다. 별다른 이유 없이 경찰을 보고 도망치는 아이들의 모습에서 그들이 생각하는 공권력(?)의 의미를 알 수 있었습니다. 문제는 도망치던 소년 중 열일곱 살 지예드와 열다섯 살 부나가 담장을 넘다 감전돼 사망합니다. 이 소식을 들은 방리유 이민자들은 오래된 차별에 대한 분노를 거리에 나와 표출했고, 시위는 폭동으로 변합니다. 프랑스는 그해 11월 국가비상사태를 선포했고, 9000여 대 차량이 불탔고 2888명이 체포됩니다. 폭동의 소용돌이 속에 일곱 살 어린 소년이 겁에 질려 거리를 주시하고 있었습니다. 바로 킬리안 음바페입니다.

음바페가 성장한 곳은 축구를 취미로 하던 아이들의 동네와는 분위기가 많이 달랐습니다. 부모는 그에게 위험한 고향을 안겨주었지만, 대단한 유전자를 물려주었습니다. 카메룬 축구 선수였던 할아버지, 나이지리아와 카메룬 혼혈인 축구 코치 아버지 그리고 경기장에서 누구보다 빨랐던 알제리계 핸드볼 선수 어머니. 아프리카 대륙 여러 국가의 피가 섞인 그의 운동 능력은 태어나자마자 그가 받은 축복이었습니다.

대부분 아이가 폭력성을 띠고 자라는 동네에서 그의 부모님은 아들이 어떤 친구를 사귀게 될지 두려웠습니다. 아이들에게 친구의 영향은 절대적입니다. 그래서 부모는 음바페를 여섯 살에 음악 학교로 보내는 모험을 감행합니다. 그의 아버지는 일반 학교에 가지 않아 배우지 못하는 과목을 가르치기 위해 홈스쿨링을 병행합니다. 열한 살 때까지 음악 학교에서 플루트를 배운 음바페는 시청 공원에서 교사 셀린느 보니니 씨와 프랑스 노래를 부르는 등 방리유의 이민자 소년들과 달리 말랑말랑한 유년 시절을 보냅니다. 음악 학교 친구들은 일반 학교 아이들보다 감성적이었고 순수했습니다.

아버지는 음바페가 세계적인 음악가가 되길 바란 건 아닙니다. 축구공을 베개 삼아 잠들 정도로 축구에 미쳐있던 음바페를 보는 아버지의 마음은 전율 그 자체였습니다. 신이 내린 재능, 축구를 목숨보다 사랑하는 마음, 그는 아들의 성공을 의심하지 않았

2024년 PSG와 작별을 알린 Kylian Mbappé

습니다. 부유하지 않던 집안의 음바페가 어린 시절 만난 영웅들의 면면을 보면, 부모가 얼마나 아들을 위해 열성이었는지 한눈에 알 수 있습니다. 티에리 앙리, 지네딘 지단, 호날두까지….

그의 부모는 음바페를 프랑스 국립 축구 학교로 보냅니다. 음바페는 전국 최고의 아이들이 모인 학교에서 입학과 동시에 모두를 압도했고, 그의 이름은 열두 살에 이미 프랑스와 유럽 전역 스카우트에게 알려집니다. 노력하는 천재의 성장에 쉼표 따윈 없었고, 모나코에서 마지막 유소년 시즌을 보냅니다.

2015년, 아버지는 음바페의 프로 계약을 결정합니다. AS 모나코에서 불과 열일곱 살에 음바페는 온 세상에 새로운 세대의 시작을 알립니다. 프랑스에 센세이션을 일으킨 음바페의 데뷔는 결코 이른 게 아니었습니

다. 2년 뒤 그는 고향 팀 PSG로 이적했으며, 그 이듬해엔 메시와 호날두도 이루지 못한 월드컵 챔피언이 됩니다. 프랑스인이 가장 좋아하는 스포츠인 1위, 축구 선수 인스타 팔로워 순위 세계 4위, 음바페는 방리유의 신으로 등극합니다. 프랑스를 세계 챔피언으로 등극시킨 후 프랑스인의 추앙을 받고 있는 음바페는 차별받는 이민자들의 자부심입니다.

프랑스인은 잉글랜드인에 비해 축구에 대한 열정이 없다고 알려졌지만, 아랍계 프랑스인들에게 축구는 거의 종교입니다. 제가 파리에 거주할 때 알제리의 월드컵 본선 진출이 확정됐던 날, 알제리계 사람들의 축제로 밤새 잠들지 못한 기억이 있습니다. 축제를 즐기는 사람 상당수는 알제리계 2세였으며, 태어나서 한 번도 알제리에 가본 적 없는 프랑스 국적 사람들이었습니다.

PSG의 홈구장은 파리 외곽에 있고, PSG의 가장 열성 팬들은 아랍계입니다. 축구의 신 메시도, 브라질의 네이마르도 PSG에서 인기만큼은 최고가 될 수 없었던 이유입니다. 파리 언론은 음바페를 마치 아이돌처럼 다루고, 선배인 메시와 네이마르보다 음바페가 팀의 주연이 되길 바랍니다. 그의 일거수일투족이 언론에 보도되고, 팀의 내분을 일으킬 수 있는 자극적인 기사가 연일 쏟아집니다.

음바페 아버지는 축구 선수 출신인 라이벌 홀란드 아버지에 비해 미디어 대응 방식이 서툽니다. 음바페는 너무 어린 나이에 국가적 스타이자 인종의 자존심, 청소년들의 우상 그리고 메시와 호날두 시대 다음의 주인

공까지 다양한 역할을 기대받게 됩니다. 최근 그의 슈퍼스타 같은 행동이 화제가 되는 건 불과 몇 년 전까지 그는 프랑스에서는 보기 드문 순수함을 갖춘 스타였기 때문입니다.

음바페는 지금 팀 동료였던 메시와 같이 존경받는 선수가 될지, 아니면 어릴 때 우상이었던 호날두처럼 명성에 비해 가십거리가 뒤따르는 선수가 될지 갈림길에 서 있습니다. 지나치게 이른 성공이 그에게 독이 되지 않으려면 주변 어른들과 미디어의 역할이 중요합니다. 파리에서 보도되는 그에 대한 자극적인 뉴스 대부분은 관심을 끌기 위한 허위 뉴스입니다. 이는 손흥민의 이름으로 클릭 수를 노리는 한국의 상황과 비슷합니다. 그는 여전히 출생지를 잊지 않고, 대표팀 소속으로 벌어들이는 수익 전부를 기부합니다. 아픈 아이들을 위한 사업에 깊은 관심을 두며, 암 투병 중인 아이들을 직접 만나 기부하고 골 세리머니를 하는 등 다양한 방법으로 도움을 주고 있습니다. 축구 코치를 아버지로 둔 자신과 달리 축구할 기회조차 없는 방리유 아이들을 위한 빈민가 축구 교실에 기부도 합니다. 프랑스 대표팀이 스포츠 배팅 업체의 스폰을 받았을 때는 어린이에게 악영향을 줄 수 있다며 보이콧을 선언하고, 이와 관련해서 벌어들인 수익을 기부하고, 초상권과 관련한 수익도 기부하고 있습니다.

그의 안티들이 평생 벌어도 못 벌 돈을 이미 스물네 살 나이에 기부하고 있는 음바페는, 아버지에게 받은 교육의 영향으로 어린이 모두 균등한 기회가 주어지는 세상을 꿈꿉니다. 그의 스토리는 영화 주인공만큼 짜임새 있고, 외모만큼 빛납니다. 음바페는 '메시와 호날두가 은퇴하면 무슨 재미로 축구 보나' 하고 걱정했던 사람들에게 위안을 주고 있습니다. 음바페는 패배를 죽음보다 싫어하는 승부욕의 화신이며, 자신이 세계 최고가 될 것이란 확고한 믿음을 지니고 있습니다. 우리의 역할은 다음 세대의 왕이 춤추는 모습을 그저 즐기는 것뿐입니다.

영상과 함께 보면
감동이 두 배입니다.

손목에 새긴
할아버지, 할머니 - 황희찬

황희찬이 득점에 성공하면 마지막까지 쫓아간 카메라가 가끔 잡아내는 장면이 있습니다. 바로 손목에 키스하는 세리머니입니다. 축구 선수 황희찬은 우리에게 익숙한 이름입니다. 하지만 사람들에게 그의 경기장 밖 이야기는 많이 알려지지 않았습니다. 득점 이후 손목에 키스하는 짧은 순간은 황희찬의 모든 것을 담고 있습니다. 헌신과 사랑에 대한 영원한 감사, 잊지 않겠다는 다짐입니다. 손목에 새겨진 두 명의 이름은 왜 황희찬 인생에서 끝까지 사라지지 않을 절대적인 가치일까요?

스물일곱 살 황희찬은 A매치를 무려 60경기나 치렀습니다. 2018년 러시아 월드컵 독일전에선 이미 붉은 유니폼을 입고 디펜딩 챔피언을 상대하고 있었습니다. 한국 대표팀의 모든 포지션을 통틀어 가장 주전 경쟁이 치열한 위치는 바로 '윙어'입니다. 축구가 한국에 소개된 이후로 전통적인 초강세 포지션이었고, 대표팀 윙어로 발탁된다는 것은 세계적인 스피드를 지녔다는 보증 수표였습니다.

오리지날 '적토마' 고정운의 A매치 출전이 평생 77경기에 불과한 사실을 상기하면, 한국 대표팀의 '윙어' 포지션이 얼마나 경쟁이 치열한지 짐작할 수 있습니다. 스물두 살에 한국 대표팀의 윙어로 월드컵에 출전한 황희찬의 커리어는 공격수로서 역대급이지만, 그가 언제나 유망주처럼 느껴졌던 이유 중 하나는 바로 앞에서 달려간 손흥민이란 선배의 질주가 워낙에 역사적이었기 때문입니다.

황희찬은 1996년 1월 26일 강원도 춘천에서 태어났습니다. 손흥민, 이강인과 달리 그의 아버지 황원경 씨는 운동과 관련 없는 인생을 살았고, 어머니 송명미 씨도 마찬가지입니다. 손흥민과 이강인 사례에는 만화적인 요소가 다분하지만, 황희찬 부모님은 주변에서 흔히 볼 수 있는 평범한 분들이고, 그의 어린 시절은 우리에게 익숙한 이야기들로 가득합니다. 황희찬이 만난 인생 최초의 스포츠는 태권도였습니다. 상당히 능숙한 수준이었다고 합니다. 숫돌이 시절 이강인의 축구 동작에는 태권도를 연상케 하는 움직임이 분명히 있었습니다. 즐라탄도 어릴 때 수련한 태권도가 스며있는 엄청난 바이시클 킥을 터트리곤 했습니다.

황희찬 또한 발을 쓰는 태권도를 배운 것은 이후 이어질 원대한 발자취의 밑거름이었습니다. 태권 소년이 여섯 살이 되었을 무렵, 운명 같은 사건이 찾아왔습니다. 한국 대표팀은 월드컵 준결승에 진출하였고 전국적인 축구 붐이 일었습니다. 그 시기 황희찬은 부천으로 이사한 후였고, 사회생활로 바쁜 부모님을 대신해 조부모와 지내는 시간이 많았습니다. 유년 시절 5년은 서른 살 이후 5년과는 전혀 다른 속도감이 있습니다. 1년, 1년이 비슷한 성인과 달리 그 시절의 우리에겐 매년 드라마틱한 차이가 생기고, 여린 감성은 모든 것을 생생하고 말랑말랑하게 받아들입니다.

　부모님이 출근하고 할아버지, 할머니 집에서 밥을 챙겨 먹는 아이들의 이야기 또한 우리 주변에서 흔한 일상입니다. 식탁 위에 밥과 함께 놓여 있는 엄청난 크기의 깎아 놓은 배는 할머니의 사랑이었습니다. 전설은 열한 살이 되던 해 의정부 신곡 초등학교로 전학하면서 시작됩니다. 축구부 황희찬의 재능은 같은 또래를 압도했고, 자연스레 태권도를 포기하는 결정으로 이어졌습니다. 그리고 2002년 월드컵이 끝나고 6년 후인 2008년, 대표팀 미래의 공격수가 기지개를 켜기 시작합니다. 황희찬은 화랑대기 대회와 동원 유스컵에서 득점왕에 올랐고, U12 대표팀에 발탁되며 생애 첫 태극 마크를 다는 영광을 차지합니다. 몇 년 전까지 태권 소년이었던 황희찬의 진격은 '천재적인 재능'이란 말로만 설명 가능합니다. 11년 인생을 살았던 당시를 기준으로 노력의 강도는 지금과 비교하면 현저히 낮았기 때문입니다. 황희찬은 호주에서 열린 캉가컵에서 무려 22골을 터뜨렸는데, 그 토너먼트가 생긴 이후로 최다 득점이었습니다. "떡잎부터 다르다."는 오래된 속담으로 황희찬을 표현하기에는 많이 부족했습니다. 이듬해인 2009년, 황희찬은 본격적으로 위대한 선배들의 발자취를 따라 걷기 시작합니다. 바로 '차범근 축구상' 수상입니다. 축구 천재 황희찬이 선택한 중학교는 전통의 축구 명문 포항제철 중학교였습니다. 춘천, 부

천, 의정부에 이은 포항 생활은 그의 부모님이 얼마나 아들의 미래를 위해 헌신적이었는지 짐작할 수 있게 합니다.

한국 선수의 해외 적응 실패 원인은 언제나 현지 적응이 문제였습니다. 열두 살까지 4개 도시를 이동한 황희찬의 유년 시절은 역설적으로 현지 적응이란 측면에서 영재 교육 또는 조기 교육이나 마찬가지였습니다. 물론 부모님이 그런 먼 미래를 그리진 않았겠지만, 황희찬은 성장 과정에서 새로 만나는 사람들과 쉽게 친해지고 관계 맺는 사교적인 성향으로 성장했습니다. 초등학생 황희찬이 '재능의 결과'였다면 중학 무대는 차원이 달랐습니다. 초등학교 6학년까지 각 학교에서 가장 잘하는 아이들이 중학 무대에 남게 되기 때문입니다. 프리 시즌에 파티가 아니라 '기술 연마'를 하러 다니는 그의 오랜 노력은 포항제철 중학교에서 본격적으로 시작되었습니다. 중학 무대에서 도태되는 선수들이 받는 선고는 치명적입니다. 축구가 직업이 될 수 없다는, 가장 좋아하는 축구를 잃게 된다는 절망이 따라옵니다. 고교 3년간 대반전이 일어나는 사례는 매우 드뭅니다. 열두 살부터 열다섯 살에 꽃피지 못한 유소년들은 유럽에서도 자연스레 새로운 직업을 찾아 떠나는 시기입니다. 황희찬은 프로로 가기 위한 마지막 유소년 무대를 가볍게 격파했고, 포항 스틸러스와 조금의 사건이 있었지만 열여덟 살에 잘츠부르크와 계약하는 특급 행보로 이어졌습니다.

축구를 시작한 이후로 한 번도 막힌 적이 없던 질주를 멈춘 곳은 유럽에서였습니다. 리퍼링 임대 기간 황희찬은 직선적인 움직임만으론 성인 유럽 선수를 뛰어 넘을 수 없다는 사실을 깨닫게 됩니다. 본격적인 타이밍 뺏기와 방향 전환의 축구를 시작했고, 최대 장점이었던 가속도는 더욱 빛나기 시작합니다. 그리고 마침내 조합된 전설의 삼각 편대는 오스트리아를 맹폭하기 시작합니다. 세 명은 놀랍도록 빛났지만, 사람들의 의문은 '과연 오스트리아를 벗어나도 파괴적일까?'였습니다. 홀란드와 황희찬은 당시의 의구심에 EPL 폭격으로 대답하고 있습니다. 잘츠부르크 공격진은 팀 창단 이후 가장 강력한 괴물들이었습니다. 올해 빅리그 두 자릿수 득점은 손흥민의 커리어 덕분에 살짝 가려져 있습니다. 하지만 손흥민 이전에 아시아 선수에게 빅리그 10득점은 넘기 힘든 벽이었습니다. 지난 시즌 미토마가 그들의 영웅 카가와 신지 그리고 오카자키를 넘어 일본인 EPL 최다 골을 갱신했을 때 열도의 모든 언론사는 분주했습니다.

세계적인 공격수의 등장에 축구팬들은 흥분을 감추지 못했고, 100년 일본 축구 역사에서 이뤄낸 쾌거이자, 그들이 그토록 열망했던 손흥민 같은 세계적인 공격수가 비로소 탄생한 역사적인 순간이라며 흥분했습니다. 당시 미토마의 득점은 7골이었습니다. 황희찬은 올 시즌 전반기에만 10호 골을 기록했습니다. 한국 언론에서 역사적인 공격수의 탄생이라며 떠들썩하지 않은 이유는 우리에게 지난 8년간 익숙한 숫자였기 때문입니다. 2015년 이후 유럽 5대 리그에서 두 자릿수 득점 이상은 한국 선수가 총 12회 기록했습니다. 손흥민 8회, 황의조 2회, 황희찬, 권창훈 1회입니다. 참고로 일본은 0회입니다. 아시아에서 성장한 공격수의 5대 리그 두 자릿수 득점은 정말 쉽지 않은 위업이고, 황희찬은 프랑스 리그가 아니라 EPL에서 그 기록을 달성합니다. 그의 앞에 있는 아시아 공격수는 손흥민 한 명밖에 없습니다.

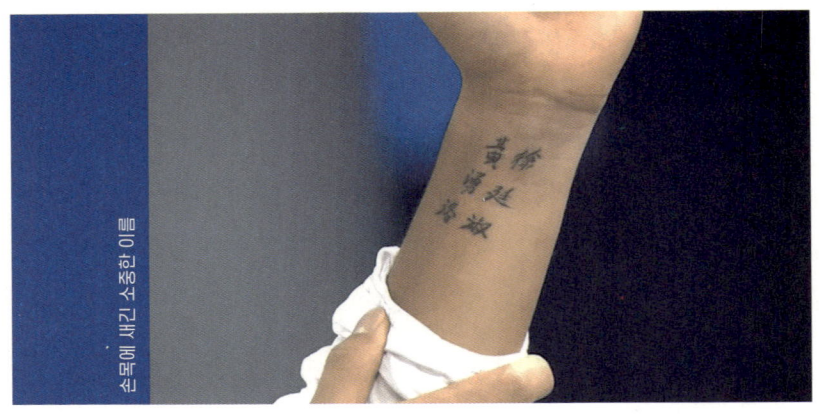

손목에 새긴 소중한 이름

황희찬의 오랜 유럽 생활은 그에게 영광과 기록을 안겼지만 평범한 행복을 앗아갔습니다. 할머니가 깎아주던 배를 먹는 평범한 시간입니다. 바삐 살다 보면 매주 가족을 만나기 쉽지 않습니다. 유럽에서 뛰는 선수들에겐 더욱 한정된 시간만 주어집니다. 당연한 듯했던 사람들의 얼굴, 목소리, 그들과 보낼 따뜻한 시간은 아직 얼마든지 남아있다고 착각하곤 합니다. 다 커버린 성인에게 가족과의 시간은 방학처럼 길지 않고, 계속 찾아오지도 않습니다. 성인으로 유럽에서 혼자 지내는 황희찬에겐 이제 할아버지, 할머니 집에서 밥을 챙겨 먹는 하루는 1년 중 몇 번 찾아오지 않는 특별한 시간입니다.

"나는 여전히 할아버지, 할머니와 함께 지내지 못하는 지금이 믿기지 않는다. 그래서 두 사람을 기억하기 위해 손목에 그들의 이름을 새겼다. 나는 두 분이 나에게 준 사랑을 잊고 싶지 않았다."

월드컵이 끝나고 귀국하자마자
조부모를 찾아갔던 황희찬

    타지에서 살아가는 손자는 할아버지, 할머니가 한 글자 한 글자 열심히 쓴 자필을 그대로 손목에 새겼습니다. 그 이름과 함께 황희찬은 EPL 경기장을 누비고 있습니다. 할머니는 거동이 불편한데도 황희찬이 귀국할 때 공항으로 직접 마중 나가곤 합니다. 몇 시간이면 집에 올 손자를 보러 힘든 몸을 움직이는 마음은 식탁 위 곱게 썰어 놓은 배와 같습니다.

    2022년 황희찬 인생 최고의 순간, 월드컵이 끝났습니다. 귀국과 동시에 그는 트로피를 들고 할머니 댁으로 향했습니다. "할머니와 할아버지는 인생의 전부이자 모든 것이다. 골을 넣을 때 제일 먼저 떠오른다. 없어서는 안 될 감사한 분들이고 항상 마음속에 품고 같이 뛴다."

    매일 보던 사람들이 타지로 떠나면 사무치게 보고 싶은 마음이 그리움으로 피어납니다. 황희찬이 할아버지, 할머니에게 안긴 기쁨은 바로 전

국민을 울고 웃게 만든 포르투갈전 최우수 선수 증표였습니다. 할아버지와 할머니가 손수 키운 작은 꼬마는 어느덧 자랑스러운 전 국민의 손자가 되었습니다.

　가끔 우리는 당연한 존재들을 망각하며 삽니다. 방문을 열면 늘 보였던 익숙한 얼굴들도 언젠가는 텅 빈 공간을 남기고 사라집니다. 사랑하는 사람을 매일 볼 수 있는 행복한 시간은 '인생의 전부'입니다.

영상과 함께 보면
감동이 두 배입니다.

생사를 넘어
- 라이언 메이슨

2017년 1월 23일 의료진들이 긴박하게 경기장 안으로 달려갑니다. 벤치를 향해 경기 진행이 불가능하다는 사인을 보낸 의료진은 선수를 살리기 위한 응급처치를 시작합니다. 토트넘에서 손흥민과 뛰었던 라이언 메이슨은 그렇게 입에 산소 호흡기를 착용한 채 들것에 실려 나갑니다. 그의 약혼녀 피터스는 눈앞의 현실을 믿지 못합니다. 평소와 다름없던 시즌 중 한 경기가 스물여섯 살 메이슨의 고별전이 되어버립니다. 그에게 도대체 무슨 일이 일어났던 것일까요?

1991년 잉글랜드 엔필드에서 태어난 라이언 메이슨은 어린 시절 다른 잉글랜드 아이들처럼 축구를 좋아하는 평범한 아이였습니다. 적어도 그의 부모님 눈에는 그랬습니다. 메이슨에게 '평범한'이란 글자가 가당치 않다는 걸 그에게 축구로 완벽히 제압당하기 시작한 동네의 몇 살 위 형들은 금방 알 수 있었습니다. 그냥 축구가 좋아 동네에서 공을 차고 놀던 메이슨은 어느덧 지역에서 가장 비범한 축구 유망주가 되어있었습니다. 무섭도록 빠른 그의 성장세 덕분에 여러 프로 구단의 스카우트 표적이 되었고, 열여섯 살에 토트넘 아카데미에 입단합니다. 메이슨은 이듬해 토트넘과 프로 계약을 하고 열일곱 살에 유로파 조별 예선에서 프로 데뷔전까지 치릅니다. 그의 드리블에 추풍낙엽처럼 쓰러졌던 불과 몇 년 전 동네 형들에게 평생의 이야깃거리가 생겼던 순간입니다. "13살 때 어? 메이슨이랑 어? 공도 차고? 어?"

열일곱 살에 토트넘 같은 규모의 팀에서 데뷔하는 건 축구계를 통틀어도 흔치 않은 일입니다. 메시를 포함한 일부 천재만 그 나이에 데뷔 경력이 있습니다. 2015년에 잉글랜드 대표팀에 뽑히기도 한 메이슨이 수년 내 세계 최고 선수 중 한 명이 될 것을 누구도 믿어 의심치 않았습니다. 하지만 그의 장밋빛 인생에 먹구름이 찾아옵니다. 열일곱 살 이후 그의 성장곡선은 급격히 완만해지기 시작했고, 토트넘에서 주전 경쟁에 밀린 채 잉글랜드 2부 리그, 3부 리그 그리고 프랑스 리그 임대를 가며 경험을 쌓게 됩니다.

I still have time. I have plenty of opportunities.
"아직 시간이 있어, 기회는 충분해."

이렇게 자신을 다독이던 그의 나이는 어느덧 스물세 살이 되어있었습니다. 유로파에서 치른 데뷔 경기가 까마득해질 무렵 그의 삶에 중요한 역할을 할 은사 두 명 중 한 명이 토트넘 감독으로 부임합니다. 바로 포체티노 감독입니다. 팀과 잉글랜드의 미래인 해리 케인, 역대급 이적료를 주고 독일에서 과감하게 데려온 기대주 손흥민과 함께 포체티노는 메이슨을 그의 계획에 포함합니다. 이것이 잉글랜드 엔필드와 대한민국 춘천에서 온 축구 소년의 첫 만남입니다.

마지막이란 심정으로 프리 시즌을 불태운 메이슨은 리그컵 노팅엄전에서 동점골을 터트리고, 3일 후 꿈에 그리던 리그 첫 선발 데뷔전을 아스널을 상대로 치릅니다. 마치 평생 마지막 경기인 것처럼 활발하고 저돌적인 움직임을 보인 그는 이 경기 후 팀 주전이 됩니다. 토트넘은 그와 2020년까지 5년 재계약하며 포체티노의 믿음과 메이슨의 경기력에 화답합니다. 그의 성공 스토리에 또 한 번의 쉼표는 2015/16시즌 9월에 당한 무릎 부상입니다. 뜻하지 않은 부상은 메이슨의 꿈과 의지를 꺾을 수 없었고, 노력까지 겸비한 축구 천재는 필드에 다시 돌아옵니다. 그런데 이번에는 발목을 다칩니다. 계속된 부상으로 토트넘에서 그의 입지는 좁아졌고 헐 시티로 이적하게 됩니다. 메이슨은 크나큰 재능을 주시고도 무릎 부상과 발목 부상을 함께 주신 신을 원망했을까요? 적어도 2017년 1월 22일의 그는 신의 존재를 믿지 않았습니다.

첼시와 헐 시티의 리그 22라운드 경기. 무릎과 발목 부상에 이어, 신은 그에게서 축구를 앗아갑니다. 자신을 증명해야만 했던, 좋아하는 축구로 인정받고 싶던 라이언 메이슨은 여느 때처럼 저돌적으로 경기에 임했고 첼시의 게리 케이힐과 공중 경합에서 머리끼리 심하게 충돌합니다. 당연히 웃으며 경기장에서 나올 거로 믿고 있던 그의 약혼녀 피터스는 산소 호흡기를 쓴 채 들것에 실려 나가는 메이슨의 모습에 망연자실합니다. 검진 결과는 두개골 골절….

두개골에 14개의 쇠 플레이트를 삽입한 뒤 28개의 나사로 고정하는 대수술을 받은 그는 생사를 넘나듭니다. 다행히 약혼녀 피터스는 메이슨을 잃지 않았습니다. 평생 운동장에서 경쟁하며 뼈를 깎는 노력으로 단련된 메이슨은 생사를 넘나든 사투에서 승리하고 의식을 회복합니다. 사랑하는 피터스의 품에 돌아온 그는 부상 후유증으로 더 이상 축구를 할 수 없게 되었습니다. 피터스는 사랑하는 메이슨을 잃지 않았지만, 메이슨은 삶의 대부분이었던 축구를 잃었습니다. 이때 피터스는 메이슨에게 말합니다. "인생은 늘 계획대로 되지 않지만, 부정적인 상황에서도 긍정적인 부분을 찾아야 해."

신이 없다고 믿으시나요? 적어도 메이슨에게 피터스 같은 사람을 보내주신 분을 저는 신이라고 믿습니다. 더 이상 공을 찰 수 없게 된 메이슨은 피터스에 의해 다시 '살아있게' 된 것입니다. 열여섯 살 축구 소년 메이슨을 받아 줬던 곳 기억하시나요? 메이슨은 바로 그곳 토트넘 아카데미에 정확히 11년 뒤 다시 돌아옵니다. 이번엔 선수가 아니라 유소년 지도자 교육을 받으러요. 두개골 수술을 하고 은퇴한 지 1년 후의 일입니다. 아직 스물일곱 살인 메이슨에게 축구는 포기할 수 없는 삶의 이유였습니다.

천재 축구 소년의 거침없던 질주는 그의 지도자 인생에서도 재현됩니다. 토트넘은 유스팀뿐 아니라 1군 코치까지 맡게 하며 지도자 메이슨을 보듬어줍니다. 그리고 2021년 4월 19일, 축구를 만든 나라 잉글랜드에서 프리미어리그 역대 최연소이자 20대로는 처음으로 라이언 메이슨이 토트넘 감독이 됩니다. 비록 무리뉴 경질에 따른 감독대행직이었지만, 불과 얼마 전 생사를 넘나들던 그에게 누군가 "너는 몇 년 후 토트넘의 감독대행이 될 거야."라고 말했다면 믿을 수 있었을까요? 메이슨은 당시 손흥민보다 한 살 많았고, 심지어 위고 요리스, 베일, 시소코 등은 그보다 나이가 더 많았습니다. 드라마보다 더 드라마 같은 스토리의 주인공 메이슨 감독의 데뷔전은 해피엔딩으로 끝납니다. 경기에서 골을 기록하고 메이슨 감독에게 첫 승리를 안겨준 건 모두가 예상하는 그 이름, 손흥민입니다. 동료로 함께했던 메이슨의 복귀를 손흥민은 잊을 수 없는 골로 화답합니다.

메이슨 인생의 은사 두 명 중 다른 한 명은 누구일까요? 경기장에서 불같은 모습을 보이고 강력한 카리스마로 선수단을 장악하는 다소 포악해 보이는 감독, 하지만 인스타 속 가족사진에선 그 누구보다 환하게 웃고 있는 감독. 이 감독의 본래 성격은 도대체 무엇일까요? 두개골 수술이 끝나고 희미하게 의식을 찾기 시작하던 그의 눈앞에 의외의 남자가 서 있었습니다. 평소 친분도 없던 이 남자는 메이슨의 회복 기간 동안 병원에 다녀간 몇 안 되는 사람 중 한 명이었습니다. 바로 메이슨의 마지막 경기 상대팀 감독 안토니오 콘테입니다. 상대팀 선수가 크게 다쳤을 때 위로의 메시지를 전하는 건 흔한 일이지만, 입원한 병실까지 찾아가는 건 흔치 않은 일입니다. 메이슨은 회상합니다.

"솔직히 좀 이상했어요. 난 스탬포드 브릿지에서 콘테 감독의 첼시를 상대하다 다쳤어요. 그리고 콘테 감독은 나와 가족을 보기 위해 병원에 왔어요. 다친 상태여서 제대로 기억나지 않지만, 내 머리맡에 콘테 감독과 내가 함께 있는 사진이 있었어요. 그 모습이 콘테 감독이 어떤 사람인지를 보여줘요."

짧았던 감독대행이 끝난 메이슨, 하지만 몇 년 뒤 토트넘에 부임하는 새 감독이 메이슨에게 토트넘 1군 코치직을 제안합니다. 안토니오 콘테입니다. 선수 메이슨의 경력은 콘테를 상대하던 날 끝났지만, 코치 메이슨의 경력은 콘테가 지켜줍니다.

이 모든 순간을 함께한 그의 약혼녀 피터스와는 어떻게 됐을까요? 2022년 6월 26일 스페인의 마요르카에서 하늘이 내려준 인연은 결국 사랑의 결실을 맺습니다. 그들에겐 이미 천사 같은 두 아이도 있었습니다. 옛 동료 해리 케인 부부가 지켜보는 가운데 모든 찬사가 아깝지 않은 사랑스러운 부부는 결혼식을 올립니다. 새로운 세상을 열어준 피터스를 향해 메이슨은 감격하며 SNS에 전합니다. "드디어 내 아내라 부를 수 있게 됐어!" 피터스는 화답합니다. "우리가 해냈어. 내가 꿈꿔왔던 것보다 더 놀라운 순간이야. 매 순간을 사랑했어."

삶에서 절대 잊을 수 없는 10년을 보낸 라이언 메이슨은 2020년 1월 1일에 토트넘에서 데뷔골 사진, 잉글랜드 대표팀으로 뛰었던 사진, 첼시와의 마지막 경기 사진 그리고 사랑하는 가족사진과 함께 다음과 같은 메시지를 올립니다.

'왜 나에게만 이런 불운이 생길까?'라고 생각한 적이 있나요? '세상은 왜 불공평할까?'라고 느낀 적은 없나요? 삶은 고난과 고통의 연속입니다. 단 한 번도 1년 내내 웃고 즐기며 행복했던 해가 없었습니다. 참을 수 없는 슬픔이 내 온몸을 짓누르고, 사라지지 않을 것 같은 고통이 밤잠을 설치게 만드는 순간들로 가득했습니다. 하지만 우리는 알고 있습니다. 오늘의 슬픔이 영원하지 않다는 것을요. 당신에겐 무릎 부상도, 발목 부상도, 살아야 할 이유를 잊은 듯한 날도 올 수 있습니다. 저는 믿습니다. 당신이 언제 그랬냐는 듯 웃을 수 있는 날도 함께 온다는 것을요. 당신은 당신에게 주어진 모든 고난을 이겨낼 수 있습니다. 확신합니다.

영상과 함께 보면
감동이 두 배입니다.

나는 당신을 믿습니다 - 포체티노 감독

2002년 월드컵, 일본에서 열린 잉글랜드와 아르헨티나의 경기, 관중석의 일본 관중들은 마치 홈팀처럼 잉글랜드를 응원하고 있었습니다. 모히칸 컷의 베컴이 일본에서 국민적 인기를 끌며 잉글랜드는 지구 반대편에서 특권을 누립니다. 상대팀인 아르헨티나, 그들은 국가 경제 위기로 월드컵 출전이 무산될 뻔한 사연 많은 팀입니다. 협회에서 대표팀 비행기 푯값마저 없다며 월드컵 불참 선언을 고민하던 그때, 바티스투타를 비롯한 대표팀 선수들이 자비로 일본행을 결정합니다. 어려운 상황에 놓인 조국을 위해 희망의 불씨를 살리고 싶었던 눈물의 경기에서 긴 머리카락의 한 선수가 국가의 역적이 됩니다. 그는 바로 훗날 손흥민의 토트넘 감독이 되는 포체티노입니다. 그에게 과연 무슨 일이 일어났던 것일까요?

인구 3천 명의 작은 농업 도시에서 태어난 포체티노는 그의 아버지처럼 농부가 될 운명을 타고난 아이였습니다. 그는 전문 농업학교에서 공부했고, 들판에서 뛰어놀며 부모를 도와 농기계를 작동하고, 쉬는 시간엔 축구하며 유년 시절을 보냅니다. 그의 아버지 헥토르 씨는 전형적인 시골 마을의 보수적인 농부였고, 어린 포체티노에게 농부 아닌 다른 삶은 상상할 수 없었습니다. 이 평화로운 시골에 유명인이 방문합니다. 훗날 남미 최고의 전술가이자 수많은 감독에게 영감을 준, 일명 '광인'으로 불린 비엘사 감독은 당시 아르헨티나 뉴웰스팀의 유소년 코치였고, 머피(Murphy)라는 깡촌 마을에 뛰어난 인재가 있다는 소문을 듣습니다. 마치 《삼국지》 속 영웅들이 장수를 찾아나서듯 비엘사 일행은 별다른 정보 없이 머피로 향했고, 새벽 2시가 되어서야 포체티노 집을 찾을 수 있었다고 합니다. 너무 늦은 시간이라 고민하던 일행은 포체티노 집 창문을 두드렸고, 그의 어머니가 일행을 마주합니다. 다행히 포체의 어머니가 비엘사를 알아보고 일행을 집안으로 들입니다. 농사에 관한 잡담을 나눈 뒤 비엘사는 자신이 방문한 이유를 설명합니다. 당연히 열세 살 포체는 자고 있었습니다. 비엘사는 아쉬운 마음에 '포체티노가 자는 모습을 봐도 되느냐'는 이상한 부탁을 합니다. 자는 포체를 한참 지켜본 비엘사는 '이것은 축구인의 다리'라며 극찬하고 그 자리에서 포체를 영입합니다. 농사밖에 몰랐던 아버지도 유명인 비엘사의 요청을 거절할 수 없었습니다.

포체티노는 훗날 말합니다. "나는 아침에 일어났고, 엄마가 내가 축구팀에 입단하게 됐다는 말을 해줬어요. 그것도 뉴웰스에요. 놀랍게도 그것은 현실이었어요."

훗날 포체티노와 비엘사는 선수와 감독으로 2002년 월드컵에 참가하게 되는데, 이 이야기가 얼마나 비현실적인지 여러분도 동감하나요? 농사를 돕던 포체티노의 하체는 또래 선수들보다 더 두꺼웠고, 시골 들판에서 기른 야생 본능은 도시 선수들을 압도했습니다. 그는 빠르게 강인한 수비수로 자라기 시작합니다. 만화 주인공 같은 그의 성장은 비엘사의 조련으로 속도가 붙었습니다. 열일곱 살에 뉴웰스와 프로 계약에 성공하고, 5년 뒤 스페인 프리메라리가의 에스파뇰로 이적하게 됩니다. 자다가 영입된 선수가 9년 뒤 스페인에 진출했다는 스토리는 영화로 만들기에도 허무맹랑하게 느껴집니다.

1999년, 어린 포체티노를 발탁했던 비엘사는 아르헨티나 국가대표팀 감독에 선임된 후 그를 호출합니다. 포체티노의 국가대표 커리어는 2002년에도 이어지며 비엘사와 월드컵을 준비하게 됩니다. 조국에 닥친 최악의 경제난에도 팀의 정신적 지주 바티스투타는 "모든 것이 무너져도 우리에겐 축구가 있다."라고 선언하며 월드컵 참가를 강행합니다. 불과 얼마 전 마라도나 시대에 월드컵을 우승했던 팀의 출발은 이렇게 비장했습니다. 국가의 자존심인 축구를 통해 국민에게 희망을 선사하겠다는 의지는 마치 전쟁터에 나가는 군인의 심정처럼 그들을 더 불타오르게 했습니다. 시골에서 온 투사 포체티노에게도 월드컵은 생명과도 바꿀 수 없는 인생 최대의 도전이었습니다.

공교롭게도 아르헨티나가 속한 조에 잉글랜드가 배정됩니다. 1982년 포클랜드 전쟁에서 맞붙은 두 나라, 잉글랜드의 승리로 끝난 전쟁의 불씨

Mauricio Pochettino & Sonny

는 여전히 아르헨티나인들의 가슴에 남아 활활 타오르고 있었습니다. 경제 위기, 비장한 월드컵, 상대는 전쟁 상대국이었던 잉글랜드, 무대는 완벽한 사연을 담고 달궈집니다. 2002년 모든 아르헨티나인의 눈은 일제히 일본으로 쏠립니다. 전쟁과도 같은 경기에서 심판의 휘슬에 양 팀의 희비가 엇갈립니다. 포체티노의 태클에 잉글랜드 오언이 넘어졌고, 심판은 페널티킥을 선언합니다. 1998년 월드컵 아르헨티나전에서 퇴장당하며 국가의 역적이 됐던 베컴이 페널티킥을 성공하는 드라마를 완성하고, 우승 후보 아르헨티나는 조별 리그에서 탈락합니다. 경기장의 아르헨티나 선수들, 특히 바티스투타는 마치 나라 잃은 사람처럼 울부짖었고, 포체티노 인생에서 가장 중요했던 경기는 그의 대표팀 마지막 경기가 됩니다. 시골 소년의 현역은 그렇게 저물었고, 비엘사의 손을 잡고 농촌에서 일본까지 떠난 그의 여정은 감독이 되는 것으로 이어집니다.

2002년 월드컵 이후 17년이 지난 2019년 5월, 감독 포체티노는 그의 토트넘 아이들과 잉글랜드에 패배한 그날의 경기 다음으로 중요한 경기에 나섭니다. 네덜란드 암스테르담에서 열린 챔피언스리그 4강 2차전에서 기적적으로 결승에 진출합니다. 포체티노는 그동안 보인 적 없는 엄청난 감정을 드러내며 경기장에 쓰러져 눈물을 흘립니다. 평생 잊을 수 없는 실수로 잉글랜드에 패배한 날 그리고 비엘사처럼 곳곳의 선수들을 모아 승리한 날, 그가 경기장에서 느낀 깊은 슬픔이 기쁨으로 바뀌는 데 17년이 걸렸습니다. 경기장에선 독일에서 직접 데려온 그의 감독 커리어 최대 영입 선수 손흥민도 행복을 만끽하고 있었습니다.

　손흥민이 이적 초반 EPL에 적응하지 못하고 독일로 돌아가고 싶다는 마음을 내비쳤을 때, 그를 직접 영입했던 포체티노는 한국어 문장을 한 글자 한 글자 외우고 연습합니다. 그리고 손흥민을 사무실로 불러 진심을 전달합니다. "나는 당신을 믿습니다." 외국에서 들은 진심 어린 우리말에 손흥민은 크게 감동했고, 팀에 남아 결국 그를 챔피언스 리그 결승까지 보낸 주역 중 한 명이 됩니다. 포체티노가 사람을 대하는 태도를 알 수 있는 일화입니다. 결승 진출이 확정되고 포체티노는 말합니다. "어떻게 표현해야 할지 알 수 없는 놀라운 감정이다. 선수들은 나의 영웅이다." 비엘사의 영웅이었던 포체티노는 어느덧 그가 아버지처럼 여기는 스승과 같은 진정한 감독이 되어있었습니다. 열세 살 때 자고 있던 그 소년에게 이 놀라운 이야기를 전한다면, 아이는 과연 어떤 표정을 지을까요?

　그 소년은 곧 당신의 모습입니다. 눈앞의 현실에 좌절하고 있을지도 모

포체티노 떠나며 손흥민이 올린 SNS

르는 소년, 현실을 깨고 나와 꿈을 이루고 싶은 소년, 월드컵에서 페널티킥을 내주고 눈물 흘리는 소년, 챔피언스 리그 결승에 진출하는 소년…. 모두 우리의 모습입니다. 우리 삶엔 눈물이 있습니다. 하지만 반전은 분명 찾아옵니다. 17년의 기다림은 그날 그가 느낀 환희에 비하면 긴 시간이 아니었습니다. 오늘의 고난은 미래의 행복을 더 또렷이 느끼게 할 것입니다.

영상과 함께 보면
감동이 두 배입니다.

스페셜 원
- 무리뉴 감독

챔스 우승에도 대수롭지 않게 행동하던 은하계에서 가장 자신감 넘치던 감독이 고작 신생(컨퍼런스리그)컵 우승에 감격합니다. 태어나보니 아빠가 축구 감독, 선천적인 승부욕, 뼛속 깊은 자신감, 최고가 되기에 모든 걸 갖췄지만 딱 하나 축구 재능만 없던 이 아이가 자라서 어떤 어른이 되었을까요? 손흥민은 이 남자에게 어떤 희망이었을까요?

포르투갈 국가대표 출신에 현역 감독인 아버지에게 무리뉴가 특명을 받습니다. 상대팀의 약점을 찾아오라는 것. 사실 아버지는 처음부터 알고 있었습니다. 무리뉴의 축구 재능은 그의 자존심만큼 높지 않다는 것을요. 보통 아들이 태어나 처음 겪는 과제는 아버지에게 인정받는 것입니다. 무리뉴는 축구로는 국가대표 출신 아버지를 만족시킬 수 없었습니다. 그런데 반전이 일어납니다. 무리뉴의 아버지 펠리스는 아들이 작성한 상대팀의 약점 노트를 보고 회상합니다. '태어나서 그렇게 잘 정리한 전술 노트는 처음봤다'라고…. 태어나자마자 축구와 가까웠던 소년 무리뉴가 15년 동안 축구로 재능을 인정받지 못하다가 처음으로 아버지에게 받은 칭찬에 어떤 기분이 들었을까요?

선수로는 하위 리그를 전전하다 스물네 살에 현역에서 은퇴한 무리뉴는 가끔 자기는 3류 선수였다는 자학 개그를 합니다. 은퇴 후 그는 어머니의 조언을 따라 경영대에 등록하지만 하루 만에 그만둡니다. 축구 집안에서 태어나 다른 길로 들어서기 직전, '축구 실패자' 낙인을 평생 짊어지고 살아갈 인생을 견딜 수 없었습니다. 그는 곧장 리스본공과대학원으로 진학해 스포츠 과학을 공부합니다. "위대한 피아니스트가 피아노 주변을 달리거나 손가락을 단련하기 위해 푸시업을 하진 않는다. 오직 연주한다. 훌륭한 선수가 되기 위한 최고의 수단은 '운동'이 아니라 '축구'를 하는 것이다." 물 마시는 시간까지 체크하며 정해진 시간만 훈련하는 무리뉴 철학은 이때의 학습이 기초가 됩니다.

졸업 후 그는 몇 개 학교를 돌며 체육 교사로 재직합니다. 선수로는 국가대표, 감독으론 1부 리그를 맡았던 아버지에게 하위 리그에서 은퇴한 체육 교사 아들이 어떻게 보였을까요? 간절히 원하지만 손에 닿지 않는 무언가는 누군가에겐 절망을 안겨주고 누군가에겐 삶의 이유가 됩니다. 무리뉴는 20대였던 체육 교사 시절에 세계 최고 감독을 꿈꿨을까요? 아니면 단지 아버지의 칭찬이 필요했을까요?

무리뉴의 평범한 삶에 놀랍도록 거대한 별을 만나는 기회가 찾아옵니다. 그 어떤 경력도, 희망도 없던 무리뉴가 스포르팅(포르투칼의 리스본을 연고로 하는 축구 클럽)에 새로 부임한 감독의 통역을 맡게 된 것입니다. 그 별은 잉글랜드 대표팀을 8년이나 이끈 위대한 바비 롭슨 경입니다. 롭슨은 이후 포르투 감독으로 부임하고, 무리뉴를 계속 통역으로 데려갑니다. 롭슨과 함께한 무리뉴가 감독을 어떻게 대했을지 상상이 가나요? 단순한 통역이 아니라 축구에 대한 그의 비전까지 보여야 했을 하루하루는 무리뉴에게 커다란 도전이었습니다. 삶에 영향을 미칠 누군가가 당신 옆을 그냥 스쳐 가게 내버려둘지, 희미한 기회라도 잡아 변화의 계기로 삼을지, 모든 것은 우리의 몫입니다. 승승장구하던 바비 롭슨 경은 1996년 세계 최상위 클럽 중 하나인 바르셀로나에 입성합니다. 이번에도 무리뉴는 동행했고, 그는 어느덧 단순 통역관이 아닌 통역 겸 코치가 되어있었습니다. 포르투갈에서 실패한 축구 소년이 아버지도 신문으로만 보던 팀의 일원이 된 것입니다.

이때 무리뉴는 TV로만 보던 범접할 수 없던 사람들을 만나게 됩니다. 그는 바르샤의 슈퍼스타였던 요한 크루이프와 우연히 비행기 옆좌석에 앉은 날, 너무 긴장해서 말을 더듬고 시선을 어디에 둘지 몰라 혼란스러웠다고 합니다. 크루이프는 그의 긴장을 풀어주기 위해 축구를 주제로 말을 걸어주었습니다. 무리뉴는 슈퍼스타를 대하는 태도가 특별합니다. 동경, 사랑 아니면 경멸…. 그는 선수로 이루지 못한 성공 때문에 슈퍼스타에게 믿을 수 없을 만큼 강한 경의를 표하지만, 재능이 있으면서도 노력하지 않는 선수는 한없이 경멸합니다.

바르샤 코치가 될 기회를 잡은 그의 삶은 몇 년 전 체육 교사였던 시절을 추억으로 만들어버립니다. 그가 배운 축구, 과르디올라를 포함한 세계적인 스타들과의 인연 그리고 바르셀로나 DNA. 그에게 코치 인생은 잠깐으로 충분했습니다. 몇 년 뒤 포르투갈 포르투의 감독으로 챔피언스리

우승이 확정된 순간, 영원한 스페셜 원이 되는 물

그에서 또 다른 영국 기사, 퍼거슨 경의 맨유를 격침합니다. 언제 포르투가 토너먼트에서 사라질지 지켜보던 유럽인들은 경악을 금치 못합니다. 포르투는 유럽의 모든 괴물 같은 팀들을 누르고 챔스를 제패합니다. 그의 나이 서른아홉 살이었습니다. 아버지 후광을 완전히 뛰어넘어 유럽 챔피언이 된 그는 이날 어떤 심정이었을까요?

첼시로 무대를 옮긴 그의 삶은 말 그대로 신데렐라 스토리입니다. 존재하는 모든 타이틀을 따내는 그는 여전히 40대였고, 자신을 '스페셜 원'이라 부르는 그의 말은 허세가 아니라 진심이었습니다. 그는 성공한 다른 사람들처럼 자신의 특별함과 재능을 믿었습니다. 자신을 믿지 못했다면 그가 롭슨 경의 마음을 열고 바르샤로 갈 수 있었을까요? 무리뉴의 무엇이 그토록 자신을 믿게 만들었을까요?

무리뉴는 훈련 시작 두 시간 전에 출근합니다. 흥분해서가 아니라 점검할 일이 많아서라는 그는 "축구에 행운의 골이란 없다. 경기에서 모든 골은 전술에 따라 만들어지고, 행운 역시 노력을 통해 나타난다." 그는 행운을 믿지 않았습니다. 자기 노력의 양을 알고 있기에 성공을 의심하지 않았습니다. 지구상에서 가장 자존심이 강한 사내 중 한 명인 즐라탄 이브라히모비치는 무리뉴를 향해 말합니다. "나는 무리뉴를 위해 죽을 수도 있다." 롭슨 경 덕분에 새로운 삶을 얻은 무리뉴가 사람을 대하는 태도는 놀라움을 넘어 아름답습니다. 포르투 시절 페이소토 선수의 가장 어려운 순간을 함께하고, 그의 부상에 대해 이해하고 싶어 수술실에 함께 들어간 일화는 놀랍기까지 합니다. 영어, 포르투갈어, 스페인어, 프랑스어 등을 다 구사하는 스마트한 감독이 독일팀을 맡지 않는 이유는 독일어로 완벽하게 선수들과 대화할 수 없어서라고 합니다. 토트넘 감독이 되자마자 전 세계에서 온 선수들에게 이름을 어떻게 발음하면 되냐고 묻는 장면은 그가 사람을 대하는 태도를 짐작하게 합니다.

샤워하고 있던 램파드에게 다가가 "네가 최고야!"라고 말하자, 램파드는 정말 최고가 되었습니다. 무리뉴가 단순한 지장(智將)이 아닌 이유는 그의 통제 본능에 있습니다. 그는 슈퍼스타들의 오만함을 잘 알고 있습니다. 이들은 대부분 팀에서 높은 연봉을 요구하고, 자신을 중심으로 팀이 운영되길 바랍니다. 포그바, 델레 알리, 로즈 같은 유형의 선수들은 결국 그에게 버림받았습니다. 재능을 가지고도 노력하지 않는 선수를 그는 혐오했습니다. 재능이 없던 자신의 본능이자 질투에 가까운 감정입니다. 무리뉴는 최고의 선수보다 최고의 팀을 바라므로 선수 개개인에 대한 칭찬을 꺼린다고 합니다. 팀워크가 깨지는 것을 걱정했기 때문입니다. 그는 잉글랜드 기자가 케인에 관해 물었을 때, 케인과 손은 최고라고 대답합니다. 노력을 절대 가치로 여기는 그가 손흥민에게 훈련 중 스프린트하지 말라고 말했던 장면은 무리뉴를 아는 사람이 보면 불가사의한 일입니다. 리버풀에 진 다음 날, 푸스카스상을 탄 손흥민이 "트로피와 경기 결과를 뒤바꾸고 싶다."고 말합니다. 이 겸손한 한국 남자를 무리뉴가 어찌 사랑하지 않을 수 있었을까요?

"손흥민이 월드 클래스인가?"라는 기자 질문에 "세상이 손흥민을 받아들이지 못한다. 쏘니 같은 선수는 없다. 그가 다음 레벨로 가기 위해 필요한 것은 이제 더 이상 없다." 선수의 자만을 병적으로 경계하는 그가 한 말이라고 믿을 수 없는 칭찬입니다. 수많은 무리뉴의 남자 중에서도 이렇게 강한 애정을 보인 사례는 찾기 힘들 정도입니다. 손흥민이 말한 '아버지 같은 분'(일부 한국 팬들은 무리뉴를 '무버지'라고 부릅니다.)의 의미는 무리뉴가 그를 어떻게 대했는지 알 수 있게 하는 대목입니다. 무리뉴가 가지지 못한 재능, 부상을 염려할 정도의 노력, 리그 최고의 선수임에도 팀을 위하는 겸손함, 무리뉴를 스쳐 간 많은 스타 중에서 그의 가치 기준에 모두 부합한 손흥민은 그에게 사랑스런 제자 그 이상이었습니다.

토트넘 감독으로 울버햄튼을 이겼던 2019년, 무리뉴는 의외의 이야기를 꺼냅니다. "작은 감동을 함께 나누겠다. 70년대 UEFA컵에서 나의 아버지가 이곳에서 경기했다. 오늘 승리는 나에게 특별한 느낌이다." 그의 아버지는 은퇴 전 마지막 시즌 울버햄튼 원정에서 1대 4로 패했고 4골은

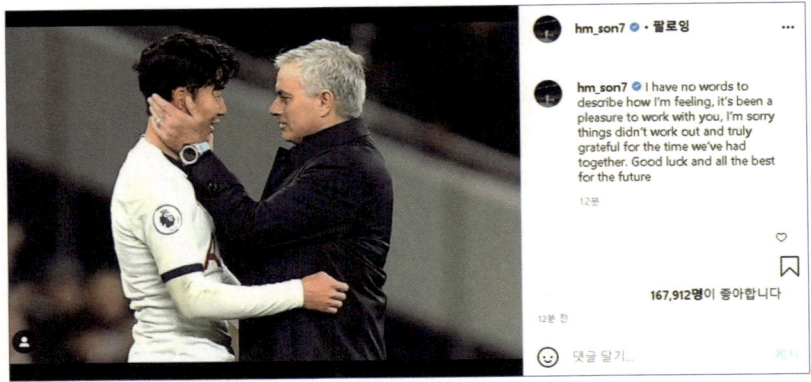

아쉬움이 가득했던 손흥민의 작별 인사와 영원한 감사

골키퍼였던 아버지에게 아픈 기억이었습니다. 당시 경기를 지켜본 무리뉴의 나이는 열한 살이었습니다. 자신에게 최고 남자였던 아버지의 패배를 40년이나 기억하고 있었고, 최고 감독이 되어 아버지의 복수를 했다고 자랑스럽게 말하는 무리뉴는 이 순간 자랑스러운 아들입니다. 돌아가신 아버지에 대해 그는 회상합니다. "나는 모든 게 축구인 환경에서 태어났다. 비록 나는 낮은 레벨에서 축구했지만, 어쨌든 나는 축구 선수의 아들로 태어났다. 그리고 감독의 아들로 자랐다."

승리가 당연하던 젊은 감독도 어느덧 나이가 들었습니다. 패배와 경질에 익숙해진 무리뉴는 이제 자신을 스페셜 원이라 부르지 않습니다. UEFA컵보다 낮은 수준의 신생컵을 우승하고 로마에서 흘린 그의 뜨거운 눈물에서 우리는 이 시대 아버지를 떠올립니다. 자신만만했던 아버지, 흰머리가 나기 시작한 아버지, 나보다 작아져버린 허리 굽은 아버지, 아버지의 눈물을 보기 시작한 다 자라버린 우리들….

누군가는 내가 가지지 못한 것을 가진 타인을 부러워만 하다가 인생을 마무리합니다. 누군가는 처음부터 가지지 못했지만 어떻게든 이루기 위해 노력합니다. 실패한 하루를 운이 없는 탓으로 여기기도 합니다. '운이 없다'는 생각은 당신의 아무것도 바꾸지 못합니다. 행운의 여신까지 이겨 버리겠다는 갈망은 노력의 밑거름이 되고, 목표 달성의 디딤돌이 됩니다. 처음부터 세계 최고가 되겠다는 너무 높은 목표 설정은 시작부터 지칩니다. 단지 아버지에게 칭찬받고 싶다는 소박한 꿈을 이루려는 부단한 노력은 당신을 다음 레벨로 이끌 것입니다. 포기하는 순간 당신의 경기는 끝납니다.

영상과 함께 보면
감동이 두 배입니다.

추모
- 벤트로네 코치

    손흥민과 인연을 맺기 이전에 벤트로네라는 이름은 우리에게 낯설었습니다. 하지만 알고 있나요? 당신은 그의 이름을 몰랐지만 주말마다 축구를 통해 그의 유산과 마주하고 있다는 사실을요.

    1994년, 유벤투스에 그들의 엔진을 진화시킬 혁명적인 피트니스 코치가 부임합니다. 당시 유벤투스는 1990년대 말 전설적인 이야기를 써내려 가기 위해 예열 중이었습니다. 벤트로네 코치가 팀에 부임한 지 4년이 지나고 1998년 뮌헨과 무승부로 조별 리그를 통과했을 때, 맨유의 네빌이 가장 먼저 한 말은 "유벤투스도 통과했나요?"였습니다. 이 말은 당시 전 세계 축구인들이 가진 유벤투스에 대한 두려움이 어느 정도인지 알려줍니다. 두 시즌 연속 챔피언스 리그 결승에 진출한 세기말의 유벤투스는 세계 최강이었고, 리피 감독 옆에는 '해병' 벤트로네가 있었습니다.

벤트로네는 축구에서 과거와 현재의 과도기를 창조한 역사적인 인물 중 한 명으로 당당히 이름을 올리고 있습니다. '정신력'으로만 선수의 체력을 설명하던 시절에 '병리학'과 '해부학'을 바탕으로 축구를 '과학'의 단계로 나아가게 한 그는 선구자였습니다. 그의 최대 관심사는 선수들의 신체 상태를 치료하고 보존하는 혁신적인 방법 연구였고, 선수들의 가장 큰 재능은 컨디셔닝이라 믿었습니다. 그리고 운동능력의 기본 구성 요소가 축구의 새로운 시대를 열 거라고 믿었습니다. 정신력이라는 보이지 않는 무언가보다 과학을 믿은 그의 철학은 유벤투스를 통해 증명되었습니다. 벤트로네의 과학적인 지도를 받은 선수들의 컨디션 회복은 자존감에 영향을 미쳤고, 이는 결과적으로 정신력 상승으로 이어졌습니다.

지네딘 지단은 1998년 월드컵을 앞두고 유벤투스 합류가 본인에게 어떤 영향을 미쳤냐는 질문에 "더욱 강력한 정신력을 갖게 되었습니다."라고 대답했습니다. 1998년 월드컵 우승팀인 프랑스의 주장 데샹은 말합니다. "우리 세대는 이탈리아 축구가 우리에게 가르쳐준 모두에 빚지고 있습니다. 저는 이전에 경험한 것보다 훨씬 더 많은 기술적, 정신적 요구를 마주하면서 제게 주어진 책임에 대해 잘 이해하게 되었고, 자신감을 얻게 되었습니다." 지네딘 지단은 레알 마드리드 감독 부임 직후 체력 훈련량을 늘렸습니다. 그리고 벤트로네 제자인 이탈리아 베테랑 트레이너 안토니오 핀투스를 데려왔습니다. 지단이 벤트로네의 유산과 유벤투스의 강점을 어떻게 평가했는지 알 수 있습니다. 지단은 벤트로네의 프리 시즌 체력 훈련에 대해 회상합니다. "처음 유베에 왔을 때, 데샹이 체력 훈련에 대해 말해주긴 했지만 믿지 않았습니다. 그 정도로 끔찍할 거라곤 상상조차 할 수 없었으니까요. 훈련이 끝나면 저는 너무 힘들어서 종종 구토까지 했습니다." 현역 시절 그를 구토하게 만든 코치의 유산을 레알로 이식한 지단은 감독으로도 유럽 챔피언이 됩니다. 리피 감독은 말합니다. "지단은 언제나 내면에 이탈리아를 담아두고 있을 겁니다. 그는 이탈리아 감독들에게 배웠어요." 리피는 선수 개개인의 재능은 부차적이고, 승리를 위해선 상대보다 많이 뛰어야 한다고 말했습니다. 체력이 고갈돼 뛰지 못하는 선수의 드리블과 기술엔 아무 의미가 없다고 믿었습니다. 그리고 세기말 유벤투스의 축구는 전 세계로 퍼져 매주 주말 프리미어리그 팀들을 통해 여러분의 TV로 생생하게 송출되고 있습니다. 왕성한 활동량이 기본이 되는 전술은 이제 '이탈리아 축구'가 아니라 '현대 축구' 그 자체이고, 리피의 혁신적인 사상은 벤트로네 코치를 통해 꽃피웠습니다.

놀랍게도 1990년대 말 벤트로네의 훈련 스타일에 질렸던 유벤투스 선수 중 한 명이 바로 안토니오 콘테입니다. 그런데 훈련이 끝나고 벤트로네를 경찰에 신고하기도 했던 비알리를 포함한 선수들은 고통을 안겨준 시간이 흐른 후엔 그에게 감사하고 그를 존경했습니다. 그리고 자신들을 유럽 챔피언으로 만든 벤트로네의 '혁신'을 완전히 신뢰하게 됩니다. 벤트로네의 철학 중 하나인 '내일을 위해 오늘 일해라'는 강도 높은 훈련이 선수 생명을 앗아가는 게 아니라 오히려 그들의 체력을 강화하고 현역 시간을 연장했다는 것을 의미합니다. 우리는 몰랐습니다. 벤트로네의 축구 인생에서 마지막으로 단련하고자 했던 주인공이 손흥민이 될 것이라는 미래를요.

콘테 감독은 프리 시즌 합류가 늦었던 손흥민의 체력 회복을 시즌 초부터 강조했습니다. 벤트로네에게 손흥민은 이번 시즌 가장 주요한 과제였습니다. 그가 생전에 남긴 마지막 게시글 세 개 중 두 개가 손흥민에 관한 것이었으며, '피트니스 코치'에게 손흥민은 자신의 사명과도 같았습니다. 잘 알려진 대로, 순간 가속도가 뛰어나고 스프린트 빈도가 높은 선수들 상당수는 신체적 능력이 떨어지는 연령대에 강한 에이징 커브를 겪게 되고, 슬럼프에 빠지거나 포지션을 변경하는 사례가 많았습니다.

손흥민의 최대 무기는 신체이고, 벤트로네에게 30대에 접어든 손흥민의 신체 보존은 절대적 임무였습니다. 그가 남긴 〈풋볼 런던〉과의 마지막 인터뷰에는 손흥민의 운동능력과 기능을 얼마나 세분해서 관리하고 발전시키려 했는지 확인할 수 있습니다. 손흥민이 해트트릭을 기록했던 그날, 모두를 감동하게 한 벤트로네와 손흥민의 포옹에는 그 모든 의미가 담겨 있었습니다. 손흥민의 모든 것을 연구하는 코치로서 느낀 성취감 그리고 오랜 무득점에 마음 아파했을 제자를 대하는 인간 대 인간으로서 보낸 순수한 축하…. 영어가 완벽하지 않았던 벤트로네의 감정은 그 포옹 한 장면으로 다 설명됩니다. 나의 성취를 온 마음 다해 기뻐하는 타인의 존재, 우리의 삶과 세상에 의미가 부여되는 순간입니다. 아름다운 마지막 이야기는 오래도록 우리 마음에 기억될 것이고, 그가 남긴 유산은 단순히 축구의 현대화가 아니라 사람과 사람이 만나고 살아 숨 쉬었던 인생 그 자체입니다.

처음 축구를 보기 시작했을 때 잉글랜드 팀을 응원했던 저에게 유벤투

스는 두려움의 대상이었습니다. 그리고 그들의 축구가 이식된 제가 좋아하고 응원하는 팀은 이제 세계의 정점에서 경기하고 있습니다. 당신이 남긴 모든 유산에 감사드립니다. 하늘에서 영원히 행복하시길 기원합니다. '애도'의 감정을 글로 표현하기 부족해 그의 마지막 인터뷰를 소개하며 마무리합니다. 감사합니다.

〈풋볼 런던〉은 손흥민과 해리 케인이 완전히 다른 두 기계인 이유에 대한 신체적인 접근과 토트넘의 훈련 과정에 관한 이야기를 원했고, 벤트로네 코치는 차분하게 인터뷰에 임했습니다.

"훈련 세션이요? 토트넘에서 선수들은 경기 속도로 훈련을 진행합니다. 우리의 세션은 매우 길어요. 일반적인 50분이 아니라 1시간 30분, 거의 2시간이죠."

"콘테는 선수의 고통에 대한 적응력, 피로에 쉽게 포기하지 않는 능력을 바탕으로 저와 다르지 않은 문화와 훈련 방법을 개발했습니다. 콘테에게 이 철학은 일종의 신조가 되었죠. 지난 1년 반 동안 우리는 육체의 과부하에 거의 문제가 없었습니다."

"프리미어리그에서는 경기처럼 훈련할 때 회복 시간이 짧다는 점이 세리에리그와 다릅니다. 간단히 말해서, 경기가 덜 중단되죠. 하지만 가장 큰 문제는 많이 뛴다는 것입니다. 예를 들어, 일반적으로 허벅지에 많은 힘이 들어가고 동시에 반대편 근육에 들어가는 힘이 충분하지 않으면, 힘이 들어가지 않는 근육이 압박받을 때 위험해질 것이 분명합니다."

"토트넘에서 손흥민과 케인은 완전히 다른 두 기계입니다. 손흥민은 큰 허벅지를 가지고 있습니다. 발달시키는 훈련은 쓸모가 없죠. 운동 관점에서 볼 때 손흥민의 최고 품질은 속도예요. 이 장점이 유지되어야 하고, 가능하다면 증가되어야 하며, 저항력과 결합되어야 하죠. 그에게 중요한 것은 힘보다 균형을 향상하게 하는 것입니다."

영상과 함께 보면
감동이 두 배입니다.

4장
축구 & Story

손흥민에게 겸손은 힘들지 않다
베일의 자존감
케빈 비머라는 친구
모우라의 눈물
기부 천사 랑글레
오리에가 평생 안고 갈 사람
케빈 데 브라이너의 용기
손흥민과 후보 골키퍼들

손흥민에게
겸손은 힘들지 않다

열 개를 가지면 백 개를 가진 듯 자랑하는 사람들이 있습니다. 1년을 노력하고 마치 10년을 달려온 사람처럼 자신은 최선을 다했다는 사람도 있습니다. 그런데 손흥민은 유독 '겸손'이란 단어를 많이 사용합니다. 그 뿌리는 잘 알려진 대로 아버지 손웅정에게 있습니다. 최근에 손흥민의 겸손이 일부 사람들에게 오히려 비판의 대상이 될 때가 있습니다. 합리적인 이유는 없지만 가장 많이 입에 오르내리는 이야기는 '유럽에서 지나치게 겸손하면 사람들이 무시한다' 또는 '축구 선수에게 겸손이 무슨 필요가 있느냐'며 걱정 아닌 걱정을 합니다.

유럽 스타들은 겸손하지 않을까요? 축구 사상 가장 화려했던 스타 중 한 명인 베컴이 오랜만에 지단을 만났습니다. 데이비드 베컴은 축구를 넘어선 스타였습니다. 태어나서 축구 경기를 한 번도 본 적 없는 사람도 베컴의 이름은 알고 있습니다. 그는 스포츠를 넘어 문화의 아이콘이었고, 런던 올림픽에서 가장 화려한 역할을 맡기도 한, 영국의 독보적인 슈퍼스타였습니다. 만약 거만한 사람이 그 자리를 차지했다면 어떤 식으로 다른 축구 선수들을 무시했을까요? 경기장 밖에선 GQ 표지에 등장하는 인생, 경기장에선 맨유와 레알, 파리, 밀란을 경험한 화려한 경력, 심지어 축구를 만든 나라 잉글랜드의 주장까지 지낸 베컴은 지단에 관해 이야기할 때 유소년과 다름없는 얼굴로 상기되어 있었습니다. 1차원적으로 생각하는 사람들은 이렇게 말할 수도 있습니다. "베컴보다 지단이 잘하니까 당연한 거 아니야?", "베컴이 지단하고 비교가 돼?"

7번을 공유하는 남자들

특정 분야에서 성취감을 느낀 사람들의 공통점 중 하나는 높은 자존감입니다. 과거에 대한 후회보다는 미래를 향한 믿음이 큽니다. 겸손은 자기 비하가 아닙니다. 오히려 지금보다 더 나아지고 싶다는 강한 욕구입니다. 겸손이라는 주제에서 베컴과 지단은 같습니다. 축구는 압도적인 스케일의 경쟁 종목입니다. 재능만으로 국가대표가 되고 성공을 거두는 운 좋은 사람은 극소수에 불과합니다. 그들의 또 다른 특징은 자신의 장점을 명확히 이해하고 미래를 생생하게 그립니다. 베컴은 실제로 마이애미의 구단주가 되었고, 역사상 최고 선수인 메시를 품었습니다. 베컴을 소년처럼 보이게 만든 남자 지단은 전 세계 선수들의 극찬에 거만해져 있었을까요?

지단과 호나우두의 겸손 배틀은 최고의 위치에 있었던 두 명이 '내가 최고'라는 거만함보다 잘하는 상대를 향한 '존중'이 몸에 배어있다는 것을 생생히 보여줍니다. 세계에서 가장 강력했던 공격수와 세계에서 가장 아름다웠던 미드필더는 베컴처럼 상대에 대해 이야기할 때 처음 축구를 시작한 아이처럼 미소 짓고 있었습니다. 그들은 마치 자신의 플레이를 비디오로 보지 않는 사람처럼 상대의 경기력에 경외심을 품고 있었습니다. 아래 일화는 손흥민이 겸손해서 답답하다는 사람들에게 좋은 대답이 될 수 있습니다. 또한 겸손한 사람들이 왜 성공했는지에 대한 해답도 될 수 있습니다.

호나우두는 어린 시절 동네에서 자기는 최고가 아니었다고 말했습니다. 지단의 반응은 당황하고 놀란 모습이 아니라 당연한 듯, '네가 최고였을 거야'라고 대답했습니다. 지단이 호나우두의 사고방식을 이해하고 있는 이유는 그들은 지구 반대편에서 전혀 다른 문화에서 자랐음에도 완벽한 공통점이 있었기 때문입니다. 내가 최고라는 만족감보다 나보다 잘하는 사람을 어떻게든 발견하고, 더 발전하겠다는 의지가 있다는 것입니다. 그것이 겸손입니다. 만족하고 걸음을 멈추는 순간 그 사람의 성장은 끝납니다. 물론 모든 분야의 사람에게 성장이 필수는 아니지만 그들이 선택한 축구라는 종목은 완전한 경쟁 종목입니다.

최근 지단의 망언(?)이 화제가 된 적이 있습니다. 자기가 요즘 선수로 뛰었다면 체력이 약해서 실패했을 거란 말이었습니다. 과연 그랬을까요? 오늘날 지단이 활동했다면 현대 축구에서 살아남기 위해 어떻게든 체력을 키웠을 것이고, 결국 '지단'이 되었을 것입니다. 그가 어느 시대에 태어나도 축구로 성공할 근거는 있습니다. 드리블과 패스가 아니라 모든 상황에서 자신의 부족한 점을 정면으로 주시하는 마음가짐입니다. 동네에서 최고가 아니었다던 호나우두가 만약 내가 이 동네 최고라는 자세로 자랐다면 그가 과연 성공할 수 있었을까요?

손흥민이 말하는 겸손의 색깔은 자기 분야에서 성취한 모든 사람의 그것과 일치합니다. 손흥민은 적어도 한국에선 베컴이자, 호나우두이자, 지단입니다. 하지만 그는 자신이 '한국 최고'라는 말에 인색합니다. 그 사고방식의 근원에는 더 나아지겠다는 욕구와 후퇴하지 않겠다는 다짐이 있습니다. 지단과 호나우두는 누군가에겐 괴물 같은 존재들이었지만 그저 축구가 좋아 공을 찼고 누구보다 꿈을 이루고 싶던 평범한 소년들이었습니다.

성공의 기준은 타인이 제공하는 것이 아니라 자기 자신이 정해야 합니다. 등산하는 사람의 취향은 반드시 빠른 걸음으로 정상에 올라야 행복한 사람, 풍경을 천천히 음미하며 산 중턱까지만 걷고도 행복한 사람, 산 아래에서 음식 먹으며 경치를 즐기는 사람 등 제각각입니다. 누구도 타인의 겸손을 깎아내릴 수 없습니다. 여러분은 겸손한 사람들의 세상에서 살고 싶은가요? 아니면 저마다 자기가 최고라 여기는 사람들의 세상에서 살고 싶은가요?

영상과 함께 보면
감동이 두 배입니다.

베일의 자존감

　베일의 커리어 통산 200번째 골은 페널티킥이었고, 함께 경기한 선수 명단엔 손흥민이 있었습니다. 손흥민은 200번째 득점을 앞둔 베일 대신 자기가 페널티킥을 차겠다고 주장하는 성격이 아닙니다. 베일은 레알 시대를 함께 누볐던 7번과 전혀 다른 성품을 가진 선수와 토트넘에서 뛰고 있었습니다. 베일을 설명하는 가장 화려한 장면은 역대 최고 이적료 신기록을 작성하며 레알에 입성한 순간입니다. 피구, 지단, 카카, 호날두로 이어지는 천문학적인 이적의 정점에 올라선 그를 위해 레알은 토트넘에 1300억 원을 지급했습니다.

　베일은 약속을 지켰습니다. 라리가 우승 3회, 챔피언스리그 우승 5회 등 환상적인 결과를 이끌었습니다. 이 업적은 라리가에 바르셀로나의 메시가 존재했던 시절임을 고려하면 더 반짝입니다. 베일이 레알 입성에 설

토트넘 임대 당시 손흥민과 함께한 웨일

렸던 큰 이유 중 하나는 그도 손흥민처럼 맨유의 7번을 동경했던 시절이 있었기 때문입니다. 호날두의 최전성기 시절을 함께한 베일의 클럽 커리어는 존재하는 모든 트로피를 수집하는 것으로 아름답게 마무리됩니다. 베일의 토트넘 임대는 의외의 뉴스였고, 팀에는 호날두를 보고 자란 또 다른 7번이 있었습니다. 호날두, 벤제마와 함께 쓰리톱을 이뤘던 베일의 토트넘 복귀 이유에는 케인과 손흥민이 있었습니다. 서른 살을 넘긴 나이였지만, 베일은 EPL 최고의 남자에 올랐던 과거 그 시즌처럼 여전히 다른 선수보다 빨랐습니다. 리그에서 빠른 선수 중 한 명인 손흥민과의 역습에서도 베일은 돋보였습니다. 손흥민이 함께한 빅 네임 중 한 명인 베일은 신기할 정도로 손흥민에게 진한 애정을 보였습니다. 베일의 웨일즈 마피아에 외국인인 손흥민이 포함된 것이 그들에게 매우 신기한 일인 걸 알고 있나요?

베일에게 조국은 특별한 의미가 있습니다. 베일의 외할머니는 잉글랜드 출신입니다. 일찌감치 베일은 잉글랜드 대표 선발 기회가 있었습니다. "나의 외할머니는 잉글랜드인이었다. 하지만 나는 웨일즈인이다. 더 무슨 이유가 필요한가? 내 머리에 잉글랜드를 위해 뛰는 선택지는 없었다. 나의 아이돌은 라이언 긱스와 존 핫슨이라는 위대한 웨일즈의 거장들이었다. 심지어 내 부츠에는 웨일즈 국기가 그려져 있다. 내가 이보다 더 웨일즈인일 수 있을까?" "사람들은 내가 잉글랜드를 위해 뛰었다면 더 큰 무대에서 경쟁할 수 있었다고 말하지만, 상관없다. 나는 그 무대에 웨일즈와 함께 가고 싶으니까."

그의 말에는 놀라운 애국심이 스며있었습니다. 그냥 월드컵이 아니라 오직 웨일즈인으로 출전하는 월드컵을 꿈꿨던 베일의 인터뷰는 애잔하게 느껴집니다. 당시 웨일즈는 1958년 이후 단 한 번도 월드컵 본선 무대를 밟지 못한 팀이었기 때문입니다. 라리가, 챔스, 클럽 선수로 모든 걸 이룬 베일이 월드컵 출전 기록이 없다는 사실은 많은 팬에게 아쉬움이었습니다. 그런 베일을 향한 웨일즈인들의 사랑은 한국에서의 손흥민 위상과 견줄 만합니다. 세계적인 스타가 자신들의 붉은 유니폼을 선택해준 것만으로도 감사하고 있던 웨일즈인들에게 너무나 대단한 사건이 일어납니다. 유로 2016에서 웨일즈의 베일은 말 그대로 날아다녔고, 58년 만에 메이저 대회 8강이란 위업을 달성하더니, FIFA 랭킹 2위 벨기에를 3대 1로 물리치며 준결승 진출에 성공합니다.

웨일즈는 작은 나라입니다. 아니, 영국에 속한 작은 축구 협회를 보유하고 있습니다. 그들은 스스로 영국인이 아니라 웨일즈인이라 부르는 강력한 정체성을 가진 집단입니다. 자신들을 정복한 잉글랜드와 비교조차 되지 않는 역사, 경제 그리고 약한 축구팀을 갖고 있습니다. 하지만 가레스 베일이라는 남자는 웨일즈를 전 유럽 4위에 올려놓았습니다. "영웅은 단 한 번의 기회로 역사를 바꾼다. 그리고 베일은 역사를 바꿨다." 영국 〈인디펜턴트〉지 기사는 명료했습니다. 당시 조별 예선에서 잉글랜드와 웨일즈는 영혼의 맞대결을 펼쳤고, 잉글랜드의 득점에 분노했던 웨일즈 팬들 반응은 그들을 같은 '영국인'으로 묶기 어렵다는 것을 한눈에 보여줍니다. 이어진 잉글랜드와 아이슬란드의 16강전, 잉글랜드의 탈락을 웨일즈 대표팀 선수들은 생방송으로 시청하고 있었습니다. 그들은 같은 영국의 일원인 잉글랜드의 탈락에 안타까워했을까요? 그들은 자신들의 8강 진출 때보다 더 큰 환호를 잉글랜드 탈락에 보냈습니다. 영국이란 국가의 단면을 보여주는 장면입니다. 웨일즈와 잉글랜드는 하나의 국가로 묶기엔 깊고 강한 애증이 존재합니다.

웨일즈 수비수 크리스 건터는 말했습니다. "당시엔 누구나 감정이 복받쳐 올랐다. 잉글랜드의 탈락을 축하한 것을 후회하지 않는다. 물론 우리 행동이 다소 지나쳤다고 생각할 수도 있다. 그러나 그런 비판이 가슴에 와닿지 않는 것도 사실이다." 그는 잉글랜드의 탈락을 축하한 자신들을 비난하는 여론에 단호하게 대답했습니다.

스코틀랜드와 달리 독립에 대한 웨일즈의 여론은 절반에 못 미친다고 알려져 있습니다. 하지만 웨일즈인들은 여전히 자신들의 뿌리를 잉글랜드인들과 완전히 구분하고 있고, 오히려 유럽의 다른 어떤 국가들보다 잉글랜드의 패배에 환호하고 있습니다. 그런 잉글랜드 리그에서 최고 선수에 올랐던 베일의 성취감, 런던에서 굳이 웨일즈 마피아를 결성했던 베일의 애국심, 그런 단체에 자신이 직접 영입한 외국인 손흥민에 대한 감정은 각별했습니다. 베일의 기적은 유로 2016 4강으로 끝나지 않았습니다. 그는 웨일즈와 함께 월드컵에 가겠다던 약속을 지켰습니다. 2022년 카타르 월드컵 본선 진출…. 국가를 위해 노장은 하얗게 불타올랐습니다. 축구 선수로 누릴 수 있는 모든 영광을 경험한 노장 베일의 황혼기는 월드컵 진출이라는 가장 아름다운 장면으로 마무리되었습니다.

베일은 결코 모든 사람과 잘 어울리는 성격이 아니었습니다. 결이 닮은 조국의 역사, 국민적 기대를 받는 대표팀의 아이콘, 베일과 쏘니가 가까워지는 데는 오랜 시간이 필요하지 않았습니다. 웨일즈인 만큼이나 우리도 뜨거운 역사가 있습니다. 우리가 우리를 한국인으로 부를 수 있는 오늘은 자연스러운 당연함이 아닙니다. 수많은 사람의 숭고한 희생과 헌신이 있었던 덕분입니다. 잉글랜드 탈락에 환호했던 웨일즈인들의 기억에는 국가를 위해 희생했던 모든 사람의 이야기와 울분이 있었습니다. 애국심은 강요되는 것이 아니라 사람들 가슴속에 스며있어야 합니다.

영상과 함께 보면
감동이 두 배입니다.

케빈 비머라는 친구

손흥민과 케빈 비머는 서로를 가장 친한 친구로 지칭하는 토트넘 브로맨스의 대명사였습니다. 비머가 토트넘을 떠난 지 오랜 시간이 흘렀지만, 여전히 인스타에 손흥민에 관한 스토리를 업로드하고 손흥민 게시글에 반응하며 손흥민의 월드컵을 응원했습니다. 그는 손흥민을 GOAT(Greatest Of All Time), 역사상 최고 선수로 표현하고 생일에는 한국어로 '생일 축하해, 흥민아!'라고 말합니다. 토트넘에서 2년을 함께한 두 사람에게는 도대체 어떤 사연이 있었을까요?

이야기는 손흥민의 입단 초기로 거슬러 올라갑니다. 당시 손흥민은 영어가 서툴렀고, 팀에는 조금 일찍 합류한 독일어 구사자 케빈 비머가 있었습니다. 비머는 말합니다. "우리가 대화를 나누기 시작한 이래 손흥민은 내게서 떨어지려고 하지 않았다. 토트넘에 독일어를 쓰는 선수가 나밖에 없었기 때문이다. 당시 손흥민의 영어 수준은 최악이었다." 낯설고 말이 통하지 않는 곳에서 같은 언어를 사용하는 비머에게 느낀 교감의 정도를 알 수 있는 말입니다. 손흥민의 영어 습득이 빨라진 이유이기도 합니다. 손흥민은 비교적 외로움을 잘 타고 사람과 관계 맺고 접촉하며 환경에 적응하는 편입니다. 그에게 영어 습득은 축구와 별개로 외로움에서 벗어나기 위한 본능이었습니다. 그런 손흥민에게 유일한 독일어 구사자 케빈 비머는 영국 적응에 큰 도움을 준 1등 공신이자 귀인이었습니다.

비머를 향한 손흥민의 마음도 인터뷰를 통해 알 수 있습니다. "케빈은 예의 바르고, 착한 친구예요. 한국에 관심도 많구요. 그래서 저와 가까워지기 시작한 것 같아요. 저는 어릴 때 유럽으로 와서 한국에 가까운 친구가 많지 않아요. 그래서인지 한국에 있는 친구들보다 더 친한 친구라고 이야기할 만큼 소중해요. 어디에도 이런 친구 없어요." 머나먼 타지에서 단 한 명의 사람이 주는 안도감은 살고 있는 장소의 모든 것을 바꾸기도 합니다. 손흥민에게 비머는 세상 어디에도 없는 친구였습니다. 손흥민은 토트넘 공격의 핵심으로, 비머는 장기적인 얀 페르통언의 대체자로 기대받고 토트넘에 입단했지만, 둘의 운명은 점점 다른 방향으로 흘러가기 시작합니다.

잠깐의 부침을 겪은 손흥민은 어느덧 팀의 핵심으로 성장했지만, 비머는 여전히 벤치에 머물며 둘의 명암이 갈렸습니다. 영어도 잘 못하고, 팀에 친구도 없어 비머 뒤만 따라다니던 손흥민은 런던의 슈퍼스타가 되었습니다. 영어도 능통해지고 클럽에 새로운 친구도 생긴 손흥민은 비머와

손흥민 토트넘 적응의 일인, 케빈 비머와 함께

소원해졌을까요? 2017년 4월 6일 토트넘과 스완지의 경기는 비머에게 손흥민이 평생 친구로 각인된 날입니다. 운동장은 후반 90분에 터진 손흥민의 기적 같은 역전골로 선수단과 관중, 포체티노 감독까지 마치 챔스에서 우승한 듯한 열광의 도가니가 됩니다. 그때 손흥민은 벤치를 향해 달려갔고 TV 화면 밖으로 사라집니다. 손흥민은 어디로 갔을까요? "가장 친한 친구가 벤치에 앉아 있었어요. 저는 그 친구를 위로하고, 기쁨을 함께 나누고 싶었어요."

그는 필드 위의 모든 선수가 환호하던 시간에, 벤치에 있는 친구를 먼저 떠올렸습니다. 그날의 비머는 벤치의 수많은 선수 중 한 명이 아니라 토트넘 승리의 완전한 '일원'이 되었습니다. "나는 사실 쏘니가 골을 넣고 나에게 달려오는지 몰랐어요. 쏘니가 골을 넣어서 기쁘고 팀이 역전해서 들 뜬 상황이었어요. 그런 상황에서 벤치로 달려와 나를 안아주는데 놀라기 도 했고, 감동적이었어요. 정말 내게는 의미 있는 순간이었죠."

2002년 월드컵에서 박지성이 결승골을 넣고 은사 히딩크를 떠올렸다 면, 그날의 손흥민은 자신을 영국과 토트넘에 적응하게 도와준 은인 비머 를 먼저 떠올렸습니다. 둘의 상황은 많이 바뀌었지만, 손흥민 마음은 한 결같았습니다. 비머는 "손흥민은 특별한 선수였고 겸손했다. 그는 수년간 변한 것이 하나도 없다. 여전히 같은 동료다. 크게 성공했지만, 그는 변하 지 않았다."라고 말합니다.

'겸손'이란 단어의 참 의미가 궁금하다면 손흥민이 친구를 대하는 처음 과 끝에서 그 정답을 찾을 수 있습니다. 비머는 말합니다. "쏘니가 나를 가 장 좋은 친구라고 해줘서 너무 행복하고 영광스러워요. 나도 마찬가지입 니다. 우리는 항상 좋은 시간을 함께 보내고 있어요. 주말에는 시간을 내 서 함께 런던 시내에 나가기도 하고요. 또 독일어를 할 수 있는 점도 좋아 요. 다시 말하지만, 쏘니가 나를 절친이라고 해주면 기분이 좋습니다."

2017년 6월 14일 인천공항에 190센티미터에 육박하는 거구의 남자가 기웃거리고 있었습니다. 바로 이틀 전 유럽에서 아일랜드 대표팀과 경기 를 치른 비머가 왜 한국에 있었을까요? A매치 이후 손흥민과 비머 모두 에게 휴가가 주어졌고, 비머는 한국에서 쏘니와 함께 시간을 보내기 위해 고국 오스트리아가 아니라 한국으로 향했습니다. 박지성 결혼사진에 등장한 국민 브라더 에브라를 기억하나요? 미래 손흥민의 결혼사진에 이 남자가 없을 확률은 0퍼센트입니다. 케빈 비머는 반드시 사진 어딘가에서 미소 짓고 있을 겁니다.

　가장 힘들 때 생각나는 친구, 성공한 후에도 감사함과 추억을 평생 안고 가는 친구, 서로의 배경과 유명세, 재산과 상관없이 그저 교감하고 함께 가는 친구…. 현대 사회에서 조금씩 사라져가는 그리운 이름입니다. 나보다 더 가진 사람만 좇고 아부하는 사람들, 나에게 재물을 주지 못하는 상대는 무시하는 사람들, 이런 세상에서 손흥민과 비머의 이야기가 감동을 주는 이유는 무엇일까요? 둘의 관계에는 진솔함이 있기 때문입니다. 친구, 가깝게 오래 사귄 벗, 단순한 두 글자는 세대를 초월하는 낭만입니다.

영상과 함께 보면
감동이 두 배입니다.

모우라의
눈물

　손흥민의 득점왕이 유력해진 순간, 가장 기뻐한 선수는 모우라였습니다. 경쟁에서 밀리기 시작했던 암흑의 시기였음에도 그는 친구의 성공에 진심으로 행복한 표정을 지었습니다. 손흥민과 모우라는 진한 우정을 나누고 있었습니다. 놀랍게도 모우라는 그동안 자신과 함께 뛴 베스트 일레븐 중 쓰리톱으로 케인, 손흥민, 네이마르를 꼽았습니다. 모우라는 즐라탄과 음바페와도 뛰어봤지만, 선택은 쏘니였습니다. 모우라는 토트넘에서 조연으로 보낸 시간이 많았지만 대부분의 삶을 주인공으로 보낸 선수입니다. 에메르송에게 "네이마르가 나를 알아?"라고 되물었던 손흥민인데 모우라는 네이마르, 오스카와 함께 브라질에 다시 월드컵을 되찾아 올 미래로 추앙받던 슈퍼스타였습니다.

　1992년 브라질 상파울루에서 태어난 모우라는 동갑내기 네이마르, 손흥민과 달리 유복한 집안에서 자랐습니다. 공무원 아버지, 미용사 어머니를 둔 그는 세 살에 세례받고 가톨릭 교육을 받으며 행복한 유년 시절을 보냅니다. 그가 축구에서 첫 트로피를 획득한 나이는 불과 여섯 살, 세계에서 유망주가 가장 많은 브라질에서도 그는 단연 압도적인 재능을 타고났습니다. 그가 겪은 삶의 첫 번째 난제는 열 살에 뛰던 클럽으로 등교하기 위해 버스 한 번과 지하철 두 번을 타야 하는 강행군이었습니다. 부모님은 또래에 비해 영양이 부족하다고 진단받은 모우라를 위해 구단에 전문 영양사를 요청했으나 거절당합니다. 당시 그가 속한 클럽은 어린이 학대에 가까울 정도로 열악한 환경이었고, 모우라의 부모님은 키가 자라지 않는 아들의 건강을 의심하기 시작했습니다. 부모는 결국 클럽을 상파울루 FC로 옮겼고, 모우라는 열네 살부터 키가 자라기 시작하며 또래 선수들과 비슷한 수준의 근육량을 갖게 됩니다.

모우라는 항상 웃는 얼굴을 하고 있지만 사람과 환경에 영향을 많이 받는 성격이었습니다. 상파울루에서 모우라는 단숨에 전설이 됩니다. 그는 카카 이후 상파울루 아카데미 사상 최고의 유망주로 불립니다. 브라질이 2002년 월드컵을 제패한 지 9년이 지난 2011년, 인구 2억 명 브라질의 축구 유망주들 사이에서 네이마르, 모우라, 오스카 세 명은 정점에 올랐습니다. 브라질인들은 얼마 전 호나우두, 히바우두, 호나우지뉴 시대에 그랬듯, 세 명이 성인이 된 무대에서 월드컵을 제패할 거로 믿어 의심치 않았습니다. 하지만 파리로 무대를 옮긴 모우라는 네이마르, 오스카와 달리 유럽의 벽에 가로막히게 됩니다. 그의 플레이 스타일은 브라질 리그 밖에서는 압도적이지 못했는데 어릴 적 라이벌 네이마르는 이미 메시와

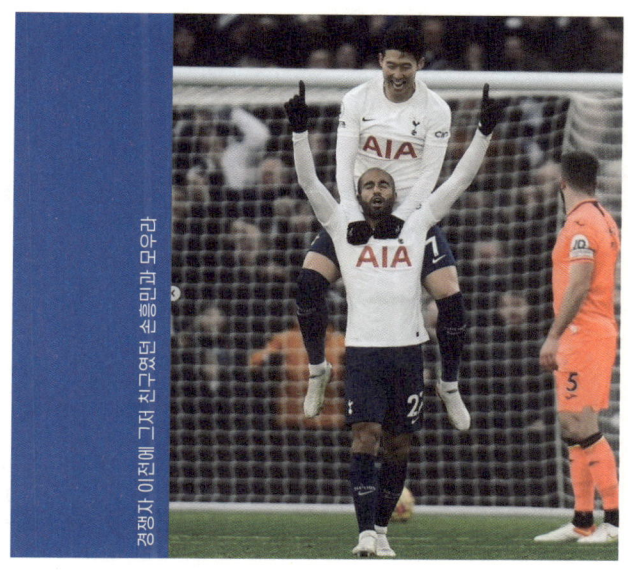

경쟁자 이전에 그저 친구였던 손흥민과 모우라

호날두를 이어갈 선수로 전 세계적인 슈퍼스타가 되었습니다. 모우라는 브라질에서 네이마르처럼 골을 많이 기록한 선수는 아니었지만, 경기 장악력과 파괴력 측면에선 네이마르보다 더 기대받던 선수였습니다.

2018년 모우라의 토트넘 이적은 네이마르처럼 세계가 주목한 뉴스가 아니라 브라질인들에게만 특별했던 이슈였습니다. 토트넘에는 리그 최고의 윙어 손흥민이 있었습니다. 열아홉 살까지 존재하는 모든 곳에서 주인공이자 스포트라이트에 익숙했던 모우라는 브라질 대표팀에선 네이마르와 경쟁했고, 토트넘에선 손흥민과 경쟁했습니다. 우연이지만 세 사람 모두 92년생입니다. 네이마르는 자국에서 열린 리우 올림픽에서 금메달을 차지했고, 모우라는 런던에서 은메달을 획득했습니다. 손흥민이 득점왕에 오를 때 모우라는 교체 선수였습니다. 아버지 성정을 닮은 모우라는 단 한 번도 친구를 시기하거나 질투하지 않았습니다.

공무원 출신이었던 아버지는 모우라가 10대에 슈퍼스타가 되던 무렵부터 한결같이 '겸손'과 '헌신'을 강조했고, 축구보다 중요한 '사람답게' 살아가는 법을 가르쳤습니다. 모우라 아버지의 교육은 손흥민을 월드 클래스로 부르길 꺼리는 손웅정 씨의 교육과 닮았습니다. 손흥민이 안와골절 부상을 당했을 때 가장 걱정스런 표정으로 곁에 있던 모우라는 포지션 경쟁자의 부상이 자신에게 기회가 된다는 프로 세계의 단순한 룰을 거부했던 남자입니다. 모우라는 경쟁자의 부상보다 친구의 아픔에 먼저 반응하는 사람으로 자랐습니다.

왕년의 스타가 몰락한 후 현재의 스타를 질투하는 이야기는 드라마와 영화에서 수없이 다룹니다. 하지만 세계 최강국, 최고 유망주였던 모우라는 자신의 상황과 상관없이 순수한 마음을 간직한 사람입니다. 브라질 호나우두를 보고 축구의 꿈을 키운 모우라에게 카타르 월드컵은 인생 최대의 목표였습니다. 그런데 그는 브라질의 승리와 패배를 집에서 지켜봤습니다. 많은 사람이 그의 대표팀 재입성을 회의적으로 바라봤지만, 그는 콘테의 토트넘에서 윙백으로 포지션까지 변경하며 소속팀에서 출전 횟수를 늘리려 노력했고, 시즌 전부터 모든 인터뷰에서 월드컵 출전의 꿈에 대해 말했습니다.

손흥민, 히샬리송, 클루셉스키에 이어 네 번째 자원으로 분류된 모우라는 2022/23시즌에도 출전 기회가 적었고, 네이마르가 왕으로 군림하고 있는 브라질 대표팀은 그에게 너무 멀리 있었습니다. 네이마르와 비교하면 그는 실패한 유망주입니다. 하지만 그는 프리미어리그에서 뛰고 있는 성공한 축구 선수입니다. 분명한 사실은 모우라가 여전히 꿈을 위해 노력하고 있다는 것입니다.

모우라의 경력이 앞으로 어떻게 마무리될지는 아무도 알 수 없습니다. 하지만 그가 '좋은 사람'이라는 사실은 많은 사람이 알고 있습니다. 변함없이 동료의 부상에 가장 걱정할 것이고, 동료의 성공에 자신의 상황과 상관없이 축하해줄 '인간'입니다. 모우라를 응원하는 이유는 그의 삶엔 따뜻함이 있기 때문입니다.

영상과 함께 보면
감동이 두 배입니다.

기부 천사
랑글레

랑글레의 플레이는 축구에서 쉽게 볼 수 없는 이색적인 장면이었습니다. 최종 수비수인 그가 돌파를 허용하는 것은 곧 실점을 의미하고, 랑글레는 자신의 한 팔과 상대의 돌파를 맞바꾸었습니다. 토트넘은 해당 경기 평점 1위 수비수이자 최다 전진 패스에 성공한 빌드업의 핵심 선수를 잃는 대신 벼랑 끝에서 승리를 거두었습니다. 경기 후 한국 팬들의 반응은 반반으로 갈렸습니다. 돌파를 당했으면 실점이었을 텐데 잘했다는 의견과 부상을 부른 장면 자체를 코믹하게 받아들이는 의견입니다. 평소 랑글레의 성격을 잘 알고 있는 많은 프랑스인은 그의 행동을 당연하게 여겼습니다. 그는 팀 승리를 위해서는 팔이 아니라 얼굴이라도 희생할 수 있는 사람입니다. 그는 왜 0.1초의 망설임도 없이 달리는 상대를 향해 몸을 던졌을까요? 바르샤에서 퇴근길에 눈물을 흘렸던 랑글레는 왜 축구계에서 최고의 '사람'으로 불리게 되었을까요?

랑글레는 2023년 2월 손흥민이 여느 때보다 경기 후 힘이 빠져 있을 때 분위기를 감지하고 토닥여주던 '새로운 동료'였습니다. 롤러코스터 같던 2022/23시즌의 손흥민이 득점에 성공한 날, 랑글레는 다른 선수들처럼 인스타를 통해 축하해주었습니다. 특이하게도 랑글레는 토트넘 입성 후 2023년 5월까지 단 11개 사진을 업로드했을 만큼 SNS와는 거리가 먼 성격입니다. 프랑스인이 볼 때 그는 현대 사회에서 가장 '재미없는 남자' 중 한 명입니다. 완전한 모범생 성향이고, 거의 모든 대답이 예상을 벗어나지 않는, 특이점이 없는 사람입니다. 프랑스와 한국의 문화 차이를 고려하더라도 질문에 대한 그의 대답은 지극히 평범합니다.

프로 축구 선수는 대부분 고액 연봉자입니다. 하지만 랑글레의 평소 모습을 보면 '그에게 과연 돈의 의미가 중요할까?' 하는 의문이 듭니다. 그의 일상복은 마치 유소년 축구 선수 혹은 엄마가 사준 옷을 입은 소년처럼 평범합니다. 프랑스인 랑글레 정도의 선수라면 루이비통, 생로랑, 지방시 같은 명품을 입을 것 같습니다. 그런데 그가 입는 옷 대부분은 마트에서 흔히 살 수 있는 옷입니다. 협찬은 제외하고요. '패션의 나라' 프랑스에서 축구 선수가 아닌 20대 일반 남성을 기준으로 하더라도 그가 선호하는 옷들은 그저 '밖에 입고 나갈 만한 것'이거나 '협찬사에서 준 공짜 옷' 외엔 별다른 의미가 없습니다.

이런 랑글레가 한껏 멋을 부린 날에는 고액 연봉자의 필살기이자 남자의 자존심, '시계'가 등장합니다. 시골 아이에게 상을 수여하는 날, 여자친구와 데이트하는 날 그리고 새해를 맞은 날에는 어김없이 평소에 차지 않던 약 25만 원 상당의 크로네비 시계가 그의 왼 손목에서 당당하게 빛나고 있습니다. 누군가 말했습니다. "40대 남자의 팔에 롤렉스가 없다면 실패한 인생이다."라고요. 저에게 랑글레의 크로네비는 롤렉스나 페라리보다 근사한 아이템입니다. 그는 전담 이발사도 없습니다. 세비야 팬인 인심 좋은 이발사가 언제나 단정히 손질해주기 때문입니다. 물론 랑글레는 이발사의 선수 할인은 한사코 거절하고 제값을 다 치르는 사람입니다.

랑글레의 SNS에서 일상 사진을 찾기 힘든 이유는 평소에 주로 집에 있기 때문입니다. 프랑스에서 가장 멋을 부리지 않는 남자 랑글레가 '패션 피플'처럼 붉은 옷으로 화려하게 입고 외출하는 이유는 10대 HIV 환자들을 돕는 캠페인에 참석하기 위해서입니다. 소아암 환자들을 돕기 위해 방문한 병원에서 찍힌 사진은 랑글레의 전부를 보여줍니다.

소도시에서 자란 그는 카메라에 익숙하지 않아 사진 대부분이 부자연스럽고 어색합니다. 하지만 다발성 경화증과 관련한 캠페인 사진 속 랑글레는 출전 명단 촬영을 하던 날보다 몇 배는 확신에 찬 표정을 짓고 있습니다. 바르샤 훈련장에서 랑글레의 사인을 받기는 그리 어렵지 않습니다. 특히 몸이 아픈 어린이는 랑글레의 유니폼, 부츠는 물론 그가 가진 대부분 용품을 쉽게 가져갈 수 있습니다. 랑글레가 지나치게 과묵하다고 생각하는 분들도 있지만, 그는 누구보다 잘 웃는 사람입니다. 그가 프랑스에서 쉽게 살 수 있는 명품 옷을 입지 않는 이유는 돈 쓸 곳이 너무 많기 때문입니다.

Clement Lenglet

　그의 또 다른 외출 이유는 유소년 시절 뛰었던 시골 클럽을 찾아 아이들에게 용품을 전달하기 위해서입니다. 은사와 함께한 랑글레 모습은 키만 커졌지 순수했던 시골 아이의 영혼 그대로입니다. 타인을 돕기 위한 캠페인과 단체는 수없이 많습니다. 순수한 영혼을 가진 랑글레의 지출 대부분은 자신이 아닌 타인을 위해 쓰입니다.

　팰리스와의 경기에서 랑글레는 왜 부상을 무릅쓰고 몸을 던졌을까요? 이유는 단순합니다. 최근 토트넘 수비진은 붕괴되었고, 평소와 다른 그날 팀 전술의 유일한 목표는 무실점이었습니다. 자신이 돌파를 허용하면 팀의 목표가 한꺼번에 무너집니다. 그렇게 그는 평생 타인을 위해 살아온 사람입니다. 랑글레가 살아온 흔적을 알면 그 순간의 선택을 이해하기 쉬워집니다. 랑글레의 상체 태클은 그냥 본능이 시킨 행동입니다. 그는 수비수로서 몇 안 되는 득점 순간에도 부상당한 동료를 위한 세리머니를 펼쳤던 사람입니다. 그의 머릿속엔 오직 '타인'만 가득합니다.

바르샤와 카디즈 경기에서 레드 카드를 받은 랑글레의 퇴근길, 많은 팬이 차에서 눈물 흘리던 그를 봤다는 목격담은 자신의 실수로 인한 팀의 패배에서 느끼는 상실감의 크기를 반증합니다. 부상당한 사실을 후회했을지 모를 이유 역시 자신이 아닌 '가족'의 존재 때문입니다. 축구에 미친 4형제…. 그중 유일하게 1부 리그에서 뛰는 선수이자 장남 랑글레가 세계 최고의 클럽 바르셀로나에 입성한 순간, 가족의 자부심과 희망이 얼마나 빛났을지 상상이 가나요?

많은 프랑스인이 랑글레가 축구로 더 큰 성공을 거두길 기원하는 이유는 단순합니다. 그가 돈을 벌면 벌수록 더 많은 어린이와 아픈 이들이 치료받을 수 있게 되기 때문입니다. 누군가의 성공은 가끔 시기와 질투의 대상이 되기도 합니다. 그런데 랑글레의 성공은 수만 명이 함께 응원하고 있습니다.

세상엔 가끔 '저 사람이 태어난 이유는 이래서구나' 싶은, 존재 이유가 너무도 분명한 사람들이 있습니다. 랑글레도 그중 한 명입니다. 개인주의가 가득한 세상, 자기 자신만을 위한 욕망이 넘치며, 살아남기 위해 타인을 공격하는 자본주의 사회에서는 돌연변이 같은 사람…. 과연 랑글레에게 희생과 헌신은 어떤 의미일까요?

랑글레의 삶을 통해 우리가 느끼는 감정이면 충분한 설명이 됩니다. 이 감정은 분명 기록적인 연봉을 받고 세계에서 가장 비싼 스포츠카를 타는 프로 선수 이야기보다 수천 배는 뜨겁고, 장엄하며 근사합니다. 미사여구가 아깝지 않은 그의 삶을 축복하고, 그가 은퇴할 때까지 건강한 선수 생활 이어가길 기원합니다. 랑글레의 성공은 곧 세상의 성공입니다.

영상과 함께 보면
감동이 두 배입니다.

오리에가
평생 안고 갈 사람

과거 토트넘에는 강력한 프랑스 파벌이 있었습니다. 그들은 손흥민에게 카드 게임, 불어 등을 가르쳐주며 좋은 관계를 맺었습니다. 프랑스 파벌의 중심에는 손흥민과 형제 같은 친구 오리에가 있었습니다. 박지성이 에브라에게 한국어로 '나는 바보입니다'를 말하게 한 일화와 유사한 의미의 불어를 오리에가 손흥민에게 시켰고, 눈치 백단 손흥민은 '쥬마뻴 쏘니(나는 쏘니입니다)'로 피해 갑니다. 그 프랑스 파벌에서 가장 성격이 센 선수는 무사 시소코였습니다. 시소코가 폭발할 때 그를 제어할 수 있는 선수는 오리에뿐이었습니다.

손흥민이 캘빈 클라인 광고 사진을 올리자, 오리에가 시소코를 태그해서 손흥민을 놀렸을 만큼 그들 사이는 친밀하고 돈독했습니다. 프랑스인과 손흥민 사이 최대 이슈였던 요리스 사건 때는 시소코와 오리에 둘 다

적극 가담합니다. 시소코는 손흥민을 밀쳐내고 프랑스 대표팀 주장 요리스의 진격을 막습니다. 오리에는 달려오는 선수들을 향해 다급하게 불어로 이야기합니다. "괜찮아." "괜찮아."를 연달아 말한 후 혹시나 손흥민에게 달려들지 모르는 요리스를 주시합니다. 역시나 요리스는 손흥민에게 2차로 돌진했고, 라커룸에 선수가 많았는데도 오리에가 유일하게 요리스를 끝까지 막아냅니다.

평소 손흥민과 요리스의 성격을 잘 아는 오리에는 싸움을 한다면 누가 더 세게 달려들지 아는 듯했고, 무리뉴 감독까지 합류하며 두 사람의 다툼은 마무리되었습니다. 라커룸에서 오리에(코트디부아르 이중국적)는 같은 프랑스 국적의 요리스보다 손흥민과 더 많은 시간을 나누는 선수였습니다. 한때 관심을 불러일으켰던 손흥민의 핸드 셰이크를 기억하나요? 손흥민은 알리, 케인 등 다양한 선수들과 시그니처 핸드 셰이크를 만들었지만, 그중 팬들이 최고의 핸드 셰이크로 꼽은 동작은 오리에와 한 것이었습니다.

이런 오리에게 평생 잊을 수 없는 날이 찾아옵니다. 2000년 토트넘과 뉴캐슬의 경기, 득점에 성공한 손흥민은 조용히 하늘을 가리키는 세리머니를 합니다. 그 모습에 울컥한 오리에는 손흥민에게 향합니다. 두 남자가 나누는 뜨거운 포옹…. 그 짧은 순간만으로도 오리에에게 손흥민은 평생 안고 갈 친구가 됩니다.

뉴캐슬과의 경기를 이틀 앞둔 날, 오리에 동생은 새벽 다섯 시에 프랑스

영원히 잊지 못할 그날의 포옹

툴루즈에서 총격 사건으로 사망합니다. 팀은 오리에에게 프랑스로 가서 동생을 추모하라고 했지만, 오리에는 슬픔을 머금고 뉴캐슬전 출전을 강행합니다. 오리에는 사랑하는 친동생을 잃었지만, 한국에서 온 새로운 형제를 이 경기에서 얻게 됩니다. 오리에는 왜 동생을 잃은 슬픔을 참고 경기에 출전했을까요? 이유는 어머니였습니다.

"어머니를 위해 뛰었다. 어머니는 삶을 멈춰서는 안 된다는 사실을 아셔야 했다. 내게도 정말 안 좋은 순간이었다. 하지만 어머니에게 '동생을 잃었지만 당신 삶에 또 한 명의 아들이 있다'는 사실을 보여드리고 싶었고, 내가 어머니를 위해, 가족을 위해 지금 열심히 뛰고 있다는 사실을 알려드리고 싶었다."

"어머니는 내가 경기장에서 뛰고, 싸우는 모습을 지켜보셨다. 물론 아무것도 바뀌는 건 없었다. 나중에 내가 곁에 있고, 내가 뛰는 걸 TV로 볼 수 있고, 내가 축구를 계속 즐길 거라고 느끼셨다."

손흥민을 끌어안고 있던 오리에의 표정에는 많은 마음이 담겨있었습니다. 형과 함께 자란 손흥민은 오리에의 슬픔을 온전하게 이해하고 있었습니다. 시간이 흘러 경기장에서 다시 만난 두 사람은 서로 다른 유니폼을 입고 있었습니다. 손흥민은 여전히 토트넘이었지만 오리에는 노팅엄 선수가 되어있었습니다. 둘은 국가도 민족도 포지션도 모두 달랐지만 마음속엔 똑같은 뜨거움이 있었습니다.

살면서 우리는 몇 명의 진짜 친구를 만날까요? 손흥민이 걸어온 길, 곳곳에 그의 사람들이 살고 있습니다. 그들은 손흥민이 그랬듯, 손흥민이 가장 힘든 순간에 어디선가 나타나 그저 말없이 손흥민을 안아줄 것입니다. 손흥민이 살고 있는 삶은 그런 삶입니다.

영상과 함께 보면
감동이 두 배입니다.

케빈 데 브라이너의
용기

 독일에서 두 외국인이 서로에게 경의를 표합니다. 손흥민에게 먼저 다가가 유니폼 교환을 요청한 벨기에 청년은 사실 얼마 전까지 삶의 모든 것을 잃었던 상태였습니다. 몇 년 후, 한 사람은 EPL 득점왕, 다른 한 사람은 세계 최고의 미드필더가 된다는 걸 당시에 상상이나 할 수 있었을까요? 그리고 잘 알려지지 않았던 케빈 데 브라이너에게 생긴 삶의 그늘은 무엇일까요?

 케빈은 1991년, 벨기에에서도 소수에 속하는 민족의 완전한 백인 혈통으로 태어났습니다. 불과 열여덟 살에 케빈을 낳은 영국 국적의 엄마는 석유 회사를 운영하는 가족의 이주로 아프리카에서 태어났습니다. 케빈은 다소 뿌리가 복잡한 부모님 덕분에 국제적인 가치관을 따르고 있습니다. 손흥민은 신기하게도 나이지리아와 잉글랜드 혼혈 알리, 웨일즈 출생에 덴마크에서 자란 벤 데이비스처럼 여러 가치관이 섞인 환경에서 자란 선수들과 친분이 두텁다는 걸 볼 수 있습니다.

가난을 무기 삼아 성장한 스타들과 달리 케빈의 집은 부유했고, 축구 천재 소년인 점을 빼고는 지극히 평범하게 자랐습니다. 그는 정신력이 강한 편이 아니었고, 내성적이었으며, 의사 표현에 문제가 있었습니다.

케빈의 축구 실력은 폭발적으로 성장했고, 어린 나이에 이미 지역에서 유명 인사가 되었습니다. 인구 천만 명인 벨기에에서 국가의 미래로 기대를 받았습니다. 그즈음 케빈은 소꿉친구 캐롤라인과 교제를 시작합니다. 남들 앞에서 말하길 주저하던 그는 캐롤라인 덕분에 상당히 밝아졌고 웃는 법을 배우기 시작합니다.

케빈의 재능은 어렵지 않게 그를 EPL로 안내했습니다. 그는 첼시를 선택한 이유 중 하나로 할아버지 집과 가까워서 왠지 친근했다는 엉뚱함을 보입니다. 그는 엄마가 영국 국적인데도 자신은 100퍼센트 벨기에인이라고 말하는 것으로 볼 때 영국인과는 성향이 맞지 않나 봅니다. 천재 소년의 쉼표 없는 전진은 누구나 그가 세계적인 선수로 성장할 거라는 믿음을 갖게 했습니다.

하지만 평온했던 그의 삶에 거대한 태풍이 불어닥칩니다. 여자친구 캐롤라인이 케빈의 팀 동료이자 제일 친한 친구인 쿠르투아와 바람을 피웠다는 사실이 언론을 통해 보도됩니다. 이 일은 그의 얼굴에서 웃음을 앗아갔습니다. 그런 상황에서 축구는 케빈 인생에 어떤 의미가 있었을까요? 그의 멘탈은 하루하루 부서지며 무너졌습니다. 부모님은 그가 쓰러지지 않도록 온 힘을 다해 지원합니다.

삶을 다시 평소처럼 되돌리고 싶은 노력에도 불구하고, 그는 태어나서 처음으로 특기인 축구로 지적받기 시작합니다. 무리뉴는 케빈을 벤치에 앉혀두고 "케빈의 아버지는 아들이 우는 아이가 되도록 밀어부쳤다. 케빈은 자기 감정을 조절할 수 없는 아이 같다."라고 지적합니다. 직설적인 무리뉴의 지적을 케빈은 감당할 수 없었습니다. 케빈의 아버지는 아들의 사생활은 보호받아야 한다며 대노했고, 이 일로 독일 볼프스부르크로 이적하게 됩니다.

연인의 변심은 단순한 사랑 싸움이 아니라 인간에 대한 배신감과 타인에 대한 신뢰 문제로 연결되었습니다. 이토록 케빈이 고통과 슬픔에 빠졌을 때 케빈의 삶에 치료제가 나타납니다. 새로운 연인 미셸은 케빈의 많은 것을 지켜보며 알고 있었고, 가장 가까이에서 케빈을 보듬어주면서 빠르게 변화시킵니다. 케빈의 부모님에게 미셸은 마치 하늘에서 내려온 천사 같았고, 케빈의 마음은 '모든 인간은 나쁘다'에서 '캐롤라인과 쿠르투아가 나빴다'로 바뀌기 시작합니다.

재기를 위한 필사적인 노력과 타인에게 관대해진 모습은 손흥민을 만난 즈음의 케빈의 행동에서 확인할 수 있습니다. 심각하게 내성적이라 알려진 그가 손흥민에게 먼저 다가가 유니폼 교환을 제의한 건, 그의 주변인들이 볼 때 매우 특별한 일이었습니다. 케빈과는 정반대로 초긍정 성향에 항상 웃는 얼굴인 손흥민입니다. 이런 손흥민에게 케빈이 먼저 다가간 건 단순히 우연이었을까요?

사람은 본능적으로 자신이 가지지 못한 것에 대한 동경과 끌림이 있고, 아마도 세상에서 케빈과 성격이 정반대인 축구 선수를 꼽으라면 손흥민일지도 모릅니다. 이즈음 케빈의 성격은 빠른 속도로 정상에 가까워지고 있었습니다. 축구 천재는 경기 전과 후, 삶의 모든 면에서 노력하며 다시 달리기 시작했습니다. 그리 독일을 박살 냈습니다. 케빈은 맨시티로 이적하면서 이렇게 말했습니다. "나는 전투기다. 나는 첼시의 잘못을 증명하기 위해 싸울 것이다."

요리와 빵 굽기가 취미이며 훈련 중 동료들에게 직접 만든 빵을 돌리는 순박한 축구 청년에게 '승부욕'이라는 무기가 장착된 시기입니다. 그의 연인을 빼앗았던 쿠르투아는 레알 마드리드의 골키퍼가 되었지만, 케빈은 세계 최고의 미드필더가 되었습니다. 케빈의 성장엔 축구로 표현할 수 있는 모든 미사여구가 부족할 정도로 임펙트가 있었습니다. 그의 플레이 메이킹과 패스를 같은 시대에 볼 수 있는 우리 눈과 귀는 축복받았습니다. 과거 어떤 선수의 이름과 비교해도 그는 위대합니다.

램퍼드는 "케빈의 모든 판단은 옳다."라고 말했고, 과르디올라는 "메시 다음은 케빈."이라고 말했습니다. 앙리는 "벨기에 코치 시절 케빈에겐 아무 말도 하지 않고 하고 싶은 대로 하라고 했다. 그가 원하는 걸 이해하려

면 머리가 아플 테니까. 그는 다른 행성에서 왔다."라고 칭송했습니다.

마틴 키언은 "케빈은 1초도 안 되는 찰나에 존재하지도 않는 공간을 본다."라고 극찬합니다. 케빈은 공간을 만들고, 시간을 만들며 축구에 예술성을 부여하고, 관객을 벙어리로 만들고 있습니다. 케빈은 미셸과 결혼 후 태어난 아들에게 강한 유대감을 가지며 상처와 고통을 완벽히 치유합니다. 이제 케빈에게 과거의 내성적인 성격은 사라지고 없습니다.

살면서 우리는 수많은 배신과 좌절을 겪습니다. 인간이 인간에게 주는 상처는 우리를 세상에 혼자 있고 싶게 만들기도 합니다. 당신의 과거를 잊게 만드는 누군가가 지금 당신 곁에 있다면 당신의 세상은 이미 완벽합니다.

누군가를 만나는 첫걸음은 우선 웃는 얼굴과 최소한의 용기입니다. 손흥민에게 유니폼을 바꾸자고 먼저 말한 케빈처럼 오늘 누군가에게 용기 내서 못했던 인사를 건네보는 건 어떨까요? 당대 최고의 선수들도 항상 시련이 함께했다는 사실은 우리가 삶에서 시련을 대하는 자세에 다른 시각을 제공합니다.

영상과 함께 보면
감동이 두 배입니다.

손흥민과 후보 골키퍼들

토트넘에는 손흥민과 관련한 불문율이 있습니다. 바로 '서브 골키퍼와 손흥민은 반드시 절친이 된다'는 사실입니다. 올 시즌 손흥민이 안 보인다면 먼저 2미터 장신 선수를 찾으면 됩니다. 포스터는 언제나 손흥민 곁에 있습니다. 손흥민의 해트트릭을 자기 일처럼 축하해준 토트넘의 과거 서브 키퍼인 조 하트와 골리니를 이은 포스터는 손흥민이 부상당하면 퇴장하는 그를 끝까지 따라가 위로합니다. 그런데 포스터가 손흥민과는 정반대의 삶을 살아왔다는 사실을 알고 있나요?

실제 경기장에서 같은 편 골키퍼와 공격수는 마주칠 일이 거의 없습니다. 그런데 토트넘의 서브 골키퍼는 다릅니다. 손흥민은 킥 훈련의 대부분을 팀 서브 골키퍼와 합니다. 조 하트, 골리니, 포스터, 이 세 골키퍼는 다른 팀에서 주전으로 뛸 수 있는 충분한 실력과 커리어가 있고, 이전 시즌 활약으로 자신감 넘치는 상태에서 토트넘에 입단했다는 공통점이 있습니다. 그럼에도 세 사람 다 거의 경기에 출전하지 못했습니다. 그들의 경쟁자는 월드컵 위너인 프랑스 대표팀 골키퍼 요리스였습니다.

토트넘은 이탈리아 최고의 재능으로 평가받으며 요리스 대체자로 EPL에 화려하게 입성한 골리니에게 리그 0경기 출전이란 굴욕을 안깁니다. 훈련 내내 붙어 다닌 손흥민과 골리니는 가슴 근육을 서로 자랑할 만큼 가까운 사이였고, 엉덩이를 서로 두드려도 대수롭지 않게 생각하는 초딩 친구 같았습니다. 이태리어를 배우고 이태리 손짓을 하는 손흥민은 과거 호날두 등을 제외하고는 인스타 선팔을 먼저 하지 않는데 골리니에게는 달랐습니다. 새로 입단해서 함께 훈련하면서도 경기에 출전하지 못하는 선수가 팀에 적응할 수 있도록 배려하는 손흥민의 필드 밖 성격을 알 수 있는 일화입니다.

조 하트의 사연은 더 드라마틱합니다. 그는 잉글랜드 대표팀의 주전 골키퍼였고, 유망주 시절에는 잉글랜드 역대 골키퍼의 명성을 이을 것으로 기대받던 슈퍼스타입니다. 이탈리아를 상대로 경기할 때 볼보이에게 욕설하며 "fxxx, 내 공 내놔!"라고 할 정도로 카리스마를 가진 그가 토트넘에 온 지 얼마 지나지 않아 손흥민과 친구가 됩니다. 과거 잉글랜드 대표팀의 주전 골키퍼가 라이벌 국가 프랑스 골키퍼에 밀려 벤치에 앉아 자존심이 상할 수도 있는 상황, 그의 곁에는 항상 손흥민이 있었습니다. 조 하트를 상대로 훈련 중 득점을 기록한 손흥민에게 "첫 번째 슛은 내가 쉽게 막아냈고, 두 번째 슛은 시간 초과이며, 세 번째는 흥민이가 수비수한테

파울했다. 고로, 내가 이겼다!"라고 말했고, 손흥민은 이에 "코메디언이냐?"라고 화답했습니다.

조 하트의 토트넘 시절은 선수로서 전성기가 끝났다는 사실을 일깨워준 가슴 아픈 시기였지만, 손흥민은 그를 웃게 했습니다. 그는 자신의 안타까운 상황에도 불구하고 손흥민이 잠깐의 무득점 행진 끝에 득점한 날, "의심하지 않았다."며 친구의 득점을 축하해줍니다. 왕년의 세계적인 골키퍼가 전하는 진심 어린 축하가 인간관계에서 어떤 의미인지는 최소한의 공감 능력을 갖춘 사람이면 누구나 이해할 수 있습니다. 훈련장의 분위기 메이커 손흥민은 조 하트 팀과의 족구 대결에서 특유의 쾌활함을 보였고, 이런 손흥민과 슈팅 훈련을 내내 함께한 조 하트는 이 시간만큼은 자신이 후보라는 현실을 잊었습니다.

두 번은 우연일 수도 있습니다. 하지만 세 번은 아닙니다. 사우스 햄튼에서 활약한 포스터 골키퍼의 토트넘 입성은, 특히 지난 시즌 라이벌 아스널전의 슈퍼 세이브를 떠올리며 기뻐하는 팬들이 많았습니다. 하지만 콘테 감독은 A매치에서 부상을 당했는데도 리그 경기에 요리스를 출전시킬 정도로 주전 키퍼에게 강한 신뢰를 보입니다.

영국 북동부 노섬버 랜드에서 태어난 포스터는 어린 시절 절권도를 수련하며 동양 문화와 인연을 맺었습니다. 축구에서 그는 손흥민과 정반대의 길을 걸어왔습니다. 처음 축구를 시작한 열세 살에 키가 작다는 이유로 코치에게 포지션 변경을 요구받았고, 몇 년 후 키가 폭풍 성장했지만 뉴캐슬 소속으로 스톡포트, 브리스톨, 노리치, 셀틱 등으로 임대되는 떠돌이 생활을 합니다. 2014년 드디어 사우스 햄튼 소속으로 EPL에 재입성하고 주전 경쟁에서도 승리했지만, 바로 이듬해 슬개골 파열로 시즌 아웃되는 불운을 겪습니다. 부상에서 회복한 그는 2016년에 주전의 상징인 1번을 물려받으며 드디어 봄날을 맞는 듯했지만, 바로 이듬해 매카시에게 1번을 뺏기고 44번으로 번호가 조정되는 굴욕을 겪습니다. 포스터는 결국 주전 경쟁에서 다시 밀리면서 셀틱으로 임대되어 떠납니다.

2022년 4월, 골키퍼가 승리를 만들어낸 전설의 경기로 포스터는 아스널 대 사우스 햄튼전에서 놀라운 활약을 펼칩니다. 시즌 종료 후 바로 토트넘의 선택을 받은 그가 챔스 진출팀에 입성하며 가졌을 선수 생활 후반의 단호한 결의가 상상이 가나요? 그의 축구 인생 중 가장 큰 클럽에서 챔스에 나갈지도 모른다는 설렘은 그동안 주전 경쟁을 제대로 펼쳐보지 못한 그의 날개를 펴기 위한 완벽한 무대이자 인생 최대의 도전이었습니다. 그런데 손흥민의 훈련 파트너 외에는 그의 '꿈'을 위한 기회가 아직 주어지지 않고 있습니다. 그럼에도 포스터는 손흥민이 무득점 행진을 끝내고 득점하자 누구보다 기뻐했습니다. 부상으로 시즌 아웃을 경험했던 그였기에 손흥민이 안와골절 부상을 당했을 때는 누구보다 걱정하며 등을 토닥여주었습니다.

누군가는 말할지 모릅니다. "성공한 축구 선수와 만년 후보였던 선수, 누가 누구를 위로해?" 돈만으로 모든 걸 판단하는 이들은 둘의 연봉 차이를 이야기할지 모릅니다. 자신이 힘든 순간임에도 당신의 아픔을 진심으로 감싸줄 단 한 명의 친구가 존재한다면, 당신은 '돈'과 '성공'보다 값진 '사람'이 있는 축복받은 삶입니다. 내가 힘들면 타인의 기쁨과 눈물은 작게 느껴지고 나의 슬픔은 더 커보입니다. 이때는 시기, 질투라는 감정도 함께 따라오는 게 인간의 본성입니다.

손흥민이 맺고 있는 인간관계는 그가 어떤 삶을 살고 있는지 보여줍니다. 상황이 좋지 않은 친구들에게 자신을 과시하지 않고, 상대를 웃게 하고 보듬어주는 '천성'이 느껴집니다. 이런 성격을 가진 사람이 자기 분야에서 성공하지 못한다면, 우리가 받는 인성교육의 힘은 증명하기 어려웠을지 모릅니다. 가식적으로 재고 따지는 인간관계가 아니라 내 상황과 관계없는 응원과 위로가 필요한 세상입니다. 세 명의 후보 골키퍼를 통해 손흥민과 함께 사는 세상에선 한 명이라도 더 '웃는 이'가 생긴다는 사실을 알 수 있습니다.

손흥민과 후보 골키퍼가 쌓은 우정을 보며 내일 집 앞을 나서는 우리가 타인을 어떻게 대해야 할지 한 번 더 생각합니다. 누군가를 조건 없이 웃게 하고 위로해주는 당신이 저의 '득점왕'입니다. 제2, 제3의 당신들이 가득한 세상이 제가 간절히 소망하는 세상입니다.

영상과 함께 보면
감동이 두 배입니다.

5장
축구 & Present

캡틴 손흥민과 애착 인형

학구파 벤 데이비스

멋진 사나이 로메로

빛카리오, 비카리오

티모 베르너와 아버지

브라질 순둥이 히샬리송

네덜란드 특급 열차 판더펜

포로의 자신감은 할아버지의 선물

말리의 야수 비수마

루마니아 모범생 드라구신

리틀 쏘니 존슨

캡틴 손흥민과
애착 인형

프로 선수들이 팀을 선택하는 가장 중요한 요소는 클럽의 역사입니다. 그다음은 어떤 선수들과 함께 뛸 수 있느냐입니다. 트로피 개수로 토트넘을 평가한다면 이적하려는 선수에게 큰 매력이 없습니다. 토트넘은 EPL 우승을 해보지 못한 절대 다수 팀 중 하나이기 때문입니다. 하지만 잉글랜드 주장 해리 케인과 대한민국 주장 손흥민은 나란히 EPL 골든 부츠를 획득한 리그의 아이콘입니다. 득점왕 수는 리그 우승 경험자 수보다 현저히 적습니다. 가끔 선수 명단에서 '이 선수가 그때 우승팀에 있었네?' 하는 때가 있지만, 득점왕 이름은 헷갈리지 않습니다.

해리는 떠났고 손흥민은 캡틴이 되었으며 오프라인 샵을 가득 채운 그의 유니폼은 기록만큼 중요한 커리어의 흔적입니다. SON이란 그의 성은 영어권 국가 팬들이 아들에게 선물하기에 이상적인 아이템입니다. 축구는 스포츠이지만 산업이자 엔터테인먼트로 불리기도 합니다. 팬들이 유니폼을 사고 싶은 선수가 없다는 것, 젊은 선수들이 가기 싫은 팀이 된다는 것은 결국 팀 재정과 이적 시장 성패에 영향을 주고, 이는 당연히 선수 구성과 전력에도 부정적입니다. 현재 토트넘 스쿼드에서 손흥민 한 명을 뺀다면 팀의 전체 가치는 크게 떨어지고, 리빌딩을 준비하는 '유망주 군단'에 가까울 정도로 어린 선수들만 남게 됩니다.

마이애미나 알 나스르가 최근 이적 시장에서 자국 선수들에게 주목받는 이유는 분명합니다. 호날두나 메시가 있는 팀은 '이름'이 있기 때문이고, 젊은 선수들은 그들의 경력을 듣고 보며 자라난 세대입니다. 아프리카에서 손흥민의 이름을 듣고 자란 2002년생 파페 사르는 토트넘 유니폼을 입으며 영어도 모르던 상태로 TV 속 스타들과 만났습니다. 10대에 독일어를 배우고, 20대에 영어를 익혔던 손흥민은 축구 선수 이전에 타지에서 살아가는 사람입니다. 지금은 런던의 터줏대감이 되었지만, 해외에서 입단하는 선수들을 누구보다 잘 이해할 수 있습니다. 결국 언어보다 중요한 것은 어떤 '사람'과 함께하느냐입니다. 한국의 학교에서 말없이 조용하던 학생이 가끔은 유학 초기 말 안 통하는 외국에서 친구를 사귀기도 합니다. 공통된 성향이 있으면 인간은 언어를 초월해 서로 공감할 수 있습니다.

파페 사르는 모국어인 불어를 사용했던 메츠 시절보다 오히려 토트넘에서 더 '장난꾸러기'가 되었습니다. 손흥민 한 명의 영향이라고 단정할 수 없지만, 분명한 것은 영어를 쓰는 런던에서 축구를 더 즐기고 있습니다. 사르의 축구에는 특이점이 있습니다. 가끔은 지단을 연상케 할 정도로 '우아한' 플레이를 펼치지만, 때론 U21 대회에서나 볼 수 있는 실수를 한다는 것입니다. 사르의 우아함과 실수는 한 경기에서 몇 분 차이로 발생하곤 합니다. 이는 그의 선천적 재능과 발전 속도에 가려진 경험 부족과 심리적인 부분이 작용한다는 것을 엿볼 수 있습니다. 사실 기복이 있는 선수들에게 두 가지 포인트는 꼬리표처럼 붙어 다니는 요소입니다. 사르는 성인팀에서 뛰고 있지만, 여전히 U21 대표팀에 합류할 수 있는 어린 선수입니다. 경기에서 성인의 모습과 유소년의 모습을 함께 보이는 것은 어쩌면 당연한 일입니다. 사르의 이런 모습은 재밌게도 10대 후반에서 20대로 넘어가던 손흥민의 특징과 유사합니다.

특정 상황에서 손흥민은 이미 30대 선수를 연상케 할 정도로 탁월했습니다. 데뷔골이 그랬습니다. 하지만 바로 다음 순간 10대들이 주로 하는 실수를 연발하기도 했습니다. 손흥민은 스피드라는 엄청난 무기를 가졌음에도 상대 포백 라인을 허무는 타이밍이 좋지 않았습니다. 오프사이드 트랩으로 불리는 축구계의 오랜 유물은 손흥민의 엄청난 스피드를 규칙으로 방어했습니다. 결국 손흥민의 침투는 랜덤 박스처럼 어떤 때는 세계적이고, 어떤 때는 지나치게 빠르거나 늦었습니다. 라인을 깨는 타이밍은 절대적으로 경험이 필요합니다. 손웅정 씨 지도로 초중등 축구를 건너뛰고, 기본기를 충실하게 훈련한 후 고등학교 축구팀에 나타났던 손흥민은 또래 선수들과 비교했을 때 정규 경기 출전 횟수가 절대적으로 부족했습니다. 그렇지만 기본기와 양발 슈팅 같은 특장점이 장착되어 있었습니다.

지금처럼 인터넷에 손흥민 소식이 도배되지 않던 시절이었지만 커뮤니티에는 그의 위치 선정과 타이밍에 관해 비판하는 게시글이 심심찮게 보였습니다. 시간이 흐르고 손흥민의 능력은 어떻게 변했을까요? 단점으로 지적받던 부분은 오히려 장점으로 진화했습니다. 지금은 누구도 손흥민의 라인 깨는 능력을 의심하지 않습니다. 클럽 감독은 손흥민을 '역습 상황에서 세계 최고의 공격수'라고 칭찬하기도 했습니다. 여전히 오프사이드 트랩은 빠른 공격수에게 까다로운 장애물이지만, 손흥민이 트랩에 걸리는 횟수는 함께 출전하는 다른 선수들에 비해 현저히 적습니다. 이강인은 피지컬이 약하다고 지적받자 1~2년 만에 벌크업에 성공했습니다. 손흥민 역시 성장하는 동안 단점으로 지적받은 대부분을 정면으로 극복해 왔습니다.

오프사이드 트랩을 부수는 공격수의 능력을 좌우하는 것은 미드필더의 패스 타이밍입니다. 손흥민이 평생 연습한 '최적의 타이밍'에 침투하더라도 패스가 오지 않으면 공격수의 움직임은 헛수고가 되고 맙니다. 축구는 혼자 하는 것이 아니라고 말하는 이유 중 하나입니다. 메시의 마무리에는 언제나 사비, 이니에스타가 만든 기적의 과정이 있었습니다. 사르는 그 패스 타이밍이 좋지 않습니다. 이는 손흥민의 득점 확률뿐 아니라 사르 커리어 전체를 위해 매우 중요한 요소 중 하나입니다. 세계 최고의 미드필더 가운데 패스가 나쁜 선수는 한 명도 없었고, 그의 움직임이 가끔 지단을 연상케 한다고 언급했지만 패스만 놓고 보면 지단과 사르의 차이는 성인과 유소년으로 봐도 무방할 만큼 차이가 납니다.

사르가 온더볼에서 보이는 유연성은 대부분 선천적인 재능에 기인하고 있습니다. 하지만 패스 타이밍은 후천적 노력과 경험이 매우 중요합니다. 그는 좋은 구질의 패스를 보낼 무기인 발목 힘이 있기에 보는 이를 더욱 안타깝게 합니다. 이런 사르의 모습에서 빠른 발을 가지고도 트랩에 자주 걸려 좌절하던 10대의 손흥민이 스쳐갑니다.

사르의 패스가 랜덤 박스처럼 가끔 탁월하고 때론 어이없는 것도 함부르크 시절 초기 손흥민을 연상케 합니다. 손흥민은 토트넘 동료를 통틀어 사르와 가장 많이 장난치지만, 반대로 가장 강하게 질책합니다. 특히 그의 패스 타이밍이 나빴을 때는 경기 중에도 해당 장면을 복기하며 대화합니다. 심지어 경기장을 빠져나가면서도 그 상황을 이야기합니다. 친하지 않은 사이였다면 오해할 정도로 사르에게 자주 조언합니다. 손흥민의 과거 인터뷰는 결국 그가 왜 그렇게까지 사르를 가까이 하는지 이유를 알려줍니다. 배려 없는 질책은 상대를 위한 언어가 아닙니다. 하지만 자신이 '리틀 쏘니'로 부를 만큼 애정을 가진 상대에 대한 '질책'에는 '안타까움'과 '기대'가 포함되어 있습니다. 더 잘할 수 있다는, 여기가 최고점이 아니라는 확신도 함께입니다. 성장 가능성이 없는 선수에게 같은 말을 반복하는 것은 하는 사람도 귀찮은 일입니다. 손흥민은 사르가 한 단계 높은 레벨로 갈 수 있다고 굳게 믿고 있는 사람처럼 경기마다 같은 패턴을 보입니다. 만약 사르가 손흥민의 질책을 가볍게 여긴다면 그게 그 선수의 수준이 되고 성장 가능성은 사라집니다. 다행히도 사르는 손흥민의 충고를 경청하며 변함없이 가장 좋아하는 선배로 대합니다.

'질책'에서 중요한 것은 내용보다 전후 사정입니다. 어떤 기분으로 받아들이는지는 평소 관계가 어떠냐에 따라 달라집니다. 싫은 사람에게 듣는 잔소리는 조언이 아니라 그저 꾸중이 되지만, 손흥민을 상대로 장난치는 사르의 모습은 카메라 밖에서 둘의 관계를 짐작하게 합니다. 분야를 떠나 이상적인 '선후배 관계'입니다. 잘못된 부분을 알려주지 않는 선배를 만나는 것은 발전 가능성을 낮추고, 화만 내는 선배를 만나는 것은 이직 가능성을 높입니다. 손흥민과 사르 사이 대화와 스킨십은 손흥민이 어린 시절에 겪은 시행착오를 줄여주기 위한 몸짓입니다. 내가 힘들었던 부분과 어렵게 손에 넣은 경험을 어린 선수는 조금이라도 쉽게 갈 수 있게 도와주는 것, 대표팀과 토트넘 모두가 그에게 주장 완장을 선사한 이유이기도 합니다.

타인을 돕고 싶다는 이타심은 노력으로 만드는 성격이 아니라 어린 시절 완성되는 습성에 가깝습니다. 손웅정 씨의 수많은 인터뷰는 그의 아들이 어떻게 자랐는지 이해할 수 있게 합니다. 말뿐 아니라 행동으로 삶의 방식을 아들에게 제시한 아버지입니다. 눈길을 뛰어가 독일인 기사에게 허리를 90도로 굽히며 한국식으로 인사하던 손웅정 씨의 클립은 저의 '인생 영상' 중 하나입니다. 그 짧은 영상에는 자신을 데리러 온 사람에 대한 고마움, 혹시나 상대가 많이 기다리진 않았을지에 대한 미안함이 함께 담겨있기 때문입니다. 아들이 1부 리그 선수라는 '오만함'은 1퍼센트도 담겨있지 않았습니다. 당연한 게 당연하지 않은 각박한 사회입니다. 카페에서, 호텔에서, 식당에서, 유튜브 댓글에서, 배달의 민족 어플에서도 행해지는 '갑질의 세상'에 손웅정 씨의 삶은 '품격' 그 자체입니다.

누군가를 보고 배운다는 것은 사람의 특성을 만드는 전부입니다. 사르는 언젠가 팀의 '노장'이 될 것이고, 영어나 불어를 모르는 어린 선수를 만나게 될 것입니다. 그리고 그의 행동에는 그가 몇 번 만나지도 않았던 손웅정 씨의 몇 방울이 첨가되어 있을 것입니다. 영향은 그렇게 사람과 사람을 통해 끝없이 전달됩니다. 누구에게서 출발했는지 '이름'은 잊히더라도, 그 '온기'만은 세상이 끝나는 날까지 계속 연결됩니다. 내가 아닌 '타인'을 위하는 마음은 그런 것입니다.

영상과 함께 보면
감동이 두 배입니다.

학구파 벤 데이비스

　축구에는 가끔 '지능적이다'라는 표현이 등장합니다. 포괄적인 표현이지만 가장 중요한 포인트는 0.1초 안에 이루어지는 순간 판단 능력입니다. 2023/24시즌 에버튼과의 경기에서 두 번째 득점자는 손흥민이었습니다. 그에 관한 코멘트에는 오래도록 '지능적인 플레이'라는 칭송이 따라옵니다. 그리고 득점 순간의 조연 벤 데이비스 역시 자신이 왜 토트넘에서 '지능적인 플레이어'로 불려왔는지 온몸으로 보여주었습니다. 손흥민과 벤 데이비스는 많은 선수가 오고 가는 토트넘 라커룸에서도 가장 가까운 친구 사이입니다. 에버튼전 득점 장면은 화려하지 않았습니다. 하지만 리바운드 볼을 따낸 투박한 장면이 왜 친구 사이의 지능이 최고로 발휘됐던 '우아한 득점'이었을까요?

　벤 데이비스는 어린 시절 공부를 좋아했고 그의 첫 번째 꿈은 의사였습니다. 그러던 그의 일상이 하루 만에 완전히 뒤바뀐 계기가 있습니다. 유소년 축구 코치 토벤을 만나면서부터입니다. 벤의 아버지는 덴마크에 있는 수십억 달러 규모의 거대한 펌프공장에 엔지니어로 전근하게 되었습니다. 웨일즈에 살던 가족도 함께 덴마크로 이주했습니다. 이때 옆집 아저씨가 토벤이었습니다. 우연히 공터에서 공을 차는 벤의 모습을 지켜본 토벤은 벤의 부모님을 설득해 아이를 비보르라는 유소년팀에 합류하게 합니다. 벤의 부모님은 아들이 커서 의사가 되길 원했고, 축구는 방과 후 취미 정도로 여겼습니다. 그런데 반전이 일어납니다. 벤이 속한 비보르가 지역대회에서 금메달을 차지합니다. 아들은 평범한 재능이 아니었습니다. 아버지의 전근으로 덴마크에 갔던 부모님은 이번엔 아들의 축구를 위해 웨일즈로 돌아갑니다. 이후 벤 데이비스는 스완지 시티에 입단합니다.

토트넘 라커룸에서도 책을 읽는 벤 데이비스는 선수들 중에서 대표적인 '학구파'로 불리고 있습니다. 지식과 지능이 반드시 정비례한다고 할 수는 없지만, 벤 데이비스는 순간 판단력과 경기 전체 흐름을 읽는 능력이 탁월합니다. 그가 EPL 레벨의 선수로 오랫동안 뛸 수 있는 이유는 부족한 운동능력에서 오는 단점들을 상쇄하는 판단력 덕분입니다. 라커룸 성향만 봐도 다른 프로 선수와 결이 다르다는 것을 알 수 있습니다. 예전에 벤은 축구계에 친구가 한 명도 없다고 인터뷰한 적이 있습니다. 그런데 토트넘 합류 후 겉으로 보기에 가장 대조적인 성격의 손흥민과 절친이 됩니다.

손흥민은 휴가 때 외출하기보다 집에서 혼자 보내는 것을 좋아한다고 합니다. 라커룸의 친한 동료들과 런던의 밤거리를 누비는 성향도 아닙니다. 대체로 진지한 표정의 벤, 항상 웃는 손흥민, 라커룸에서 책을 읽는 벤, 라커룸에서 동료들과 몸으로 장난치는 손흥민, 축구를 마치 부업처럼 여기는 듯한 벤의 일상, 축구에 모두를 건 듯한 손흥민의 일상…. 그들은 언뜻 보면 정반대 캐릭터입니다. 하지만 둘은 여러 매체와의 인터뷰에서 서로를 토트넘에서 가장 친한 친구로 표현하기 시작했고, 벤의 결혼식에서 가장 환호한 친구도 손흥민이었습니다. 한국과 달리 결혼식에 '진짜 친구'만 초대하는 그곳의 문화 특성상 토트넘 선수 대부분은 초대받지 못했습니다. 이 점만 봐도 벤과 손이 직장 동료 이상의 관계를 맺고 있음을 알 수 있습니다.

벤이 손흥민을 왜 그렇게 좋아하는지는 마치 자기 결혼처럼 환호하는 사진에 언급한 한 줄 문장으로 알 수 있습니다. "모든 사람은 너 같은 친구가 필요해!" 어떤 상황에서 찍힌 사진인지 알 수 없지만, 남의 결혼식에서 득점에 성공한 세리머니 같은 동작을 하는 손흥민은 참 한결같습니다. 그의 사진 속 얼굴에는 '행복'만 가득합니다.

벤의 결혼식에서 누구보다 기뻐했던 손흥민의 최고 순간은 단연 '득점왕'으로 결정되었을 때입니다. 벤도 이날 그 누구보다 기뻐했습니다. "가장 친한 친구가 골든 부츠를 따냈을 때 해야 할 일!" 벤은 친구의 영광을 뜨거운 포옹과 간결한 문장으로 축하했습니다. 그들은 서로를 미사여구로 극찬하거나 친분을 과시하는 타입이 아닙니다. 손흥민이 리그에서 어려움을 겪을 때 가장 적극적으로 대변했던 친구는 벤 데이비스였고, 손흥

민의 재능에 가린 노력이 미디어에서 빛나지 않을 때 가장 적절한 언어로 친구를 소개한 사람도 벤이었습니다. 해당 인터뷰는 나름 사연이 있습니다. 손흥민은 리그에서 가장 '운동능력'이 좋은 선수로 알려져 있습니다. 축구에서도 벤은 손흥민과 정반대 타입의 선수입니다. 현시점 EPL 풀백들의 운동능력은 축구뿐 아니라 다양한 종목에서 최상위에 자리할 정도로 높은 수준을 요구합니다. 하지만 벤의 신체 능력은 그들과 비교하면 평범 그 자체입니다.

만화나 영화에선 지능이 뛰어나고 운동능력이 떨어지는 선수가 재능을 타고난 동료를 시기하고 질투하는 내용이 흔하게 나옵니다. 벤은 손흥민이 선천적 재능에 안주한 유형이 아니라 장점을 지속적으로 발전시킨 선수임을 정확히 알고 있습니다. 자신에겐 없는 능력을 가진 선수를 질투하지 않고 객관적으로 분석하고 성공 요인을 이해하는 것은 분명 지능의 범위입니다. 질투라는 감정은 소모적이지만 이해는 자기 발전에 도움이 됩니다.

서로 다르지만 완전히 이해하는 두 친구가 빚어낸 에버튼전 득점은 화려하지 않아도 '두 조합의 색깔'을 온전히 담고 있었습니다. 존슨의 슈팅 직전 박스에는 선수가 여러 명 있었습니다. 하지만 리바운드를 염두에 둔 선수는 손흥민과 벤 둘뿐이었습니다. 벤은 동료의 슈팅 순간 키퍼가 막아낼 상황을 가정하고 골문으로 침투합니다. 에버튼 수비수 세 명이 벤을 따라가자 벤의 후방엔 공간이 생겼습니다. 키퍼가 막아낸 볼은 먼 거리로 튕겨 나갔고, 뒷공간에서 리바운드를 노리던 손흥민은 벤이 만든 공간으로 슛합니다. 벤의 역할은 아직 끝나지 않았습니다. 침투를 끝낸 그는 손흥민의 슈팅 방향으로 달려가는 골키퍼에게 적절하게 스크린을 걸며 눈으로 손흥민의 득점을 확인합니다. 별 것 아닌 장면 같지만 그렇지 않습니다. 수비진이 겹겹이 쌓인 상황에서 리바운드 슈팅 대부분은 수비수 몸 맞고 튕겨 나갑니다. 득점과 아쉬운 상황은 언제나 종이 한 장 차이입니다. 해당 장면이 얼마나 순간적이었는지는 존슨의 슈팅과 손흥민의 마무리까지 같은 화면에 있던 히샬리송, 사르, 로메로의 움직임을 보면 알 수 있습니다. 일시 정지처럼 같은 위치에 있고 그 짧은 순간 손흥민과 벤의 움직임은 득점을 만들었으며, 골이 터진 이후에야 함께 움직입니다. 멈춰 있던 세 선수가 못했다는 얘기가 아닙니다. 득점에 관여한 두 선수의 움직임에 초점이 맞춰져야 한다는 의견입니다. 다음 순간에는 리바운드 볼을 따라 가는 것이 히샬리송이 될 것이고, 후방 슈팅은 사르에게서 터져 나올 수 있습니다. 그들은 눈앞에서 득점에 이르는 생생한 모범을 지켜보고 있었기 때문입니다.

　축구와 사회의 공통점 중 하나는 같은 사람들끼리만 뭉쳐 살 수 없다는 것입니다. 많은 상황에서 누군가는 '다름'을 배척합니다. 하지만 다름은 나의 부족함을 채워줄 필수 요소입니다. 생물학적으로도 근친 DNA의 결합만 계속 이어지면 생명체의 지속성은 감소합니다. 서로 다른 유전자의 결합으로 서로의 장점이 더해진 생명체들이 오늘날까지 지구에 살아남았습니다. 벤과 손흥민은 다른 성격이지만 같은 목표 의식을 가진 프로 선수들입니다. 친구 사이로 언제나 빛났고 에버튼전 골은 아름다웠습니다. 리바운드 볼을 따낸 득점은 누군가에겐 화려한 득점에 비해 소박하게 보일 수도 있습니다. 하지만 순간순간을 뜯어보면 운이 아닌 누군가의 좋은 '움직임'이 있습니다. 재밌게도 수비수 세 명을 몰고 간 벤의 움직임을 평소 토트넘 경기에서 가장 많이 보였던 선수가 손흥민입니다. '득점자의 이름'만으로 축구의 전부를 판단하면 절대 안 되는 이유입니다. 시간이 지나면 기록지엔 골을 넣은 선수와 어시스트한 선수의 이름만 남겠지만, 저는 손흥민의 숨은 '움직임'들을 득점보다 더 아끼고 좋아합니다.

영상과 함께 보면
감동이 두 배입니다.

멋진 사나이 로메로

　손흥민과 로메로의 아들이 만난 영상은 현지에서 Son과 son의 만남이라며 화제가 됐습니다. 단지 팀 동료가 아니라 친한 친구의 아들을 대하는 듯한 다정한 모습은 둘의 관계를 여과 없이 보여줍니다. 외부에서 볼 때 토트넘에서 가장 다른 캐릭터를 가진 선수는 손흥민과 로메로입니다. 공격수와 수비수라는 포지션 특징도 있지만 축구 선수 중 캉테와 함께 미소로 유명한 손흥민은 긍정 캐릭터의 대명사인데 반해, 로메로는 리그에서 가장 거친 선수이자 상대팀에게 공포에 가까운 킬러 본능을 보이는 선수입니다. 그의 거친 플레이는 안티 팬들에겐 싸움에 가까운 행위라고 규탄받지만, 아르헨티나의 월드컵 우승으로 증명된 그의 존재감은 압도적입니다. 메시가 득점에 성공하자 이번 월드컵 최고의 선수 중 한 명이었던 음바페를 향해 도발한 장면에서 그의 역할을 이해할 수 있습니다. 그는 상대를 도발하고, 태클하고, 흥분시키며 소속팀의 승리를 위한 거친

득점왕 헌정 세리머니로 로메로를 중앙에 두고 세리머니 한 손흥민

행위를 도맡아 하는 축구계 최고의 싸움꾼입니다.

  전혀 다른 유형의 두 선수지만 경기 외적으로는 장난기 많은 천진난만한 성격을 가졌습니다. 훈련장에서 마치 중학생처럼 노는 둘의 모습은 이제 낯선 장면이 아닙니다. 에메르송에게 "감히 손흥민을 만져? 쏘니는 내꺼야!"라고 말하는 모습에서 그의 성격과 손흥민을 향한 애정을 알 수 있습니다. 토트넘 팬들에게, 손흥민 이후 최고의 영입으로 평가받는 로메로는 팀 성적에 어울리지 않는 월드 클래스 센터백입니다. 지난 시즌 득점왕 경쟁 중 로메로의 슈퍼 플레이는 손흥민에게 연결되었고 득점왕으로 가기 위한 중요한 골로 연결됩니다. 손흥민은 이례적으로 세리머니에서 수비수 로메로를 추켜세우며 고마움을 전합니다. 로메로는 왜 야수 같은 야생성과 장난기 가득한 성격을 동시에 지닌 것일까요?

1998년 아르헨티나 코르도바에서 태어난 로메로는 가난한 유년기를 보냈습니다. 어렸을 때 가장 행복했던 기억이 '맛있는 음식을 먹을 때'라고 회상할 정도입니다. 이런 환경 때문에 로메로는 세상에서 살아남기 위해서는 누군가를 반드시 이겨야 한다고 생각하게 되었습니다. 내 가족을 먹여살리기 위한 가장의 숙명이기도 합니다. 그에겐 두 명의 형과 누나가 있었고, 온 가족에게 사랑받는 막내였습니다. 여섯 살 형 손흥민과 친구처럼 장난치며 노는 로메로의 성격이 형성된 배경입니다. 부모는 가난에서 벗어나기 위한 수단으로 자식들에게 공부를 강조했고, 형과 누나처럼 로메로는 평범한 학창 시절을 보냅니다.

여섯 살 로메로에게 삶의 목표가 분명해진 사건은 아르헨티나의 아테네 올림픽 축구 금메달 획득입니다. 줄무늬 유니폼을 입는 대표 선수가 되겠다는 소망은 소년의 인생을 바꿉니다. 부모님이 기억하는 로메로의 특징은 강한 자신감이었습니다. 공부가 아닌 축구로 성공하겠다는 운동 능력에 대한 로메로의 자신감은 어제까지 꼬마였던 소년을 성인처럼 보이게 했고, 부모님은 아들이 성공할 수 있도록 도울 방법을 생각했습니다. 많은 가난한 부모처럼 할 수 있는 모든 것을 다해 로메로를 벨그라노 스포츠 클럽에 보냅니다. 음식이 부족할 정도로 어렵던 가정 형편에도 아들이 진정으로 가고 싶다는 길을 막아설 부모는 지구상에 없습니다. 로메로의 부모님은 아들이 축구팀에서 뛸 수 있도록 자는 시간을 줄이며 일하고, 먹을 것과 입을 것을 자식을 위해 양보하고 희생하며, 오직 자식을 위한 삶을 살게 됩니다.

　축구장에서 상대팀의 질타와 상대 관중의 욕설 그 어느 것도 로메로에게는 들리지 않았습니다. 오직 팀의 승리를 위해 무슨 짓이든 하는 것이 최우선이었습니다. 집에서 기다리는 부모님을 생각하는 그에게 타인의 시선은 중요하지 않았습니다. 축구가 단순한 스포츠였던 선수들에게, 생계와 가족을 위해 모든 걸 바친 로메로와의 경쟁은 애초에 상대가 되지 않았습니다. 거침없는 질주는 결국 로메로에게 아르헨티나 대표 유니폼을 선사했습니다. U20 대표팀 입성으로 세계 무대에 등장한 로메로는 곧 스카우트 표적이 되어 세리에 A 제노아로 이적합니다.

　여섯 살에 자신의 성공을 확신하며 부모를 설득했던 아이 로메로를 기억하는 부모님은 비로소 안도했습니다. 그들에겐 로메로를 위해 헌신한 시간과 비용이 아니라 혹시라도 꿈을 이루지 못했을 때 자신만만하던 로메로가 받을 상처가 더 큰 걱정이었습니다. 로메로가 유럽에서 자신이 세계적 수준의 수비수임을 증명하는 데는 오랜 시간이 필요하지 않았습니다. 세리에 최고의 수비수는 즉시 EPL 팀들의 관심 대상이 되었고, 놀랍게도 로메로 쟁탈전의 승자는 토트넘이 되었습니다.

　어린 나이에 수비수로서 모든 영광을 안은 그의 품엔 2022년 카타르 월드컵이 포함되어 있습니다. 로메로의 성공은 가족 모두를 풍요롭게 살도록 했지만 그들은 이전과 마찬가지로 겸손하고 검소한 삶을 살고 있습니다. 로메로의 유일한 취미는 브라이언 힐처럼 바다에 가는 것과 개와 노는 것입니다. 로메로가 아버지와 어머니에게 물려받은 유산은 바로 가족을 사랑하는 방법입니다. 비교적 일찍 결혼해 아이가 있는 로메로는 휴가 전부를 오직 가족과 보내고 있습니다. 어린 나이에 성공한 스타들의 파티와 문란한 생활을 완전히 건너뛴 로메로는 부모님처럼 훌륭한 가장으로 성장합니다.

평소 검소한 그가 가장 거금을 썼던 순간은 고향에 축구와 관련한 카페테리아를 건립했을 때입니다. 들판에서 축구했던 로메로와 달리, 고향의 아이들 300명은 현재 로메로의 축구 학교에서 훈련하고 있습니다. 그에게는 가난에서 벗어나기 위한 수단이었던 축구를, 그 동네 아이들은 로메로의 고향에서 태어났다는 이유로 쾌적한 환경에서 연습하고 있습니다. 한 사람의 성공이 지역 사회 전체에 영향을 주고, 수백 명 아이들의 삶에 이바지하는 나비효과입니다.

그의 거친 플레이는 스포츠 정신에 비추어보면 비판받아 마땅한 순간들이 분명히 있습니다. 하지만 끼니 걱정을 할 정도로 가난한 곳에서 먹고, 입고, 생활하기 위해 돈을 벌어야 했던 아이들에게 스포츠맨십을 강조하며, 지더라도 예쁜 축구를 하라는 교육이 그들에게 어떤 설득력이 있을까요? 가난한 사회를 물려준, 오래도록 경제난을 겪고 있는 아르헨티나의 쓸쓸한 현실은 생존을 위해 싸워야 했던 축구 소년의 비애입니다. 이 문제는 사실 로메로 한 명이 아니라 그의 조국 전체가 고민해야 할 주제입니다.

그는 수많은 공격수처럼 축구를 즐기는 성격이 아닙니다. 오직 생존을 위해 영국의 도련님들을 축구로 부숴버리고 있습니다. 이런 헝그리 정신으로 조국의 친구들과 함께 세계 챔피언이 되었습니다. 전혀 다른 성격이지만, 컨테이너에서 살 정도로 가난했던 손웅정 일가의 막내 손흥민과 자연스럽게 유대감을 형성할 수 있었던 이유이기도 합니다.

옳고 그름을 따지다 보면 정답이 없지만, 분명한 것은 로메로의 고향에서 태어난 지금의 아이들은 로메로보다는 교양 있는 삶을 살 것이라는 사실입니다. 들판이 아니라 훌륭한 시설에서 훈련하는 그들은 매너를 배우고, 상대를 보호하는 축구를 배우고 있습니다. 로메로는 이번 주말 경기에서 또다시 상대방을 쓰러트리는 거친 태클을 할지 모릅니다. 바로 그 순간 지구 반대편 그의 고향 아이들에겐 새로운 장비와 시설이 보급되고 건축될 것입니다. 1998년생 로메로는 그런 삶을 살아가고 있습니다.

영상과 함께 보면
감동이 두 배입니다.

빛카리오, 비카리오

　비카리오는 단순히 토트넘 적응을 넘어서 EPL 최고의 골키퍼로 맹활약하고 있습니다. 2022/23시즌의 엠폴리는 비카리오가 없었다면 세리에 A에서 강등되었을 것입니다. 2023/24시즌 비카리오 없는 엠폴리는 리그 18위에 올라 있고, 7경기 15실점의 득실 차는 리그 최하위입니다(시즌 최종 결과 승점 1점차로 잔류). 1대 0 승리 한 번을 제외하면 6패라는 기록으로 시즌 초반을 보내며, 토트넘의 선전과 극명한 대조를 보입니다. 그만큼 2022/23시즌 엠폴리는 약한 수비에도 불구하고 비카리오의 신들린 활약으로 그 정도 성적을 올렸던 팀이었습니다.

　비카리오의 가치는 통계로 다 표현할 수 있는 게 아닙니다. 그는 수비수들의 실수, 심지어 자책골에도 동료들을 먼저 위로하고 격려하는 '사람'입니다. 수비수는 등 뒤에 비카리오가 서 있다는 것만으로도 든든함을 넘어 위안이 됩니다. 비카리오의 빛나는 인간성은 과연 어디서 출발했을까요? 그리고 그의 인생은 왜 '꿈' 그 자체일까요?

비카리오의 토트넘 입성과 동시에 공개된 유럽 언론의 반응은 명료했습니다. "플레이 스테이션 한 대 값에 매각되었던 남자가 토트넘의 스타가 되다." 비카리오의 인생은 말 그대로 신데렐라 스토리입니다. 그의 토트넘 이적이 확정됐을 때 사람들은 그가 누군지 몰랐습니다. 세리에 A를 시청하는 영국인은 흔치 않고, 특히 엠폴리의 경기를 보는 런던 사람은 극소수에 불과합니다. EPL의 주요 경기만 시청하기에도 벅찰 정도로 잉글랜드는 재밌는 리그를 보유하고 있습니다. 엠폴리에서 토트넘으로의 이적이 비카리오 인생 최대의 반전이라 생각한다면 오산입니다. 그에겐 이미 기적 같은 스텝업을 이뤄낸 여정이 있었습니다.

8년 전 비카리오는 폰타나프레다라는 4부 리그 팀에서 처음으로 전 경기를 뛰었습니다. 세리에 A와는 1억 광년 정도 떨어진 작은 클럽입니다. 폰타나가 얼마나 소규모 클럽인지 짐작이 안 간다면 그들의 경기장을 보면 바로 이해할 수 있습니다. 돈나룸마가 AC밀란에서 데뷔했던 나이에 비카리오는 이곳에서 뛰고 있었습니다. 관중석 대부분이 비카리오의 부모님을 포함한 선수 가족들로 채워지는 클럽입니다. 비카리오 부모에게는 아들이 4부 리그의 무명 클럽에서 뛰는 것이 낯선 장면은 아니었습니다. 그의 아버지는 이탈리아의 하부 리그에서 선수와 코치 경험이 있는 축구인 출신입니다.

유럽 축구는 1부에서 6부에 이르는 광범위한 팀을 보유하고 있고, 축구로 돈을 버는 리그와 다른 일을 하면서 축구를 병행하는 리그의 경계선이 있습니다. 4부 리그는 사실 굉장히 애매한 리그입니다. 다른 직업을 준비하며 축구를 제2의 목표로 둬야 할지, 아니면 축구에 모든 걸 걸고 2부나 3부 리그 진출에 사력을 다해야 할지, 선수와 가족이 많이 고민해야 하는 무대입니다. 비카리오 아버지는 축구로 돈벌이를 할 수 없었고 다른 직업을 함께 가져야 했습니다. 놀랍게도 부친에게 수익을 안긴 본업은 의사였고, 스포츠 의학 분야에서 일하며 가족을 부양했습니다.

비카리오의 반전은 데뷔 시즌을 보내고 폰타나프레다에서 무려 베네치아 FC로 이적하는 도약을 이뤄낸 것입니다. 베네치아는 당시 4부 리그에 속해 있었지만 100년 역사를 자랑하는 클럽이고, 1990년대에는 시즌 대부분을 1부나 2부에서 보냈던 '명문가'입니다. 비카리오의 베네치아 입성은 상위 리그 도약을 위한 '축구에 올인'으로 이어졌습니다. 물론 4부 리그 선수가 상위 리그 스카우트에게 발탁되는 것은 쉬운 일이 아닙니다. 그의 나이는 이미 스물한 살을 넘고 있었고, 현재 그와 이탈리아 대표팀 주전 경쟁을 펼치는 돈나룸마가 유로 2020 우승을 일궈낸 나이에 비카리오는 4부 리그에 있었습니다. 두 사람 사이 거리는 비교조차 불가능할 정도로 아득했습니다.

현재 그의 팀 동료인 손흥민은 프로 경력 동안 2부 리그조차 간 적 없이 열일곱 살에 프로 계약을 체결했고, 매디슨은 연령별 대표팀에서 등번호 10번으로 성장했으며, 로메로는 아르헨티나 대표 출격과 동시에 세리에

A의 부름을 받았던 점을 상기하면, 비카리오의 출발 지점은 이들과 확연하게 달랐습니다. 비카리오는 가장 쉬운(?) 방법으로 한 발 한 발 걸어가기 시작합니다. 바로 베네치아의 승격 행진입니다. 2019년 비카리오와 베네치아는 쾌속으로 진격을 거듭하며 드디어 이탈리아 2부 리그인 세리에 B에 도달합니다.

프로와 아마추어의 경계에 있던 비카리오가 보낸 4년은 그의 인생을 완전히 바꿔버렸습니다. 비카리오는 스물세 살에 세리에 A 우승 경험이 있는 1부 리그의 칼리아리 칼초 이적에 성공합니다. 그의 아버지가 코치 시절 가르쳤던 선수들이 다 함께 모여 파티를 합니다. 아버지의 옛 친구들은 어린 시절 TV 속 세리에 A를 보며 꿈을 키웠지만, 이들 중 세리에 B조차 경험한 선수가 없습니다. 그들은 모두 다른 직업을 가졌고, 꿈을 추억에 묻은 채 살아가고 있습니다. 그들은 옛 코치의 아들이 세리에 A팀과 계약했다는 소식에 한걸음에 달려왔습니다.

유럽의 1부 리그엔 모두를 걸고도 결국 닿지 못했던 수많은 축구 소년의 꿈과 눈물 그리고 애환이 담겨있습니다. 그곳이 꿈의 리그로 불리는 이유입니다. 비카리오는 아버지 친구들의 축하 속에서 곧바로 페루자로 임대되며 세리에 B 생활을 이어갑니다. 2부 리그에서 비카리오가 주목받는 것은 사실 어려운 일이 아니었습니다. 2023/24시즌 토트넘 경기를 시청하는 모든 팬은 알 것입니다. 그는 한 경기만으로도 증명할 수 있는 압도적인 순발력이 있습니다.

7년간의 하부 리그 생활로 그는 타고난 재능 외에 치열함이란 또 다른 무기까지 갖추었습니다. "바닥부터 올라왔다."는 비카리오의 말은 그의 '인생'입니다. 2022년에 세리에 A의 엠폴리는 비카리오를 완전히 영입합니다. 임대가 아니었습니다. 기나긴 하부 리그 경력은 끝이 납니다. 엠폴리는 유벤투스, 밀란 등에 비해 분명 약팀이고 2023/24시즌 초반 1승 6패의 초라한 성적을 거두고 있습니다. 그러나 2022년 엠폴리의 유니폼은 비카리오와 그의 가족에게 영예이자 축복이었습니다. 아버지가 청춘을 바치고도 입지 못했던 세리에 A의 유니폼이었습니다. 그것도 주전으로 풀타임을 출전했습니다.

TV 속 1부 리그는 다른 분야 종사자들에겐 당연하게 보일 수 있지만, 그 무대를 밟고자 인생을 바쳤음에도 실패했던 사람들의 이야기는 청춘 만화 그 자체입니다. 비카리오가 우크라이나 모자를 돕고 있다는 얘기는 잘 알려진 사실입니다. 그런데 그 프로젝트의 진짜 주인공은 비카리오의 아버지였습니다. 우크라이나에 지사를 둔 다니엘리라는 회사는 위험 지역 사람들을 베네치아 지사에 입사시키고 그들이 머물 장소를 찾고 있었습니다. 비카리오의 아버지는 다니엘리를 통해 밀란이란 아이의 소식을 접하게 되었습니다. 축구를 하고 싶던 평범한 아이가 우크라이나에서 태어났다는 이유로 제약이 많았던 상황이었는데, 비카리오 아버지가 아이를 도우려 했고 아들에게 의견을 물었습니다. 아버지 생각에 동의한 비카리오는 모자와 첫 만남을 가졌고, 구글 번역기를 이용해 대화했습니다. 그들은 서로를 이해했고, 어머니의 무한한 교육열을 느꼈으며, 비카리오와 그의 아버지는 밀란의 꿈을 이뤄주기 위해 우디네의 축구 학교에 입학

시키고, 이탈리아어 교육을 병행하며 정착을 돕고 있습니다. '그들이 가족의 일원이 된 것이 기쁘다'는 비카리오의 말은 그가 어떤 사람인지 보여줍니다. 어려운 환경의 소년을 '돕는다'와 가족의 한 명으로 '받아들였다'는 개념은 완전히 다릅니다. 비카리오는 파괴된 도시 마리우폴에서 불과 200킬로미터 거리에 군인으로 참전하고 있는 밀란의 아버지와 통화하면서 우크라이나의 현재 상황을 더 깊이 이해하게 되었다고 합니다.

로메로, 판더펜이 실수해도 격려하는 비카리오의 행동은 어쩌면 당연합니다. 그는 현역 내내 단 한 번도 그들만큼 높은 레벨의 수비수들과 함께 뛰어본 경험이 없습니다. 비카리오에게 로메로나 판더펜은 축구의 신으로 보일지 모릅니다. 작년까지 그는 엠폴리 수비진과 함께 있었습니다. 5년 전엔 4부 리그 수비수와 함께했습니다. 로메로의 자책골 정도는 귀여운 수준입니다. 물론 엠폴리 시절의 비카리오가 수비진에게 화를 내는 사람이었다는 얘기는 아닙니다.

밀란을 돕기 위해 아들 비카리오에게 도움을 청하는 아버지를 보면

Guglielmo Vicario

그가 어떤 어른으로 성장했는지 짐작할 수 있습니다. 파란만장한 축구 인생을 살아온 비카리오의 여정은 토트넘에서 꽃을 피웠습니다. 그렇게 염원하던 1부 리그의 꿈을 대신 이룬 아들을 지켜보는 아버지의 심정은 어떨까요? 그는 관중석에서 누구보다 열정적으로 비카리오를 응원하고 있습니다. 텅 빈 4부 리그 관중석에서 EPL 관중석으로 자리가 바뀌었지만, 아들을 향한 아버지의 마음은 언제나 한결같습니다. 비카리오가 인스타에 남긴 한 문장은 현재 그가 살고 있는 세상을 보여줍니다.

"나는 지금 꿈속에서 살고 있다."

영상과 함께 보면
감동이 두 배입니다.

티모 베르너와 아버지

 티모 베르너의 성장 환경은 정말 특이합니다. 스피드를 기르기 위해 하루 종일 산을 뛰어다녔다는 일화는 과거 한국의 운동선수를 연상케 합니다. 티모가 축구를 시작한 것은 온전히 아버지 덕분이었습니다. 아마추어 축구 선수 출신이자 호랑이 코치였던 아버지 퀸터슈의 철학이 낯설지 않은 이유는 우리가 손웅정 씨 사례를 잘 알고 있기 때문입니다. 티모가 득점하지 못하는 날에도 비난하지 않는 팬들이 왜 그렇게 많으며, 그의 아버지 퀸터슈는 왜 독일의 손웅정일까요?

 티모 베르너라는 사람을 알 수 있는 가장 유명한 인터뷰가 있습니다. "가족 그리고 친구들과 있을 때 나는 축구 선수 티모 베르너가 아니다. 나는 그저 겸손한 아들이자 다정한 친구 티모이다. 나는 남들과 똑같은 사람이고 내가 뭔가 잘못했을 때 부모님과 친구들은 나를 질책하는 것을 망설이지 않는다." 유럽에서 프로가 된다는 것은 부와 명예가 보장되고 바늘구멍을 통과해 선택받은 엘리트로 인정받는다는 것을 의미합니다. 일부 선수들은 특권 의식에 사로잡혀 오만하기도 하고, 축구로 성공했어도 사회적으로는 존경받지 못하는 선수도 있습니다.

티모는 직업과 일상을 완전히 구분했고 자신을 특별한 사람으로 규정하지 않았습니다. 티모가 토트넘 입단 후 가진 손흥민에 대한 인터뷰에도 그의 가치관이 고스란히 담겨있습니다. 우선 적으로 만나고 싶지 않은 선수로서 손흥민의 득점력과 파괴력을 언급했고, 이어서 '정말 착하다'는 표현을 덧붙였습니다. 티모를 만나자마자 곧장 독일어로 말을 걸었다는 손흥민은 우리에게 익숙한 모습 그대로입니다. 네덜란드 국적이지만 분데스리가에서 온 판더펜과도 가끔 독일어로 대화하고, 리버풀과 경기가 끝나면 클롭과도 독일어를 쓰는 손흥민은 상대에게 익숙한 언어를 사용했을 때의 '감정'을 누구보다 잘 알고 있습니다. 토트넘에 처음 입단했을 때 케빈 비머가 자신에게 했던 역할이기도 하고, 런던에서 이청용, 기성용 등을 만나 한국어로 나눈 대화가 그에게 어떤 의미였는지 '현재의 손흥민'을 통해 알 수 있습니다. 한국에서 듣는 '안녕하세요'와 외국에서 듣는 '안녕하세요'는 분명 다른 색깔로 들리는 마법 같은 인사입니다.

언어를 그저 의사소통 수단이라고 할 수 있지만 다국어를 사용하는 사람들에게 모국어는 '감정의 교류'라는 측면에서 독특한 의미가 있습니다. 독일어가 모국어인 선수 중 EPL에서 성공한 선수는 극소수입니다. 역대 EPL 득점왕 가운데 독일 국적은 0명입니다. 문화 차이, 잉글랜드인들이 가진 독일에 대한 편견, 독일 최고 선수들은 주로 뮌헨에서 뛰었던 점 등 다양한 이유가 있지만, 월드컵을 여러 번 제패했던 독일에서 EPL 득점왕을 배출하지 못한 것은 분명 낯선 기록입니다. 그런 의미에서 한국인 손흥민(득점왕)과 독일인 티모가 런던에서 독일어로 얘기하는 장면은 흥미롭습니다. 한국과 독일의 러시아 월드컵 경기에 두 사람은 함께 출전했고, 손흥민은 독일에 품고 있던 '복수심'을 승리로 갚았습니다. 그렇게 돌고 돌아 토트넘 라커룸에서 만난 두 사람에게 독일어는 그저 친근함을 표현하는 도구일 뿐입니다. 티모의 말처럼 그들은 축구 선수 이전에 사람이고, 적응이란 결과에는 세심하고 정교한 과정들이 가득하며, 손흥민의 성격은 '정말 착한 사람'이란 표현으로 이어지는 역할을 했습니다. 진짜 도움은 보통 사소한 배려에서 출발합니다. 티모 또한 인성이란 측면에선 현역 생활 내내 극찬받은 장점입니다.

티모는 1996년 독일 슈튜트가르트에서 태어났습니다. 포르쉐와 벤츠의 본사가 있는 도시입니다. '터보 베르너'라는 별명을 갖게 된 이유 중 하나입니다. 외동아들이었던 티모 곁에는 아버지 퀸터슈가 있었습니다. 아버지는 아들에게 '인내심'을 가르치기 위해서 산에 오르는 훈련을 시켰습니다. 언론은 '무서운 코칭 능력'이라고 표현했지만 티모는 가장 존경하는 사람으로 아버지를 꼽았고, 부자의 롤모델은 같았습니다. 당시 독일 대표팀 스트라이커 마리오 고메즈였습니다. 방에 고메즈의 포스터를 가득 붙였던 티모는 당시에는 전혀 알 수 없었습니다. 본인이 그토록 좋아한 우상을 독일 대표팀에서 은퇴하게 하리라고는….

어린 티모가 아버지에게 배운 것은 축구만이 아니었습니다. 독일 언론과의 인터뷰를 통해 그는 부모님이 제시한 다섯 가지 가치관을 또렷하게 말했습니다.

첫째, 모든 사람을 존중한다.
둘째, 관대하고 타인을 돕는다.
셋째, 책임감을 느낀다.
넷째, 누구에게도 상처 주지 않는다.
마지막으로 나누는 습관을 기른다.

이대로 실천할 수만 있다면 세계 어디를 가더라도 존경받을 수 있는 '도덕적인 사람'이 탄생합니다. 세상에는 자기만 존중하고, 타인에겐 각박하며, 책임감보다 권리만 챙기는 이기적인 사람들이 많습니다. 그들은 나누는 습관과 타인을 배려하는 마음은 오히려 '남들에게 무시당하기 쉽다'는 궤변을 늘어놓기도 합니다. 좋은 사람들에게 받는 존중과 큰 목소리에 짓눌린 사람들의 가짜 존중은 전혀 다릅니다.

아버지와 티모 사이에는 재밌는 일화가 있습니다. 티모가 일곱 살이었던 TSV 시절, 아버지는 아들에게 골을 넣는 횟수만큼 용돈을 주겠다는 '당근'을 제시했습니다. 아버지의 이 약속은 비싼 대가를 치렀습니다. 티모가 마구 골을 넣기 시작했기 때문입니다. TSV 책임자인 빌링 씨에 따르면 티모는 이해할 수 없을 정도로 빨랐고, 드리블이 좋았으며, 슈팅도 강력했습니다. 독일 언론이 티모의 재능에 주목하기 시작한 무렵, 아버지는 본격적으로 아들과 함께 산에 오르기 시작했습니다. 몇 시간 동안 뛰었다는 훈련이 아동 학대가 아닌 이유는 티모가 이 방식을 기꺼이 수긍했기 때문입니다. 어린 나이였지만 티모의 재능은 작은 팀이 담기에는 너무 커졌고, 가족은 슈투트가르트를 선택했습니다. 팀에는 그나브리와 키미히가 있었습니다. 스타가 즐비한 팀에서 티모가 가장 주목받는 선수였다는 기록은 유소년 레벨에서 그가 얼마나 독보적이었는지 알 수 있습니다. 이즈음 티모와 아버지는 비로소 확신할 수 있었습니다. 티모의 재능이 아마추어 선수였던 아버지를 완전히 뛰어넘었다는 사실을요.

티모의 프로 데뷔 꿈은 열일곱 살에 이뤄졌고, 스무 살에 라이프치히로 이적하면서 재능이 더욱 빛납니다. 티모는 이적 첫 해 무려 21득점을 기록합니다. 결국 독일 대표팀의 뢰브 감독은 오랜 주전이자 티모의 어릴 적 영웅 마리오 고메즈를 제외하고 그를 전차 군단의 최전방에 세웁니다. 2018년 러시아 월드컵 출전으로 이어진 티모의 성공 시대는 독일의 역사적인 스트라이커들처럼 빠른 속도로 열렸습니다. 나겔스만 감독과 함께 무려 78득점을 기록한 티모의 첼시행은 당연히 '독일인 최초 EPL 득점왕'의 탄생으로 이어질 것이라고 믿는 사람이 많았습니다. 하지만 첼시에서의 시간은 실패로 끝났고, 한국에서 그의 별명은 '빅 찬스 미스 형'이 되어있었습니다. 독일로 돌아간 티모는 대표팀에 소집되지 않았습니다. 그래서 토트넘 이적은 그가 잡은 새로운 기회입니다.

티모의 성공과 내리막은 모두 광속으로 진행되었고, 몇 년 동안 그에 대한 평가는 극과 극으로 변했습니다. 티모의 축구는 누군가가 보기엔 실패일 수 있지만, 그의 인생에는 성공이 더 많습니다. 은퇴한 아마추어 선수 퀸터슈가 축구 코치를 시작한 이유는 오직 아들을 위해서였습니다. 자신

Timo Werner

을 대신해 아들이 프로 선수가 되길 바랐던 소박한(?) 꿈을 위해 그는 많은 시간을 바쳤습니다. 꿈에라도 넘고 싶던 분데스리가의 높은 벽을 끝내 넘지 못하고 축구화를 벗었습니다. 은퇴한 노장의 집념은 아들을 낳으며 다시 살아났고, 코치라는 제2의 인생을 선택한 후 아들을 위해 살기 시작했습니다. 아들은 아버지의 헌신에 노력으로 답했습니다.

어린 아들을 산에 오르게 했다는 이야기는 좀 심하지 않았냐고 생각할 수 있지만, 한편으로는 아빠와 매일 함께한 산행은 부자에게 평생 추억으로 남을 수도 있습니다. 티모는 아빠의 평생 꿈인 프로 데뷔를 아빠와 함께 이뤘습니다. 아빠가 청춘을 바치고도 닿지 못한 꿈을 아들은 태어나 17년 만에 이루었습니다.

티모의 이름은 기독교에서 유래했고 '신의 영광'이란 의미가 있습니다. 토트넘에서 뛰고 있는 아들이 아버지에게는 신의 영광일 것 같습니다. 이제는 아빠의 꿈이 아닌 자신의 꿈을 위해 달려가는 티모의 도전은 여전히 진행 중이고, 축구 선수로서 그의 미래는 아직 미지수입니다. 부모님께 배운 다섯 가지 가치를 잊지 않는다면 티모는 평생 타인에게 존중받고, 축구보다 중요한 가치를 쟁취한 '성공한 사람'으로 살아갈 것입니다

영상과 함께 보면
감동이 두 배입니다.

브라질 순둥이
히샬리송

　가난한 브라질 유소년 선수에게 기적 같은 일이 일어납니다. 히샬리송에게 첫 스폰서가 생긴 운명의 날, 소년들은 샤넬과 벤틀리보다 거대한 이름 '나이키'의 선물 보따리를 기다리고 있습니다. 낡은 옷, 닳아서 해진 축구화를 신고 있던 그의 눈앞에 나이키의 최신 부츠와 옷들이 배송되는 순간, 팀원들은 마치 월드컵 우승을 연상케 하는 환호와 박수를 보냅니다. 이때 히샬리송의 반응은 어땠을까요?

　이탈리아 베네치아 사람들이 브라질로 건너가 만든 도시 노바 베네치아의 영어 뜻은 뉴 베니스(New venice)입니다. 그런데 안타깝게도 노바 베네치아는 새로운 베네치아가 되지 못합니다. 부자 동네와 빈민가의 공존, 히샬리송은 노바 베네치아의 빈민가에서 태어납니다. 빈민가 꼬마들의 우상은 둘 중 하나입니다. 갱 아니면 축구 선수…. 많은 아이가 고민합니다. 마약을 팔아서 돈을 벌지, 축구 천재들이 넘쳐나는 브라질에서 프로가 되어 돈을 벌지…. 당연히 마약 파는 것이 더 쉽습니다. 히샬리송 삶에 나타난 첫 번째 멘토인 엘튼 삼촌은 돈으로 바꿀 수 없는 인간성의 가치에 대해 가르칩니다. 히샬리송은 나쁘게 말하면 바보 같고, 좋게 말하면 순수합니다. 쉽게 남의 말을 믿었습니다. 만일 삼촌이 돈과 마약에 대해 가르쳤다면 그의 피지컬과 근성으로 봤을 때 브라질 최고의 갱이 되지 않았을까요? 히샬리송은 착하게 사는 게 낫다는 삼촌의 가르침을 그냥 믿어 버립니다.

삼촌은 또 하나의 기적을 그에게 선사합니다. 히샬은 삼촌이 어느 날 소파에 기대 TV를 켜는 순간, 그동안 느껴보지 못한 심장박동을 느낍니다. EPL이었습니다. 마약과 총기, 친구들의 죽음과 감옥행, 히샬의 현실은 지옥 같았습니다. TV로 지켜보던 EPL은 너무 멀었고, 히샬이 살고 있는 세상은 범죄의 유혹으로 가득했습니다. 이때 하늘은 그에게 두 번째 멘토를 보냅니다. 늦게 축구를 시작한 히샬에게 풋살팀 감독이 말합니다. "너는 축구에 재능이 있어!"

성공한 사람들은 꿈을 꾸고 목표를 설정하며 가능성과 상관없이 그게 현실이 될 거로 생생히 믿습니다. 히샬리송은 아이스크림을 팔고 세차장에서 일하면서도, 재능이 있다는 코치의 말을 믿고 자신이 EPL에 갈 수 있다고 믿기 시작합니다. 히샬이 범죄로 쉽게 돈을 버는 주변 친구들의 유혹을 이겨낼 수 있었던 이유입니다. 경찰관 출신인 풋살팀 감독은 축구 외에 규율과 근면에 대해서도 가르칩니다. 히샬리송이 다른 브라질 스타들과 성향이 좀 다른 이유입니다. 마약 도둑으로 오해한 갱 때문에 이마에 총구가 닿는 극한 상황을 겪기도 했던 마샬의 삶은 요동치고 있었습니다. 내일 당장 불타버려도 이상하지 않은 현실과 눈앞의 모든 걸 잊게 해주는 마약 같은 EPL이….

힘겨웠던 히샬리송의 유년 시절

그의 내면에는 다른 빈민가 아이들처럼 나와 내 친구를 지키기 위해 목숨도 걸 수도 있는 마음이 있었습니다. 거기에 가난과 약함에 대한 태생적인 분노와 동정이 쌓입니다. 지금도 자신과 팀 동료를 향한 공격에 대응해 가장 앞에서 행동하는 히샬리송은 자기편과 상대편에 대한 구분이 명확합니다. 그에게 잉글랜드 도련님들은 브라질 갱들에 비하면 가소로울 정도입니다.

빈민가에서 태어난 아이들은 개인주의보다 가족과 조직에 대한 애착이 깊고, 태생적으로 낮은 자존감을 단체에 소속되었다는 안도감으로 해소하는 예가 많다고 합니다. 히샬은 다른 브라질 스타들보다 늦은 나이에 축구를 시작했고, 선천적 능력에 비해 기본기가 부족했습니다. 열일곱 살에 월드컵 우승을 차지한 펠레는 지역 축구팀 소속이었고, 더 큰 무대를 바랐지만 여러 번 좌절을 겪었습니다. 히샬의 꿈은 불가능해 보였고, 가난했고, 미래는 안갯속 같았습니다.

바로 이때, 운명은 그를 더 큰 무대로 손짓합니다. 브라질 프로팀 아메리카 FC의 테스트 제의를 받습니다. 집에서 테스트 장소까지는 600킬로미터나 되었습니다. 히샬은 태어나서 그렇게 멀리 가본 적이 없었고, 왕복 티켓을 살 돈도 없었습니다. 노바 베네치아를 떠나겠다고 결심한 그의 영혼엔 반드시 성공하겠다는 강한 집념과 의지만 있었습니다. 편도 티켓 값만 겨우 마련해 테스트에 참가한 소년은 드디어 프로 선수가 됩니다.

열일곱 살에 데뷔한 그는 가슴 깊이 쌓인 울분과 분노를 토해내기라도 하듯 폭발적으로 성장했고, 2년 후에는 더 상위 팀인 플루미넨시로 이적합니다. 그토록 꿈에 그리던 노란 유니폼을 입고 남미 유소년 대회에 출전한 히샬은 세계 무대 등장과 함께 유럽의 관심을 받습니다. 세계 최강 브라질 군단에 나타난 양발 잘 쓰는 파이터의 등장이었습니다. 축구는 이제 불과 3년 전 화약과 마약 냄새나는 동네에 머물렀던 소년을 어둠에서 구해줄 동아줄이자 살아남게 해줄 희망이 되었습니다.

기차표 살 돈이 없어 편도만 끊은 2014년, 플루미넨시에 입단한 2016년에 이어 2017년에 히샬은 EPL 왓포드에 입성합니다. 브레이크를 모르던 브라질 청년은 2018년 에버튼에 750억 원으로 이적한 후, 2022년에는 토트넘에 도착합니다. 열일곱 살까지는 지난한 인내의 시간이었지만 이후 삶은 승승장구입니다. 성공에 대한 그의 집념은 영어 실력 향상 속도를 보면 알 수 있습니다. 코파 아메리카에서 상을 받은 티아고 실바에게 히샬이 다가가 트로피에 적힌 글자가 무슨 뜻이냐고 묻자, 실바는 자기 귀를 의심합니다. 트로피에는 영어로 '페어 플레이'라고 적혀있었습니다. 페어 플레이라는 단어조차 모르던 히샬은 스물세 살에 에버튼에서 다음과 같은 편지를 영어로 씁니다. "제 이름은 히샬리송입니다. 브라질에서 온 스물세 살이에요. 훈련 때 저는 손을 보호하기 위해 장갑을 껴요. 훈련이 끝나면 점심을 먹고, 점심을 먹으면 집으로 돌아와요. 저는 집에서 친구들과 게임하는 걸 좋아해요. 센터에 가는 것도 좋아요. 거긴 예쁜 여자들이 많아요." 몇 년간 그가 영어 공부에 얼마나 진심이었는지 삐뚤삐뚤한 글씨에 담겨있습니다.

히샬은 모든 브라질인의 아이돌인 네이마르의 머리 모양을 흉내 내는 충성심 높은 팬이었습니다. 네이마르가 런던에 방문했을 때 히샬을 파티에 초대합니다. 히샬은 하늘을 날듯 기뻤습니다. 하지만 그 제안을 거절합니다. 주말 경기를 위한 휴식이 필요했기 때문입니다. 그는 다른 브라질 스타들보다 근면 성실하고 검소한 편입니다. 토트넘 입단과 동시에 팀 계정과 손흥민 계정을 팔로우한 히샬은 손흥민과 공통점이 많습니다. 경찰관 출신 풋살팀 감독과 손흥민 아버지 교육의 근본이 맞닿아 있기에 그렇습니다.

히샬의 룸메이트였던 길헤르메 자비에르가 전하는 이야기가 있습니다. 10대에 처음 나이키 옷과 부츠를 받던 날, 히샬은 친구들의 환호를 뒤로하고 조용히 자기 방으로 돌아가 여행 가방 하나를 들고 기숙사를 나갔다가 몇 시간 후 돌아옵니다. "어디 갔다 왔어?" 내성적인 소년은 말이 없었고 룸메이트가 계속 묻자 나지막하게 대답한 상황은 이랬습니다. "그는 자기 옷장의 옷들을 모아 벨로오리존치의 중심가로 갔대요. 그리고 여행 가방을 포함한 모든 걸 노숙자들에게 주고 왔대요." 나이키가 준 새옷이 생긴 기쁨을 누리기 전에 먼저 시내에 있는 옷 없는 노숙자들을 떠올린 10대 소년…. 그 소년의 눈에 비친 세상은 어떤 곳이었을까요?

그토록 떠나고 싶었던 노바 베네치아, 히샬은 기부를 위해 매년 고향을 방문합니다. 다른 축구 스타들이 이비자섬에서 파티를 즐기던 2019년에는 식량 6.4톤을 고향에 기부합니다. 그때 찾은 고향에서 히샬은 눈물을 참으며 말합니다. "누군가의 삶에 작은 변화를 줄 기회가 있다면 절대 고민하지 마세요." 결국 눈물을 쏟고 만 그의 삶에 삼촌과 경찰관 출신 풋살팀 감독이 없었다면, 그는 지금 어떤 삶을 살고 있을까요? 말 한마디가 EPL 선수를 만들었다고 하면 과장이 심하다고 비웃는 사람도 있을 것입니다. 그 비웃는 사람들이 살면서 놓친 수많은 가벼운 말을 일부 사람은 가슴에 새기고 성공하는 세상은 나름 타당하지 않나요?

토트넘에서 조우한
한국의 7번과 브라질의 9번

히샬의 브라질 시절 코칭 스태프 마르카오가 리버풀에 갈 기회가 생겼습니다. 그는 이미 거물이 된 히샬에게 전화하는 걸 망설였지만 연락이 닿자 히샬은 모든 일행을 경기장으로 초대해 함께 식사합니다. 마르카오는 전합니다. "식사하는데 그가 휴대폰을 꺼내서 제게 한 영상을 보여줬어요. 플루미넨시 훈련장에서 저녁 늦게까지 훈련했던 어느 날 우리의 모습이었어요. 그는 그 기억을 간직하고 있었고 지금도 그 시절이 휴대폰에 저장되어 있었어요. 이런 모습이 그를 승자로 만든 거예요. 그는 자기 뿌리와 그가 오늘날 있는 곳에 도달하도록 도와준 사람들을 잊지 않아요. 그는 여전히 제가 알고 있던 히샬리송이에요."

때로는 인간의 삶이 매우 복잡하고 대단한 것들로 이루어진 알 수 없는 유기체 같지만, 때로는 단순한 몇 가지로 나열되고 귀결되는 문장 한 줄이기도 합니다. "꿈을 가지고 착하게 열심히 살아야 해." 이 평범한 문장은 요즘 세상에서 현실감이 없어 보입니다. 분명한 것은 꿈꾸지 않고 이룬 사람 없고, 착하지 않고 진정으로 존중받는 사람 없다는 사실입니다. 지금 당신이 꿈꾸는 삶이 무엇이든, 이마에 총구가 닿는 죽음 직전의 상황을 경험했던 히샬이 몇 년 뒤 챔피언스 리그에 출전하는 것보다 간단한 일인지도 모릅니다.

영상과 함께 보면
감동이 두 배입니다.

네덜란드 특급 열차
판더펜

판더펜의 토트넘 이적은 최근 몇 년 동안 구단의 투자 규모를 참고하면 놀랍지 않았습니다. 그런데 이적 소식에 이어 알려진 계약 내용은 팬들의 두 눈을 의심하게 했습니다. 무려 6년이라는 긴 계약 기간에 팬들의 반응은, 유행하는 표현을 빌리자면 '경악'이었습니다. 인터넷에는 '광기의 6년 계약'이란 표현도 있었습니다. 사람들은 그의 나이와 잠재력을 생각해볼 때 토트넘이 어떻게 이 센터백을 설득한 건지 궁금해했습니다.

토트넘에는 판더펜 이전에도 '광기의 6년 계약'을 한 선수가 있습니다. 바로 판더펜의 센터백 파트너 로메로입니다. 2020/21시즌 당시 김민재보다 어린 스물세 살에 세리에 A 올해의 수비수 트로피를 거머쥔 로메로와 토트넘은 6년 장기 계약했습니다. 두 센터백은 이변이 없으면 20대 대부분을 토트넘에서 보내게 됩니다. 토트넘으로서는 최고의 계약들입니다. 판더펜이 6년 장기 계약을 결정한 이유는 무엇이었을까요? 그리고 주장 손흥민의 경력에 판더펜의 존재가 매우 중요한 이유는 무엇일까요?

미키 판더펜은 2001년 네덜란드 북부의 워머(wormer)라는 마을에서 태어났습니다. 2021년 기준 인구가 1만여 명에 불과한 작은 마을입니다. 마치 암스테르담에서 자란 전형적인 도시 아이 이미지가 있는 미키의 유년 시절이 상상과는 정반대로 '자연'이 가득했던 이유입니다. 흔히 유럽은 개인주의가 강하다고 알려져 있습니다. 워머는 구성원들이 긴밀하게 연결된 지역이고, 미키는 동네 아이들과 자연에서 뛰어놀며 자랐습니다. 위키에는, 과거 66명의 스페인 군인이 워머 지역을 점령하려 했을 때 지역 주민들이 함께 싸웠다는 기록이 있습니다. 판더펜은 오래도록 지역색이 남아있는 곳에서 성장했습니다.

그는 워머에서 탄생한 첫 프로 축구 선수입니다. 이전까지 이 지역에서 배출한 스포츠 선수는 네덜란드 배구 대표팀에 발탁된 이력이 있는 1962년생 피터 얀 레우베링크가 유일합니다. 인구 1만 명 정도인 지역에서 출발한 미키의 축구 여정은 지역 사람들에게는 경이로운 일이었고, 아직 진행형입니다. 대부분 선수가 그렇듯 미키를 만든 첫 번째 단계에는 부모님이 있었습니다. 그의 아버지는 경찰관 출신입니다. 규율과 신체 단련, 전형적인 경찰관 아버지의 모든 것이 아들에게 교육되었습니다. 고요하고 아름다운 마을 워머는 어린 미키가 자신에 관한 관심을 키우고 숨은 재능을 발견할 수 있는 최적의 환경을 제공했습니다.

동네 아이들과 함께 뛰어놀던 미키는 일곱 살 무렵에 축구를 시작했는데 그때부터 다른 아이들과는 많이 달랐습니다. 별다른 훈련 없이도 미키는 모두를 압도하는 스피드를 보였습니다. 타고난 첫 번째 재능이었습니다. 2022/23시즌 35.97킬로미터라는 숫자를 찍으며 분데스리가에서 가장 빠른 센터백에 오르는 전설의 시작이었습니다. 빠른 스피드를 타고난 소년들 대부분이 그렇듯 그는 공격수였습니다. 미키의 성장기에 아버지는 경찰을 그만두었고, 유일한 아들인 미키가 축구 선수로 성장할 수 있도록 전폭 지원했습니다. 부모님의 사랑, 동네 아이들과 뛰어놀았던 대자연, 자연과 함께 자신을 탐구했던 시간, 타고난 신체 능력, 그의 성장기는 만화의 한 장면을 연상케 합니다. 그런데 만화에 언제나 등장하는 장면이 있습니다. 주인공에게 닥치는 시련입니다.

1만여 명에 불과한 동네에서 미키는 라이벌이 없었습니다. 항상 형들과 공을 찼고 마을 어디에서나 주목받는 꼬마 스타였습니다. 부모님의 걱정은 혹시 모를 미키의 '자만심'이었습니다. 부모님은 동네에서 최고가 네덜란드 최고를 의미하지 않는다는 사실을 잘 알고 있었습니다. 더욱이 마을이 생긴 이래 프로 축구 선수가 단 한 명도 없었다는 것은 엄연한 현실이었습니다. 다른 나라도 아니고 그곳은 네덜란드입니다. 적은 인구로도 항상 월드컵 우승을 꿈꾸는, 축구에 특화된 천재들이 매년 나타나는 축구 강국입니다. 부모님은 미키가 보인 뛰어난 성과에도 불구하고 언제나 겸손하도록 가르쳤습니다. 스포츠 스타에겐 겸손을 강조하는 부모님이 많습니다. 운동선수의 자만은 부상을 부르기 때문입니다. 안타깝게도 부모님의 걱정은 곧 현실이 됩니다.

2013년 FC 볼렌담에서 본격적으로 시작한 미키의 축구 인생에 첫 시련이 찾아옵니다. 동네에서는 마라도나이자 펠레였지만, 정규 무대에서는 '발만 빠른' 유소년으로 전락해버립니다. 부모님이 동네 형들을 압도했던 미키를 거만하게 키웠다면, 처음 닥친 시련에 상당한 좌절감을 느꼈을지 모릅니다. 미키는 축구라는 종목과 마을 밖 세계를 충분히 인지하고 있었고, 자신이 최고가 아님을 온전히 교육받은 상태였습니다. 동네 최고였던 꼬마가 하루아침에 클럽에서 방출 통보를 받는 평범한 아이가 되었을 무렵, 미키에겐 새로운 과제가 생깁니다. 바로 축복받은 빠른 발을 돋보이게 만드는 노력 그리고 수비수로 전향입니다.

신임 감독 빔 용크가 부임하면서 소년 미키의 운명은 반전을 맞이합니다. 빔은 방출 통보를 보류하고 미키를 잔류시켰습니다. 이후 점점 더 많은 사람이 미키의 능력을 주목하기 시작합니다. 소년은 단기간에 팀의 정규 멤버가 되었습니다. 빔 용크는 미키가 축구 인생에서 만난 첫 은인입니다. 감독을 대하는 미키의 관점을 바꾼 인물이고, 이는 토트넘 입단 계기와도 연관이 있습니다. 감독은 몇 년 뒤 미키에게 주장 완장을 맡겼고, 미키는 골든 부츠를 수상하는 팀의 주역이 되었습니다. 6년이나 네덜란드 하위팀 볼렌담에서 뛰었던 미키는 다른 네덜란드 아이들과 달리 아약스나 PSV 같은 강팀으로 이적하지 않았습니다. 언제나 빔 용크와 함께했고, 자신의 미래보다는 오직 팀의 승리를 목표로 움직였습니다.

토트넘으로의 이적, 6년이라는 계약 기간, 현재의 미키는 과거의 미키와 달라진 게 없습니다. 볼렌담에서 프로 데뷔를 했고, 2021년이 되어서

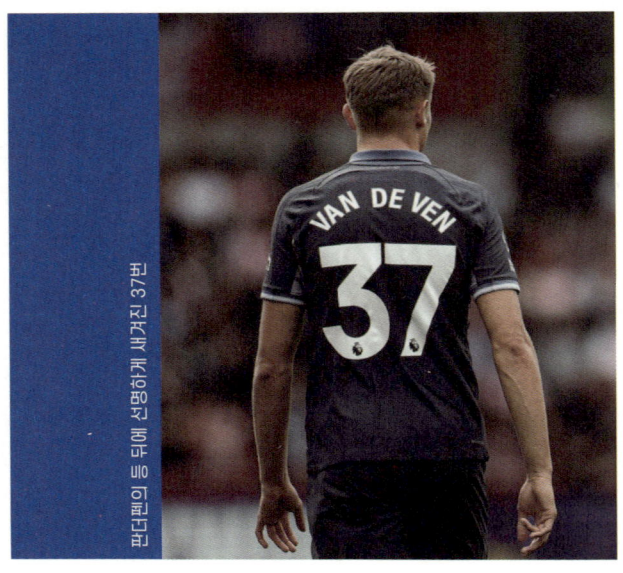

판더펜의 등 뒤에 선명하게 새겨진 37번

야 독일의 볼프스부르크로 이적합니다. 열두 살에 볼렌담의 유소년 유니폼을 입었던 소년은 스무 살에 화려하게 떠났습니다. 팀에는 주장으로서 구성원 전체에 영향을 미친 리더십과 엄청난 이적료를 남겼습니다. 클럽과 선수의 만남 그리고 이별에 이르는 과정이 모두 최고의 해피엔딩이었습니다.

미키 판더펜의 이름을 전 유럽에 알리는 데는 겨우 2년 걸렸습니다. 그는 독일에서 가장 빠른 센터백으로 등극했고, 네덜란드 U21 대표팀에 발탁되어 11경기에 나섰으며, 유럽팀 대부분이 탐내는 초특급 유망주로 성장했습니다. 그즈음 미키 앞에 수염 덥수룩한 한 남자가 나타납니다. 바로 지구 반대편, 호주 대자연에서 자란 포스테코글루 감독입니다.

"감독과 대화를 나눴고, 이적 결정의 중요한 요소 중 하나였습니다. 물론 클럽의 디렉터와도 상담했지만 그들은 저를 경기장에서 훈련시키지 않습니다. 감독은 저를 더 나은 선수로 만들어주는 사람입니다. 선수는 감독의 플레이 스타일을 좋아해야 합니다. 스타일이 맞지 않으면 서로 원하는 경기를 할 수 없기 때문입니다. 저는 포스테코글루의 경기 스타일이 마음에 들어서 토트넘 입단을 결정했습니다." 그는 레비가 내민 6년 계약서에 사인했습니다. 자기 몸값을 올리는 게 최대 목표인 사람, 계산적인 사람에겐 절대 불가능했을 6년 계약입니다. 자본주의 사회에서 자기 몸값에 신경 쓰는 것은 절대 욕먹을 행동이 아닙니다. 그런데 자연에서 자란 순수하고 순박한 이 청년의 결정을 응원하게 됩니다. 어디 가서 속지 않길, 주어진 장소에서 훨훨 날기 바랍니다. 토트넘과 장기 계약한 미키의 시즌이 시작되고 그의 마음은 어떨까요?

"정말 마음에 듭니다. 감독님은 우리에게 볼을 점유하며 경기하는 것에 대한 믿음을 줍니다. 저는 그 스타일이 마음에 들어요. 저와 로메로, 우도기, 포로는 높은 라인을 유지하지만 언제 뒤로 가야 할지 잘 알고 있습니다. 지난주 내내 그걸 연습했거든요. 물론 이 방법이 리스크가 있다는 것을 압니다. 그런데 리스크 없는 축구가 있나요?" 그의 마지막 말은 축구뿐 아니라 인생에도 그대로 적용됩니다. 리스크 없는 인생이 있나요?

한 번 내린 결정은 되돌릴 수 없습니다. 승과 패는 아슬아슬한 경계에 있습니다. 볼렌담에서만 뛰었던 유소년 경력, 토트넘과의 6년 계약, 현재까지 모든 일에 리스크가 있었지만 그는 언제나 특유의 우직함으로 정면

돌파하고 있습니다. EPL에서 뛰고 있어도 대자연에서 조용한 시간을 보내며 사색했던 성향을 그대로 간직하고 있습니다.

토트넘 최대 약점 중 하나는 센터백의 속도였습니다. 상대에게 공을 뺏기면 센터백은 돌아오지 못했습니다. 결국 팀에서 가장 빠른 손흥민이 수비 쪽으로 스프린트하는 빈도가 높아졌습니다. 경기 중 공격수의 스프틴트 횟수가 많아지면 정작 공격 상황에서 스피드가 떨어지게 됩니다. 손흥민의 콘테 시절을 기억하나요? 벨기에 듀오가 있을 땐 절대 상상할 수 없던 장면이었습니다. 2023년까지 손흥민 수비 부담의 가장 큰 원인은 상대 역습에 대응하는 토트넘 수비수의 느린 발이었습니다. 분데스리가의 총알 탄 수비수 판더펜의 영입은 손흥민에게 직접 어시스트를 보낼 미드필더 영입보다 더 중요한 올해 최고의 선택입니다. 훌륭한 수비수의 존재는 공격수에게 전혀 다른 형태의 플레이를 제공합니다. 미키는 손흥민의 공격에 날개를 달아줄 수 있습니다.

모든 것은 상호작용합니다. 눈앞에서는 전혀 다른 물질로 보여도 열 걸음 뒤에서는 조화를 이루기도 합니다. 2023/24시즌 토트넘의 수백 가지 '물질'들이 제대로 화학 작용할 때 어떤 신물질이 탄생해 있을까요?

영상과 함께 보면
감동이 두 배입니다.

포로의 자신감은
할아버지의 선물

포로는 눈물을 흘리며 토트넘에 입성했습니다. 더 나은 팀으로 가는 선수의 밝은 미소가 아닌 흐느낀다는 표현이 적절할 정도의 눈물이었습니다. 그의 눈물에는 그가 축구 인생에서 겪은 성공과 좌절, 재기의 역사가 함축되어 있었습니다. 버림받은 선수의 애환과 도전 그리고 어떤 복수심이 있을 것 같은 토트넘의 풀백 페드로 포로…. 이제 스물네 살인 청년의 축구 인생에는 어떤 사연이 숨어있을까요?

유명 프로 축구 리그인 라리가가 있는 스페인 출신 선수가 EPL에서 뛸 땐 크게 세 가지 이유가 있습니다. 첫째, 자국 클럽에서 선택받지 못한 선수들의 도피성 이적입니다. 둘째, 더 나은 자금을 보유한 EPL 클럽이 라리가 팀들과의 영입 경쟁에서 승리했을 때입니다. 셋째, 스페인 감독의 부름을 받았을 때입니다. 포로가 정든 고향 스페인을 떠나 잉글랜드에 처음 입성한 이유는 누구나 수긍할 수 있었습니다. 바로 맨시티의 부름이 있었으니까요. 그것도 2019년, 스페인 국적의 펩 과르디올라가 감독으로 있던 맨시티입니다.

페드로 포로는 1999년 스페인 돈 베니토에서 태어났습니다. 그는 집안의 든든한 장남이었고, 부모의 사랑을 받으며 행복하게 자란 축구 소년이었습니다. 한 가지 특이점은 포로의 부모님은 두 분 다 일을 하고 있었고, 포로와 동생은 대부분 시간을 조부모 집에서 보내며 성장했습니다. 그에게 할아버지와 할머니는 특별한 존재였고, 그의 인생을 결정지은 가장 중요한 후원자이기도 했습니다. 포로는 매일 할아버지와 함께 동네 공원에서 축구했고, 축구 클럽에 처음 입학한 날에도 그의 옆에는 할아버지가 있었습니다. 할아버지는 1980년대 코치로 활동했던 축구 유전자의 원천이었고, 이는 모두 포로에게 이어졌습니다.

가족들이 함께 육아하는 전통은 사실 그가 태어난 고향과 연관이 있습니다. 그가 태어난 돈 베니토는 돈 요렌테라는 마을이 과디아나강 홍수로 붕괴되면서 피난민들이 이주해서 만든 새로운 마을이었습니다. 대자연의 힘 앞에서 하루아침에 모든 것을 잃은 사람들은 맨땅에서 새롭게 시작해야 했고, 현재 돈 베니토에는 그들의 후손 3만 7천 명이 살고 있습니다. 끝내 1부 리그에 입성하지 못한 많은 축구인의 한결같은 바람은 더 높은 무대에 서는 자식을 보는 것입니다. 할아버지는 다른 일을 선택한 아들을 통해서는 그 꿈을 이루지 못했지만, 손자 페드로 포로에게서 희망을 발견했습니다. 할아버지는 어린 포로에게 끊임없이 용기와 자극을 주었습니

스포르팅을 떠나며 흘린 패드루 포르의 눈물

다. 그의 교육은 단순했습니다. 손자 스스로 누구보다 자신이 낫다는 믿음을 갖게 했습니다. '자신감'을 심어준 것입니다.

자신감은 겸손함의 반대말이 아닙니다. 축구에서 '나는 안 될 거야'라는 마음가짐으로 프로 무대에 도달한 사람은 거의 없습니다. 스스로 더 발전해야 한다는 의지의 다른 이름은 '겸손함'입니다. 프로 무대에는 자신감과 겸손함이 잘 조화된 선수가 많이 살아남아 있습니다. 아카데미 입학 서류에 포르의 이름을 대신 적었던 할아버지는 훗날 손자가 바다 건너 런던에서 축구할 것을 상상이나 했을까요? 그런데 할아버지의 꿈은 빠른 속도로 이뤄지기 시작합니다. 유소년 포르가 얼마나 뛰어난 선수였는지는 사진 한 장으로 생생히 증명됩니다. 돈 베니토의 시장은 열여섯 살 축구 소년의 가족을 집으로 초대해 기념사진을 남깁니다. 포르 가족은 인구 3만 명인 마을에서 은퇴한 축구 선수 후안마 고메스 가족 다음으로 유명한 가족이 됩니다. 그 작은 마을에서 두 번째 프로 축구 선수가 탄생할지도 모른다는 기대감이 서서히 싹트기 시작합니다.

　포로의 재능은 마을 사람들의 기대를 뛰어넘는 수준이었습니다. 놀랍게도 열다섯 살 포로에게 처음 접근한 팀은 레알 마드리드였습니다. 온 가족이 마드리드에 방문했던 이유입니다. 포로의 가족은 어린 아들이 시작부터 너무 강한 경쟁에 휘둘리는 것을 원치 않았습니다. 그래서 미래가 보장된 소규모 팀 라요 바예카노에서 꿈을 키우기로 했습니다. 같은 이유로 아틀레티코 마드리드와 뮌헨의 제안도 거절했습니다. 가족의 바람대로 성장한 포로는 지로나로 이적하며 본격적인 프로의 길로 접어듭니다.

　포로는 그곳에서 백승호를 만났습니다. 바르샤를 선택했던 한국의 천재 소년과 레알을 거절한 스페인의 천재 소년이 지로나에서 만난 순간은 묘한 대조를 이뤘습니다. 둘은 친하게 지냈습니다. 2019년, 포로의 프로 데뷔골이 레알 마드리드를 상대로 터졌습니다. 전 유럽의 스카우터들이 시청하는 레알의 경기는 프로가 된 포로의 이름을 바다 건너에 알렸습니다. 얼마 후 시즌 종료와 동시에 맨시티의 전화를 받게 됩니다.

　유소년 시절 내내 포로를 보호했던 가족들은 이제 포로가 더 먼 곳을 향해도 괜찮겠다고 생각합니다. 포로는 이적료 11만 파운드에 맨시티행을 결정했고, 휴일마다 볼 수 있던 가족을 떠나 외국에서 뛰는 축구 인생을 시작합니다. 그런데 잉글랜드는 포로에게 축구 인생 최초로 '패배감'을 안긴 곳이 됩니다. 유럽 대부분 클럽에서 주목받던 축구 소년의 전진을 막은 벽은 공교롭게도 손흥민의 토트넘 적응을 도왔던 맨시티 주전 풀백 카일 워커였습니다. 벤치 자원에서도 밀린 포로에겐 길고 긴 임대 생활이 시작되었고, 시즌이 끝날 때마다 푸른색 유니폼을 꿈꿨지만 프리 시즌 때 경쟁의 기회조차 주어지지 않았습니다.

가족을 떠난 포로에게 위안이 되어준 최초의 존재는 바로 스포르팅의 팬들이 있습니다. 맨시티에서 버림받은 포로는 스포르팅으로 이적해 활약했고, 맨시티

프로 선수 이전에 사랑스런 손자 포로

가 아닌 토트넘으로 입성하며 축구 인생에서 새로운 국면을 맞이합니다. 스포르팅과 가진 마지막 인터뷰에는 가족의 품을 떠나 느꼈던 축구 소년의 외로움, 스포르팅을 통해 받은 위안 그리고 축구 선수로 겪은 좌절감과 성취감, 의연함이 있었습니다.

잉글랜드로 돌아온 포로를 향한 펩 과르디올라 감독의 인터뷰가 전해졌습니다. 그는 포로에게 바이백 조항이 있는지 모르고 있었고, 최대한 좋게 이야기하려 애썼지만 자신의 구상에 포로는 전혀 없었음을 실토했습니다. 포로는 임대 시절 분명 자신의 활약이 비디오를 통해 펩에게 전달될 거로 기대하며 필사적으로 뛰었을 것입니다. 모든 임대 선수의 바람은 당연히 소속팀 복귀입니다. 이는 축구라는 종목의 단면을 보여주는 장면입니다. 프로 세계에는 이른 나이에 천재로 불린 선수들이 수백 명 있습니다. 한 명 한 명 기억하기도 힘들 만큼 뛰어난 선수는 끊임없이 나타

납니다. 누가 봐도 펩에게 포로는 중요한 선수가 아니었습니다. 그런데 레알과 뮌헨의 제안도 거절했던 포로의 가족이 맨시티행을 결정한 이유는 무엇이었을까요?

　포로와 같은 스페인 국적을 가진, 세계에서 가장 유명한 감독이 있는 구단의 부름은 가슴 뛸 수밖에 없는 제안이었습니다. 프로의 세계는 냉정했고 현실은 포로와 그의 가족에게 가혹했습니다. 그런데 2023년에 반전이 찾아옵니다. 바로 펩과 같은 전술을 애용하는 풀백 출신 감독 포스텍이 토트넘에 부임합니다.

　펩이 포로를 선택하지 않은 이유는 분명합니다. 부족한 수비력과 1대 1 대인 마크 상황에서 쉽게 돌파당하는 신체 능력 때문이었습니다. 포스텍은 펩이 버린 카드를 활용하기 시작합니다. 2023/24시즌 초반 8경기 내내 완벽하진 않았습니다. 하지만 적어도 한두 경기 정도에서 포로는 과거의 단점이 대폭 개선된 모습을 보이며 여전히 성장하고 있는 풀백임을 증명하기 시작했습니다. 2022/23시즌, 제가 본 포로의 가장 인상 깊은 장면은 경기장이 아니라 벤치에 있던 무렵입니다. 리버풀전에서 최악의 경기를 마치고 눈물을 흘렸던 모우라가 기적 같은 부활포를 터트렸을 때, 벤치를 지키던 포로는 누구보다 진심으로 기뻐하고 있었습니다.

　2023/24시즌 히샬리송이 오랜 부진을 끝내고 득점한 경기에서도 포로는 자신의 득점처럼 기뻐했습니다. 저는 처음부터 완벽했던 선수보다 항상 도전하고 성장하는 사람이 훨씬 더 매력적으로 보입니다. 포로는 완벽

한 풀백이 아닙니다. 그 점이 그의 다음 경기, 다음 시즌을 기대하게 합니다. 함부르크의 손흥민을 처음 좋아했던 이유도 그가 완벽한 윙어가 아니었기 때문이었고, 레버쿠젠에서 토트넘으로 이어지며 생생히 목격한 손흥민의 성장과 발전에 매력을 느꼈습니다. 포로는 2023/24시즌 자신을 버린 펩의 맨시티를 두 번 만납니다. 그의 팀 주장은 맨시티를 상대로 EPL에서 두 번째로 많은 득점을 터트리고 있는 손흥민입니다.

이제 포로 곁에는 할아버지가 없습니다. 할머니는 작년에 돌아가셨고 그는 삶에서 가장 힘든 순간을 겪었습니다. 런던에는 포로처럼 축구만 생각하며 인생을 살아온 동료들이 가득합니다. 만약 토트넘이 맨시티를 이긴다면 포로는 어떤 표정을 지을까요? 그의 축구는 이제 시작입니다.

영상과 함께 보면
감동이 두 배입니다.

말리의 야수
비수마

　손흥민의 해트트릭을 기념하는 공과 유니폼을 들고 환하게 웃고 있던 비수마가 남긴 메시지는 "쏘니는 내가 평생 만난 사람 중 최고"였습니다. 비수마가 토트넘에 이적한 지 3개월 정도 지난 무렵이었습니다. 비수마의 표정은 동료가 아닌 팬의 표정이었습니다. 현재 토트넘의 선발 선수 대부분이 20대 초반임을 고려하면 손흥민과 비수마의 나이 차이는 네 살에 불과하니 같은 세대라 해도 무방합니다. 두 사람의 축구 인생은 정반대 길을 걸어왔습니다. 손흥민이 토트넘에서 득점을 터트리기 시작했던 2016년에 비수마는 AS 레알 바마코에서 뛰고 있었습니다. 팀 이름만 보면 스페인 어딘가에서 유망주를 육성하는 클럽으로 착각할 수 있는데, 바마코는 말리의 작은 축구 클럽입니다.

　그는 아프리카에서 이른 나이에 주목받는 전형적인 천재 선수들과 큰 차이가 있었으며, 현재까지 인생 최대 업적은 2022년 토트넘 이적에 성공하고 비로소 케인, 손흥민 같은 스타와 라커룸을 공유하게 된 것입니다. 출발이 늦었던 비수마에게 토트넘의 주력 선수들은 아이돌이었습니다. "어렸을 때 TV에서 본 선수가 같은 라커룸에 있어서 놀라웠다. 물론 케인과 같은 전설적인 선수를 그리워하겠지만 그는 떠났고 우리는 지금 우리에게 집중해야 한다."

그는 존중이 가득한 방식으로 팀의 주포를 보냈고 인터뷰만 보면 케인, 손흥민 세대보다 열 살은 어린 선수로 보입니다. 스무 살이 넘어 유럽에 입성한 비수마에게 2010년대 토트넘은 아프리카의 작은 TV로 시청하던 영국의 유명 팀이었습니다. 이어진 비수마의 인터뷰에는 팀의 또 다른 스타 손흥민을 향한 존중이 있습니다. "누구나 리더가 될 수 있지만, 아무나 리더가 될 수 없다. 리더는 단지 말만 하는 사람이 아니다. 우리에게는 쏘니가 있다. 그는 우리에게 가장 좋은 본보기다. 쏘니의 태도와 모습을 보면 그의 방식을 따라야 한다는 것을 알게 된다. 만약 쏘니를 따르고 있다면, 그것이 가장 좋은 방법이라는 걸 곧 깨닫게 된다." 그는 비슷한 연령대 스타들이 단지 운으로 자신보다 나은 길을 걸어간 것이 아니라 자신보다 뛰어난 부분이 있어서라는 걸 인정하는 사람입니다.

시기, 질투가 마음을 지배하는 사람들은 발전의 기회를 놓치기 일쑤입니다. 늦은 출발에도 빠른 성공은 유럽 무대에 도착한 후 자신보다 뛰어난 선수에게 배우며 성장하려 한 그의 태도를 보면 알 수 있습니다. 스스로 재능이 없다고 평가했던 비수마의 성향은 정확히 그의 고향에서 이미 형성되었습니다. 투박하지만 가끔은 우아하고, 부족하지만 가끔은 천재적인 비수마가 축구장에서 살아남기 위해 목숨도 걸 수 있는 사람인 이유는 무엇일까요?

비수마는 1996년 코트디부아르 이시아에서 태어났습니다. 현재 이시아에서 가장 유명한 인물은 단연 비수마입니다. 그 이전 이시아라는 지역이 주목받았던 때는 코트디부아르 내전 당시입니다. 화염이 코트디부아르 마을을 뒤덮은 시기에 비수마는 그곳에 있었습니다. 현재 토트넘 스쿼드의 다른 선수들과 달리 비수마는 웃는 얼굴 이면에 어두운 표정이 가끔 드러납니다. 그가 자란 동네는 잉글랜드에선 경험할 수 없는 파란만장함이 있었습니다. 저는 가끔 축구가 마치 전쟁 같다는 표현을 사용했습니다. 그런데 비수마만큼 축구라는 종목의 의미가 가족의 목숨을 구할지도 모를 정도로 거대한 의미인 선수는 없었습니다. 그가 고향을 떠나 안전한 보금자리를 찾고 가족을 부양할 수 있는 유일한 수단은 축구였습니다. 축구에서 승패는 누군가에겐 신문에 적힌 한 줄 소식에 불과합니다. 비수마에게 승부란 말 그대로 생과 사였고, 승리에 대한 집착을 한눈에 알 수 있게 했던 장면이 2023/24시즌 루턴 타운과의 경기에서 보인 '시뮬레이션 퇴장'입니다.

맨발로 축구를 시작한 비수마가 목격한 최초의 경쟁자들은 괴물이었습니다. 그곳은 대부분 종목에서 웬만한 운동 신경으론 평균에도 속하기 힘든 대륙입니다. 유소년 축구 선수일 때 최초 기억은 브라이튼 시절 인터뷰에 생생히 녹아있습니다. "나는 어렸을 때 재능이 없었다. 그렇지만 사람은 타고나지 않아도 노력으로 성공할 수 있다는 걸 빨리 깨달았다. 그래서 재능보다 용기를 택했다." 이 짧은 인터뷰는 그의 축구 인생을 온전히 담고 있습니다. 객관적으로 비수마의 재능이 없었다고 판단하긴 어렵습니다. 하지만 그 스스로 고향 경쟁자들보다 재능이 부족하다고 생각했고, 이런 자기 평가는 노력으로 이어졌습니다. 그의 용기에 불을 지핀 가장 주요한 연료는 '가난'이었습니다. 빨리 돈을 벌 수 있는 직업이 아니라 성공 가능성이 희박한 축구를 선택하는 것은 가난한 집 아이들에겐 도박과도 같습니다.

축구는 빅리그에서 프로가 되면 일확천금이 주어지지만, 프로가 못 되면 10년 노력한 세월을 1원도 보상받지 못하는 종목입니다. "저는 매우 가난한 집에서 태어났습니다. 그 사실을 끊임없이 주시했습니다. 그게 저에게 목표를 달성해야 한다는 힘을 주었습니다." 누군가에게는 가난과 재능 없음이 우울감과 허무주의로 이어졌다면, 비수마에겐 부정적인 모든 재료들이 앞으로 나아가게 하는 동력으로 이어졌습니다. 그에게 축구는 즐거운 공놀이가 아니라 모두를 바꿔줄 투쟁이었습니다.

자신의 바람대로 꾸준하게 성장한 비수마는 말리 바마코 토너먼트에서 활약했고, JMG 아카데미 바마코라는 한 단계 높은 클럽의 제안을 받게 됩니다. 전투적인 축구 소년이었으니 당연히 환호했을 것 같지만, 의외로 그는 부모님을 떠나야 한다는 이유 때문에 슬픔을 먼저 느꼈습니다. 열세 살 아이가 느낄 자연스러운 반응이었습니다. "저는 언제나 부모님을 의지했기 때문에 그들을 떠나기가 정말 힘들었습니다. 저는 스스로 되뇌었습니다. 엄마 아빠는 나에게 정말 최선을 다했다고. 그래서 그들의 헌신이 물거품이 되지 않도록 해야 한다고." 그렇게 열세 살 소년은 정든 고향을 떠나 혼자가 됩니다.

실패하면 모든 걸 잃을 수 있는 축구의 길, 소중한 가족과 추억 한 장 쌓지 못하는 외롭고 고된 노력의 시간, 축구에 전부를 바친 유소년들이 느끼는 외로움과 절실함을 공감할 수 있던 인터뷰는 현재 최고의 미드필더 케빈 데 브라이너의 목소리를 통해서도 알 수 있습니다. 케빈도 외가의 사업으로 어린 시절 아프리카에서 많은 시간을 보낸 축구 소년입니다. 하지만 둘의 여정은 많이 달랐습니다. 아프리카에서 빛난 비수마는 케빈보다 훨씬 늦은 나이에 유럽에 당도했습니다. 비수마에게 최초의 고통은 추위였습니다. "끔찍했다는 표현이 적절합니다. 제 손과 발은 훈련을 중단하고 싶을 정도로 너무 차가웠습니다." 더운 나라에서 20년을 산 비수마에게 프랑스의 겨울 추위는 혹독했습니다.

축구는 인간이 하는 운동입니다. 익숙한 고향을 떠나 외국에 도착한 모든 선수에겐 각자의 위기와 숙제가 있습니다. 손흥민의 독일 적응기 또한 순탄하지만은 않았습니다. 비수마에게 천운은 당시 소속팀 감독이 바로 그 유명한 마르셀로 비엘사였다는 것입니다. 천재 감독의 조련 속에 아프리카의 투박한 미드필더가 릴의 핵심 선수가 되기까지는 불과 2년이면 충분했습니다. 2018년, 그의 인생을 바꿀 소식이 들려옵니다. EPL 팀의 영입 제안입니다. 브라이튼은 비수마의 활약에 주목했고, 그와 접촉했고, 계약했습니다. 5년 계약서에 한 사인 하나가 그와 그의 가족 인생에 가난

Yves Bissouma & Sonny

과의 이별이라는 선물을 안겼습니다. 그렇게 맨발로 시작한 비수마는 스물두 살에 축구 종주국 잉글랜드에 도착했고, 웃는 법을 배우기 시작합니다. 브라이튼에서 4년 동안 보인 활약은 토트넘 입성으로 이어졌고, 런던에서 케인과 손흥민이라는 스타를 실제로 보게 됩니다. 웃을 때와 평소 이미지가 완전히 다른 그의 표정은 인생이 만든 거울입니다. 가장 나쁜 순간과 가장 좋은 순간을 함께 겪은 그의 인생은 축구에서 스스로 쟁취한 결과입니다. 비수마의 가장 강력한 무기는 재능이 아니라 용기였습니다.

그가 만난 2023년의 토트넘은 어느 때보다 웃음이 넘쳤습니다. 선발 명단에 잉글랜드인 한 명을 제외하고 전원 외국인으로 구성되었습니다. 비수마가 먼 곳에서 온 외로움을 잊은 이유입니다. 각자 다른 곳에서 태어나 다른 문화 속에서 자라고, 전혀 다른 음식을 먹고 성장한 축구 소년들은 '원팀'이란 이름 아래 서로 시너지를 발휘합니다.

현대 축구에서 비수마의 포지션은 아무리 강조해도 지나치지 않을 정도로 중요합니다. 노력파 비수마의 짝인 사르가 아프리카 천재 소년으로 일찍부터 주목받은 걸 상기하면 토트넘의 구성이 새삼 흥미롭습니다. 팀의 영광을 위해서 다시 한번 비수마의 용기가 필요한 시점입니다.

처음 부모님을 떠나던 그때처럼 외롭고 고된 날은 이제 없을 것입니다. 비수마는 더 이상 혼자가 아니고 수많은 동료가 있으며, 토트넘 선수 한 명 한 명의 인생에는 그들을 형제로 묶어도 충분할 만큼 비슷한 가치와 목표가 있습니다. 이것이 바로 축구입니다.

영상과 함께 보면
감동이 두 배입니다.

루마니아 모범생
드라구신

    드라구신이 토트넘 유니폼을 입고 데뷔하던 날, 레스토랑에서 한 남자가 눈물을 흘리고 있었습니다. 그는 또 한 명의 드라구신, 알렉스입니다. 긴장하는 기색조차 없이 필드에 들어선 동생과 달리 형은 흥분하고 있었고, 축구 종주국의 심장에서 출격하는 동생을 향한 애정이 표정에 고스란히 드러나 있었습니다. 토트넘의 세 번째 센터백 드라구신의 EPL 데뷔에 형은 왜 그렇게 감격했던 것일까요?

    라두 드라구신은 2002년 루마니아 부쿠레슈티에서 태어났습니다. 인구 2000만 명의 루마니아는 GDP 세계 45위 국가이고, 여느 나라처럼 지역에 따라 경제력의 차이가 있습니다. 드라구신의 부모님은 부자는 아니었지만, 아이들이 성장하는 데 필요한 모든 지원을 아끼지 않았습니다. 형과 드라구신의 엄청난 체격은 부모님 덕분이었습니다. 아버지는 배구 선수 출신이고 어머니는 농구 선수 출신입니다. 세계에서 가장 위협적인 헤더 중 한 명으로 성장하고 있는 드라구신의 점프력은 대를 이은 능력입니다. 당연히 드라구신의 성장 환경에는 스포츠로 가득했습니다. 다양한 모양, 크기, 색상의 공들이 어린 시절 그의 주변에 널려 있었고, 이는 어머니의 세심한 관심 덕분이었다고 합니다.

선수들의 어린 시절에는 '넘기 힘든 형'이 존재합니다. 대체로 남동생들은 태어나자마자 스포츠에서 형을 이기는 것이 불가능에 가깝습니다. 한 살 차이로도 모든 부분에서 압도적인 차이가 생기고, 승부욕이 강한 동생들은 형에게 질 때마다 울분을 삼키며 반드시 형을 뛰어넘겠다고 다짐합니다. 특히 공놀이에서 형은 동생에게 넘을 수 없는 벽입니다. 어머니 영향을 받은 드라구신은 어린 시절 농구에 관심을 보입니다. 하지만 축구에 모두를 걸게 되는 데는 그리 오랜 시간이 걸리지 않았습니다. 매일 형과 뛰어놀던 동생의 재능은 부모님 생각보다 일찍 꽃피기 시작했고, 고향의 스포츠 행사에 적극적으로 참여하기 시작한 나이는 고작 일곱 살이었습니다.

드라구신이 운동에 재능을 보일 때 부모님은 힘겨운 나날을 보내고 있었습니다. 운동선수 출신으로 엄청난 경력이 있지 않으면 은퇴 후 삶이 쉽지 않습니다. 부모님은 건장한 신체를 아이들에게 물려주었지만, 몸보다 더 중요한 것을 제공하기 위해 매일 치열하게 살았습니다. 세 명의 아이를 원하는 학교에 보내고 교육하기 위해 쉬지 않고 일했습니다. 아이들 모두 꿈을 쫓을 수 있도록 지원했습니다.

일부 학부형은 운동능력이 뛰어난 아이에게 운동만 하게 하지만 드라구신 부모님은 달랐습니다. 그들은 평생 운동했던 자신들의 경험을 바탕으로 아들에게 운동과 학업을 병행하게 했습니다. 일곱 살 드라구신이 축구로 진로를 정한 후에도 운동만 하는 유소년 클럽이 아닌 교육과 훈련을 병행하는 스포츠 아카데미에 등록했던 이유입니다. 스포르툴 스투덴체스크라는 아카데미였고 창단부터 교수들이 참여한 루마니아의 유서 깊은 교육 기관입니다.

이른 나이에 형을 뛰어넘은 드라구신에게 또 다른 숙제가 생겼습니다. 사촌 블라드입니다. 스포츠 유전자는 친척들에게 고루 분산되었고, 둘은 같은 학교에 다니며 함께 프로를 목표로 뛰었습니다. 운동선수들은 성장 과정마다 경쟁 상대를 만나고 패배와 승리를 반복하며, '승부의 세계'를 일찍 경험합니다. 드라구신이 열네 살 되던 무렵, 그의 집안에는 더 이상 경쟁 상대가 없다는 증표가 되는 일이 발생합니다. 루마니아 유소년 대표팀 발탁입니다. 운동선수 집안에서 조국의 대표가 나온다는 것은 엄청난 의미가 있습니다. 심지어 드라구신은 캡틴 완장까지 차게 되었습니다. 대표팀 소집은 가족 모두의 자부심이자 기쁨이었고, 고집스럽게 지속한 학업과 운동의 병행 결과는 캡틴이란 선물로 이어졌습니다. 전 세계 유소년 팀의 캡틴은 인성과 리더십이 동년배보다 뛰어난 아이들입니다.

승승장구하던 캡틴 드라구신에게 닥친 첫 번째 시련은 오른쪽 발목 부상이었습니다. 심각한 부상을 입은 열다섯 살 소년에겐 든든한 아군이 있었습니다. 어머니는 운동선수에게 발목이 얼마나 중요한지 누구보다 잘 알고 있었고, 유명한 박사를 수소문해 아들의 치료에 온 힘을 기울입니다. 그 시기가 정말 중요했던 이유는 바로 이듬해 '유벤투스 테스트'가 기다리고 있었기 때문입니다. 드라구신은 빠른 속도로 회복했고 유벤투스와의 훈련 세션에서 40분 만에 당시 매니저였던 플로린에게 입단 허가를 받습니다.

 이는 드라구신이 루마니아 레벨이 아니라 전 세계 어디에서도 프로가 될 수 있다는 보장이었고, 국가대표를 넘어 '월드 클래스'를 목표로 달리게 된 시작점이었습니다. 소년은 처음으로 가족의 품을 떠나 타지인 이탈리아에서 새로운 인생을 시작합니다. 부모님의 관심은 여기서 끝난 게 아니었습니다. 유벤투스 유니폼을 입고 있지만 아직 어린 아들이 운동만 하는 것을 두고 보지 않았습니다. 드라구신은 학업과 훈련을 병행했고 놀라운 결과로 부모님을 기쁘게 했습니다. 그는 유벤투스 아카데미 첫해에 팀에서 수여하는 1등 상을 수상했고, 힘든 훈련 일정에도 높은 출석률과 성적을 유지하며 9.16이란 엄청난 학점을 취득했습니다. 별명이 '드래곤'인 축구 소년이 문무를 겸비한 완성형 선수로 나아간 순간입니다. 학업을 끝낸 드라구신은 열여덟 살에 프로 데뷔라는 쾌거를 이루었지만 제노아 이적 첫해 활약은 미미했습니다. 하지만 그가 다시 전 유럽 스카우터들의 표적이 되는 데는 제노아 1년으로 충분했습니다. 2023년에 제노아의 핵심 선터백으로 활약한 드라구신을 품은 팀은 뮌헨과의 경쟁에서 이긴 토트넘이었습니다. 결과적으로 뮌헨으로 다이어가 가고 토트넘 벤치에는 드라구신이 앉게 되었습니다.

똑같은 환경에서 자랐지만 형은 전혀 다른 인생을 살아가고 있습니다. 일찍 결혼해 식당을 운영하고 있는데, 재밌게도 형의 레스토랑은 포스텍 감독의 고향인 그리스 음식을 팔고 있습니다. 그리스에서 로맨틱한 시간을 보낸 형과 형수는 그때 경험으로 그리스 요리를 배웠고 동생 드라구신은 레스토랑의 가장 든든한 단골 손님이 되었습니다.

스포츠의 핵심은 '팀 플레이'입니다. 청춘을 팀에 바친 부모님이 세 명의 자녀를 어떻게 잘 키웠는지 알 수 있는 또 다른 흔적은 드라구신과 여동생의 관계입니다. 메이라 드라구신은 농구 선수였지만 프로가 되진 못했습니다. 그녀는 꽃집을 운영하고 있는데, 가장 큰 손님은 역시 둘째 오빠 드라구신입니다. 메이라는 한 인터뷰에서 드라구신이 매달 여자친구에게 선물할 꽃다발을 주문한다고 밝혔습니다. 그녀는 오빠의 모든 대표팀 경기를 보러 간다고 했고, 특히 경기장에서 드라구신의 이름이 불리는 순간의 자부심과 감동에 대해 전했습니다. 같은 성을 가지고 비슷한 환경에서 자란 사람들이 함께 나누는 행복입니다. 메이라는 경기장에서 오빠를 향한 칭찬이 들릴 때면 자기가 그의 여동생이라며 자랑하고 싶은 충동을 느낀다고 합니다.

토트넘 유니폼을 입고 출격하는 동생을 보며 흘렸던 형의 눈물에는 어떤 의미가 있을까요? 동생의 등 뒤에는 '드라구신' 이름이 선명하게 새겨져 있습니다. 어쩌면 알렉스 드라구신도 맛볼 수 있었던 인생이지만, 형은 루마니아의 그리스 요리집에서 그 감격을 생생히 느끼고 있었습니다.

라두는 홀로 런던에 있지만, 그의 등 뒤에는 다섯 명의 드라구신이 함께합니다. 모두가 스포츠에서 최고가 되길 꿈꿨던 드라구신입니다. 둘은 부모님, 한 사람은 레스토랑 사장, 또 한 사람은 꽃집 주인으로 살고 있습니다. 라두 드라구신은 그들 모두의 꿈을 이어받아 프로 무대에서 빛나고 있습니다.

대표 선수가 된다는 것은 누군가의 꿈을 대신 이뤘다는 의미입니다. 태어난 국가를 위해 뛰고 싶다는 열망은 모든 스포츠에서 소년 소녀들이 최초로 품는 꿈입니다. 꿈을 이루는 과정에는 누군가의 희생, 가족의 지원이 있습니다. 혼자 잘난 인간은 세상에 없습니다. 드라구신 가족은 승부라는 관점에서 승자도 패자도 아닙니다. 다섯 명이 함께 온전히 드라구신이 되었기 때문입니다. 넘기 힘들었던 형, 사랑스럽던 여동생, 모든 것을 지원했던 부모님까지…. 지금의 라두는 그들이 없었다면 존재하지 않았습니다.

　여전히 벤치를 지키고 있는 드라구신이지만, 부모님에게 이어받은 엄청난 점프력으로 EPL 팀들의 골문을 맹폭하고, 공격수들의 침투를 막아내는 장면을 보게 될 날이 아마 내일일지도 모릅니다. 그 순간 루마니아에 있는 네 명의 드라구신은 누구보다 자랑스러운 표정으로 옆 사람에게 외치고 있을 것입니다. 내 이름도 드라구신이라고….

영상과 함께 보면
감동이 두 배입니다.

리틀 쏘니
존슨

　왕년의 챔피언 노팅엄이 23년 만에 1부 리그로 복귀한 날, 도시는 광란의 밤이 되었습니다. 그들에게 왕년의 챔피언이란 칭호가 전혀 부족하지 않은 이유는 잉글랜드 축구에서 몇 안 되는 챔피언스 리그 우승 트로피를 보유한 팀이기 때문입니다. 시즌이 끝나고, 빛났던 그들의 공격수는 토트넘 유니폼을 입기 위해 런던으로 향합니다. 팬들에게 존슨의 토트넘 이적은 매년 쏟아지는 뉴스 한 줄에 불과했지만, 가족에겐 매우 특별한 일이었습니다. 노팅엄에서 태어나 2009년 노팅엄 유소년팀에 입단했던 숲속 소년이 처음으로 고향을 떠난다는 의미였기 때문입니다. 존슨은 유소년팀에 입단하기 이전에 이미 노팅엄 유니폼을 입은 팀의 '마스코트 소년'이었습니다. 뼛속 깊이 노팅엄 사람이던 소년의 1부 리그 승격을 보며 왜 손웅정 씨와 손흥민의 유대감이 떠오르고, 주전 경쟁과 상관없이 존슨의 축구는 왜 하루하루가 동화 같을까요?

팰리스전 존슨의 컷백은 특이한 각도를 보이고 있었습니다. 달리던 도중 측면에서 보내는 컷백의 각도는 한정되어 있고, 이런 상황에서는 흔히 볼이 일직선상에 있는 골키퍼에게 향합니다. 무게 중심이 완전히 앞으로 쏠린 상황에서 한참 뒤에 있는 손흥민에게 전달된 패스는 존슨의 범상치 않은 발목 유연성을 알 수 있게 합니다. 축구 선수로서 축복받은 신체를 타고났다는 의미입니다. 비슷한 상황에서 평범한 선수는 오른발로 접고 다음 상황을 만듭니다.

존슨의 신체 능력은 축구 선수 출신 아버지에게 물려받았습니다. 아버지 데이비드 존슨은 열일곱 살에 맨유의 청소년팀이 FA 유스컵에서 우승했을 때 일원이었습니다. 당시 멤버들은 훗날 맨유 트레블을 이끌고 전설로 남게 되었지만, 데이비드는 안타깝게도 퍼거슨의 선택을 받지 못했습니다. 그는 프로 경력 대부분을 입스위치 타운과 노팅엄 포레스트에서 보냈습니다.

존슨은 2001년 아버지가 노팅엄에 입단한 첫해에 태어났습니다. 아버지는 자메이카계 영국인, 어머니는 웨일즈 출신으로 존슨이 현재도 이중국적인 이유입니다. 영국에는 30만 명의 자메이카계 영국인이 거주하고 있다고 알려져 있는데, 이는 미국에 이어 두 번째로 높은 자메이카계 해외 인구 비중입니다.

존슨은 어린 시절부터 운동과 가까웠고 아버지와 많은 시간을 함께 보냈습니다. 가족을 부양하기 위해 축구에 모든 걸 바친 일부 토트넘 선수

어린 시절의 존슨

들과 달리 존슨에게 축구의 의미는 조금 달랐습니다. 그에겐 두 명의 누나가 있습니다. 지금이라면 누나들이 존슨을 이길 확률이 희박하지만, 어린 존슨에게 최초의 강자는 누나들이었습니다. 존슨은 사랑을 많이 받고 자랐습니다. 항상 가족이 함께 있었습니다. 서양에서 화목한 가정의 상징인 스케이트 보드 연습하는 사진은 가족과 많은 시간을 보낸 아빠의 작품입니다.

여기서 한 가지 의문이 생깁니다. 아빠는 왜 일을 안 하고 집에 있었을까요? 프로 축구 선수에게 최악의 마무리는 부상 후 은퇴입니다. 데이비드 존슨은 마지막까지 재활을 시도했지만 다시 잔디를 밟을 수 없었습니다. '선수' 데이비드에게 평생 남을 최악의 사건이 '아들' 존슨에겐 수많은 추억을 쌓을 기회가 되었다는 것은 세상사의 양면성을 보여줍니다. 빛은 어둠과 대비될 때 존재 이유가 분명해집니다.

선수 데이비드에게도 분명 영광의 시간이 있었습니다. 그는 선수 생활 동안 403경기에 출전하여 130골을 넣은 2부 리그의 골게터였습니다. 최고만 기억하는 세상에서 그가 2부에서 쌓은 경력은 널리 알려지지 않았습니다. 그는 403번의 경기에 청춘을 바쳤고, 노팅엄 팬들은 팀의 승격을 위해 마지막까지 싸웠던 투사로 그를 기억하고 있습니다.

데이비드는 긴 프로 생활에서 처음으로 EPL 입성의 마지막 단계까지 갔지만, 셰필드에 합산 5대 4라는 스코어로 패배했습니다. 손에 닿을 듯했던 미완의 꿈을 위해 이듬해 다시 한번 축구화 끈을 묶었고, 라커룸에는 구단 마스코트가 된 아들이 앉아있었습니다. 아들과 함께 결전을 준비하던 그때, 아버지 존슨의 마음은 어땠을까요?

셰필드전은 EPL 승격을 두고 싸운 그의 마지막 전투로 남았습니다. 허리 부상으로 다시는 그라운드에 설 수 없게 되었기 때문입니다. 데이비드는 축구화를 벗는 순간부터 여섯 살 존슨을 축구 선수로 키우기 시작했습니다. 언론에서는 이를 '사명감'으로 표현했습니다. 아버지가 끝내 이루지 못한 꿈이 가업이 되어 아들에게 전달된 것입니다. 다행히 존슨은 축구를 좋아했고, 축구 선수로 성장하기에 최고의 환경이 제공되었습니다.

은퇴 후 아버지는 첼시의 스카우터로 일했고, 첫 번째 사업으로 덩케르트 FC란 작은 클럽을 사들였습니다. 덩케르트는 아들 존슨이 뛴 첫 번째 클럽이 되었습니다. 축구의 신도 혀를 내두를 정도로 축구에 열정적이었던 그의 머릿속은 오직 축구로 가득했습니다. 대망의 2004년, 아버지 찬스(?) 덕분에 노팅엄의 마스코트가 됐던 소년은 3년 뒤 자력으로 노팅엄 유니폼을 쟁취합니다. 유소년팀 입단 테스트에 합격한 것입니다. 아버지는 여전히 클럽에 입단한 아들 곁에서 가장 든든한 코치로 자리를 지켰습니다. 그들에겐 모든 것이 순조로워 보였습니다.

2015년, 열다섯 살 존슨은 선수 경력에 마침표를 찍을지도 모를 치명적인 무릎 부상을 당합니다. 수술 후 존슨은 아버지와 달리 금세 회복했고, 부모는 아들의 재활에 든든한 버팀목이 되었습니다. 그의 아버지는 패싱 게임을 하던 존슨에게 '추진력'을 강조했다고 합니다. 다행히 그의 무릎 부상은 재발하지 않았고, U16 잉글랜드 대표팀 입성은 '빛나는 청소년 경력'의 서막이었습니다.

아들에게 아버지는 '슈퍼맨' 같은 존재입니다. 아이들이 잘 못하는 것을 아버지는 다 할 수 있습니다. 존슨의 아버지는 선수 출신입니다. 어린 시절 존슨에게 아버지는 절대 넘을 수 없는 '벽'이었지만 가장 넘고 싶은 '벽'이었습니다. 빛의 속도로 달린 아들은 마침내 아버지를 따라잡기 시작합니다. 존슨은 열여덟 살에 성인팀에 합류했고, 링컨 시티 임대를 마치고 2022년에 노팅엄 팬들에게 혜성처럼 나타납니다. 챔피언스리그 이달의 선수상을 획득한 '초특급 유망주'는 팀의 쾌속 진격을 이끌었습니다. 아버지가 사력을 다했던 2003년 그때처럼 노팅엄 23년 만의 승격이 코앞까지 당도합니다. 그런데 아이러니하게도 마지막 순간에 아버지를 울렸던 팀 셰필드를 만나게 됩니다.

드라마를 방불케 하는 시나리오는 현실에 가득합니다. 이쯤 되면 드라마 주인공이 어떤 결과를 만들었을지 쉽게 예상할 수 있습니다. 존슨은 셰필드를 상대로 득점을 터트렸고 노팅엄을 웸블리로 보냈습니다. 결국 노팅엄의 승격으로 이야기는 아름답게 마무리되었고, 아들은 아버지의 가업을 완벽하게 잇습니다. 은퇴 후에

아버지와 아들

도 재활을 시도했던 축구에 미친 남자, 데이비드 존슨이 이 트로피를 잡기까지는 무려 19년이 걸렸습니다.

축구화를 벗자마자 여섯 살 아들의 축구를 돌보기 시작한 아버지와 다 자란 아들이 아버지의 소원을 이룬 성취는 말과 글로 표현하기 어렵습니다. 아버지는 마지막 단계에서 패배했던 2003년에 20대 후반이었습니다. EPL 승격을 해낸 존슨은 불과 스물한 살입니다. 아버지와 달리 그의 축구 인생은 이제 시작이라는 의미입니다. 지금까지의 축구가 가업이었다면 토트넘 이적은 존슨 일가에게 새로운 과업의 시작입니다. 바로 EPL에서 우승컵을 들어 올리는 일입니다.

정든 고향을 떠나 런던에 입성한 존슨은 파란만장한 삶을 겪은 수많은 축구 소년과 만났습니다. 득점에 이바지했고, 필사적으로 패스했습니다.

그는 미지의 영역에서 아버지가 그토록 하고 싶던 축구를 계속하고 있습니다. 토트넘에는 아버지와 특별한 유대감이 있는 캡틴 손흥민이 있습니다. 존슨의 아버지, 손웅정 씨 그리고 존슨과 손흥민을 보면 '축구는 과연 우리에게 무엇일까?' 하는 생각을 하게 됩니다. 완전히 다른 국가, 다른 문화권에서 자랐지만, 그들의 이야기에는 '축구'라는 강력한 공통 분모가 있습니다. 축구는 언어와 인종을 뛰어넘는 '이상한 종목'입니다. 저도 축구가 왜 좋은지 아직 완전히 알지 못합니다. 수술한 허리에 주사를 맞으면서도 경기를 뛰려 했던 데이비드 씨에게 존슨의 어시스트는 어떤 기쁨일까요? 축구화에 압정을 꽂고 훈련했던 손웅정 씨에게 쏘니의 골은 어떤 감동일까요? 토트넘의 우승 축하 파티에서 이 두 아빠가 만나 건배하는 날이 오길 기대합니다.

영상과 함께 보면
감동이 두 배입니다.

사진 출처

12p https://www.tottenhamhotspur.com/kr/
13p https://www.tottenhamhotspur.com/kr/
20p https://www.instagram.com/hm_son7/
21p https://www.instagram.com/hm_son7/
26p 출처 불명
31p https://www.instagram.com/hm_son7/
33p https://www.instagram.com/hm_son7/
41p https://www.youtube.com/watch?v=3huRy5kyS2s
47p https://www.parmacalcio1913.com/en/
55p https://www.instagram.com/nglkante/
59p https://www.manutd.com/ko
64p https://www.liverpoolfc.com/
71p https://www.lutontown.co.uk/
78p https://www.nottinghamforest.co.uk/
83p https://www.fc-union-berlin.de/en/
86p https://sscnapoli.it/
93p https://www.disneyplus.com/ko-kr/series/welcome-to-wrexham/4NwOxyDF4T3A
95p https://www.disneyplus.com/ko-kr/series/welcome-to-wrexham/4NwOxyDF4T3A
100p 출처 불명
106p https://www.youtube.com/watch?v=vVQI_LGTE6k
108p https://www.youtube.com/watch?v=vVQI_LGTE6k
114p 출처 불명
123p https://www.tottenhamhotspur.com/kr/
130p https://www.instagram.com/paulodybala/
137p https://www.instagram.com/k.mbappe/
146p https://www.instagram.com/hwangheechan/?hl=ko
147p https://www.instagram.com/hwangheechan/?hl=ko
154p https://www.instagram.com/ryan8mason/
159p https://www.instagram.com/hm_son7/
161p https://www.instagram.com/hm_son7/

165p https://www.asroma.com/en
168p https://www.instagram.com/hm_son7/
174p https://www.tottenhamhotspur.com/kr/
179p https://www.instagram.com/hm_son7/
184p https://www.tottenhamhotspur.com/kr/
190p https://www.instagram.com/hm_son7/
195p https://www.tottenhamhotspur.com/kr/
201p https://www.instagram.com/clement_lenglet/
206p https://www.instagram.com/sergeaurier/
212p https://www.youtube.com/watch?v=Oxed5U9FTU0
216p https://www.tottenhamhotspur.com/kr/
227p https://www.tottenhamhotspur.com/kr/
232p https://www.instagram.com/hm_son7/
236p https://www.tottenhamhotspur.com/kr/
246p https://www.tottenhamhotspur.com/kr/
253p https://www.tottenhamhotspur.com/kr/
257p https://www.instagram.com/richar1ison/
260p https://www.instagram.com/richar1ison/
266p https://www.tottenhamhotspur.com/kr/
271p https://www.instagram.com/pedroporro29_/
273p https://www.instagram.com/pedroporro29_/
281p https://www.instagram.com/yves_bissouma/
287p https://www.instagram.com/radudragusin5/
292p https://www.instagram.com/brenjohnson_/
295p https://www.instagram.com/brenjohnson_/

* 출처 불명 사진의 저작권자는 출판사로 연락주세요.